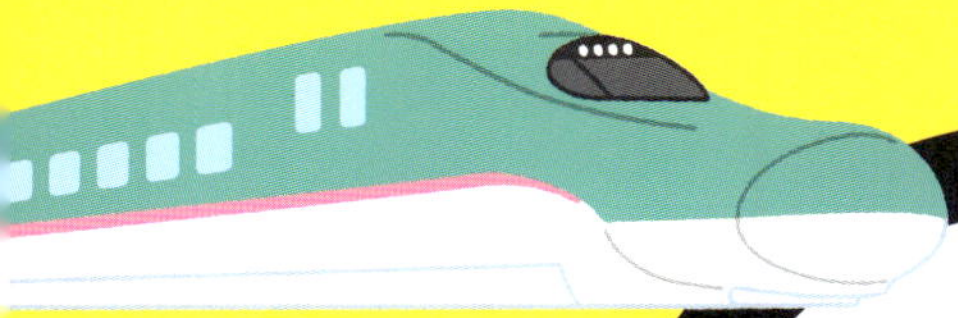

0系からの歴史をたどる

新幹線大全

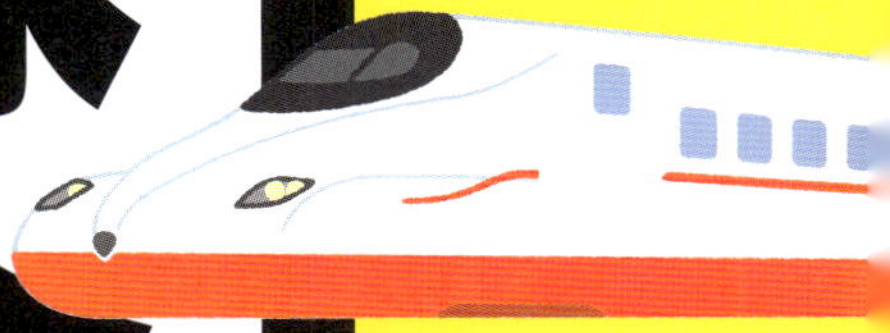

別冊宝島編集部編

宝島社

1964年《ねん》
0系《けい》

日本《にほん》における新幹線《しんかんせん》の歴史《れきし》の幕開《まくあ》けを飾《かざ》った。

新幹線《しんかんせん》の60年《ねん》の歴史《れきし》を知《し》ろう

日本《にほん》が世界《せかい》に誇《ほこ》る高速《こうそく》鉄道《てつどう》「新幹線《しんかんせん》」が走《はし》り始《はじ》めて61年目《ねんめ》を迎《むか》えた。この長《なが》い歴史《れきし》のきっかけとなったのは、１９３９年《ねん》に始《はじ》まった弾丸列車計画《だんがんれっしゃけいかく》だ。東海道本線《とうかいどうほんせん》と山陽本線《さんようほんせん》は日本《にほん》のおもな都市《とし》をつなぐ重要《じゅうよう》な幹線《かんせん》だった。

この2路線《ろせん》は乗客《じょうきゃく》が増《ふ》えすぎて、今後《こんご》増《ふ》える乗《じょう》客《きゃく》を乗《の》せられなくなるのではと心配《しんぱい》されていた。そこで東海道本線《とうかいどうほんせん》、山陽《さんよう》本線《ほんせん》に弾丸《だんがん》のように速《はや》い列車《れっしゃ》を走《はし》らせようとしたのだ。

その後《ご》、新幹線《しんかんせん》のルートが検討《けんとう》され、東海道新《とうかいどうしん》幹線《かんせん》が開業《かいぎょう》したのが１９６４年《ねん》。はじめて日本《にほん》でオリンピックが行《おこな》われた年《とし》だ。

それを皮切《かわき》りに１９７５年《ねん》に山陽新幹線《さんようしんかんせん》が全線《ぜんせん》開通《かいつう》。１９８２年《ねん》には東《とう》北新幹線《ほくしんかんせん》、上越新幹線《じょうえつしんかんせん》が暫定開業《ざんていかいぎょう》して、新幹線《しんかんせん》の路線《ろせん》が増《ふ》えていった。

１９６４年《ねん》に営業《えいぎょう》キロ５５２・６kmから始《はじ》まった新幹線《しんかんせん》は、今《いま》では合計《ごうけい》で３４４６・０kmに及《およ》ぶ長《なが》さになり、日本各地《にほんかくち》を走《はし》っている。

本書《ほんしょ》は、東海道新幹線《とうかいどうしんかんせん》開業《かいぎょう》から走《はし》り始《はじ》めた０系《けい》をはじめ、２０２４年《ねん》３月《がつ》に営業運転《えいぎょううんてん》をスタートさせたE《イー》8系《けい》まで、長《なが》い歴史《れきし》で登場《とうじょう》した22の車両《しゃりょう》を紹介《しょうかい》。さらに、新幹線《しんかんせん》10路線《ろせん》とリニア中央新幹《ちゅうおうしんかん》線《せん》のルートを地図《ちず》で示《しめ》した。くわえて、駅《えき》やダイヤ、乗客数《じょうきゃくすう》、新幹線《しんかんせん》にかかわる偉人《いじん》たちまで新幹《しんかん》線《せん》のことを徹底解説《てっていかいせつ》。

この１冊《さつ》で、新幹線《しんかんせん》の長《なが》い歴史《れきし》を十分《じゅうぶん》に楽《たの》しんでほしい。

200系《けい》

1982年《ねん》

東北《とうほく》・上越新幹線《じょうえつしんかんせん》の開業《かいぎょう》と同時《どうじ》に登場《とうじょう》。

500系《けい》

1997年《ねん》

日本《にほん》ではじめて300㎞／hを超《こ》える高速運転《こうそくうんてん》を実現《じつげん》した。

2004年《ねん》

800系《けい》

九州新幹線一部区間《きゅうしゅうしんかんせんいちぶくかん》の先行開業《せんこうかいぎょう》と同時《どうじ》に登場《とうじょう》。

2011年《ねん》

E《イー》5系《けい》

東北新幹線《とうほくしんかんせん》の全線開業《ぜんせんかいぎょう》に合《あ》わせて登場《とうじょう》。

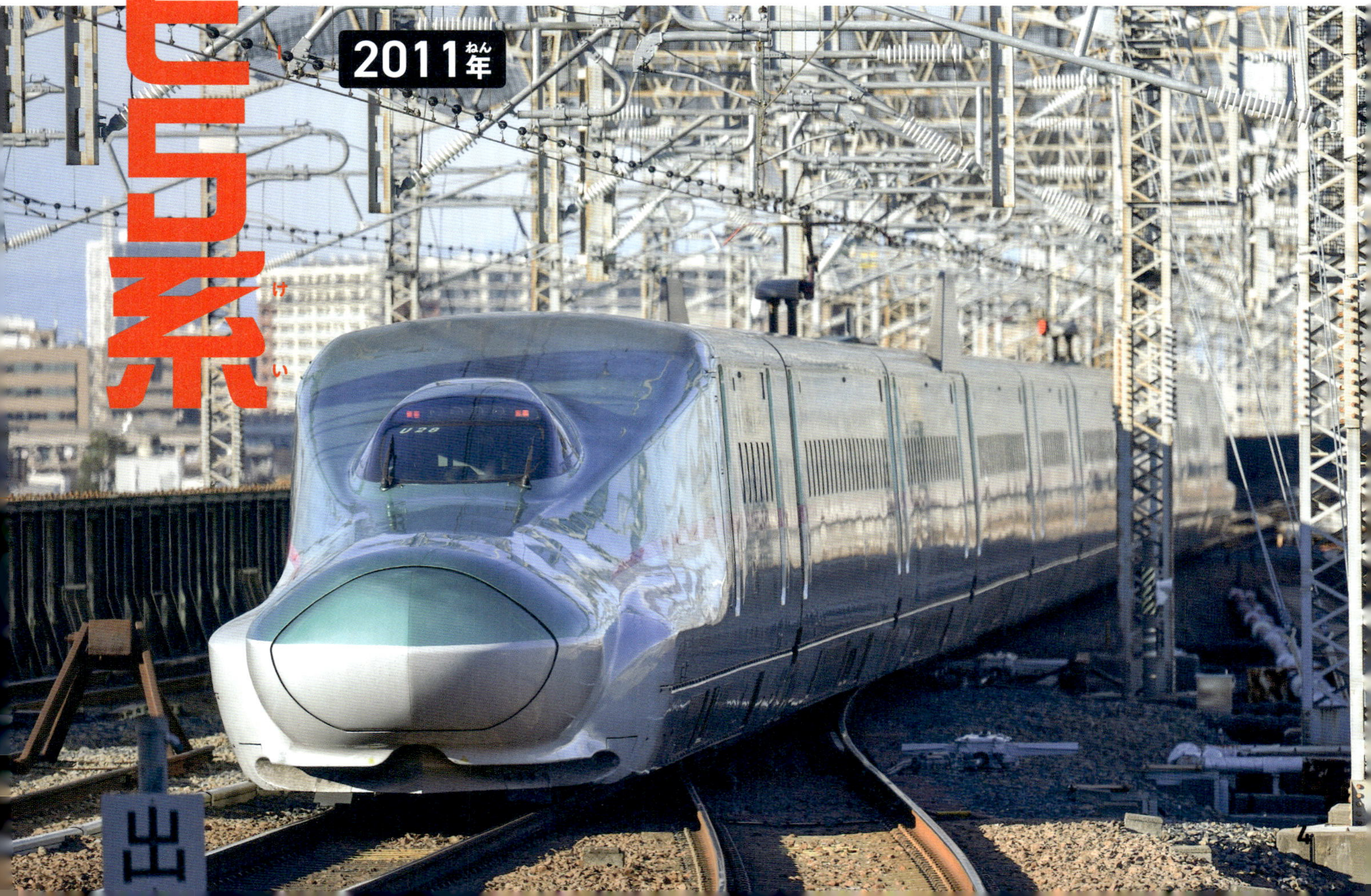

8000番台《ばんだい》

N《エヌ》700S《エス》

2022年《ねん》

西九州新幹線《にしきゅうしゅうしんかんせん》「かもめ」の専用車両《せんようしゃりょう》として登場《とうじょう》。

山形新幹線《やまがたしんかんせん》「つばさ」の専用車両《せんようしゃりょう》として登場《とうじょう》。

E《イー》8系《けい》

2024年《ねん》

第《だい》1章《しょう》

最新技術《さいしんぎじゅつ》の結晶《けっしょう》 新幹線車両《しんかんせんしゃりょう》のココがすごい!

第《だい》2章《しょう》

新幹線完全《しんかんせんかんぜん》マップ 路線図《ろせんず》で見《み》る新幹線《しんかんせん》

第《だい》3章《しょう》

新幹線《しんかんせん》の駅《えき》のひみつ

第《だい》4章《しょう》

ダイヤで見《み》る新幹線《しんかんせん》

第《だい》5章《しょう》

新幹線《しんかんせん》の偉人列伝《いじんれつでん》

【表紙デザイン】
TYPEFACE（渡邊民人）

【編集】
金丸信丈、関根孝美
（ループスプロダクション）

【本文デザイン・DTP】
竹崎真弓（ループスプロダクション）

【執筆協力・写真】
伊藤岳志

【本文イラスト】
奥川りな

1964年《ねん》10月《がつ》に東海道新幹線《とうかいどうしんかんせん》が開業《かいぎょう》して以来《いらい》、60年《ねん》以上《いじょう》走《はし》り続《つづ》けてきた新幹線《しんかんせん》。

その間《あいだ》に車両《しゃりょう》も進化《しんか》や世代交代《せだいこうたい》を行《おこな》ってきた。

まずは、過去《かこ》に活躍《かつやく》した新幹線車両《しんかんせんしゃりょう》、そして現在《げんざい》も活躍中《かつやくちゅう》の新幹線車両《しんかんせんしゃりょう》を見《み》てみよう。

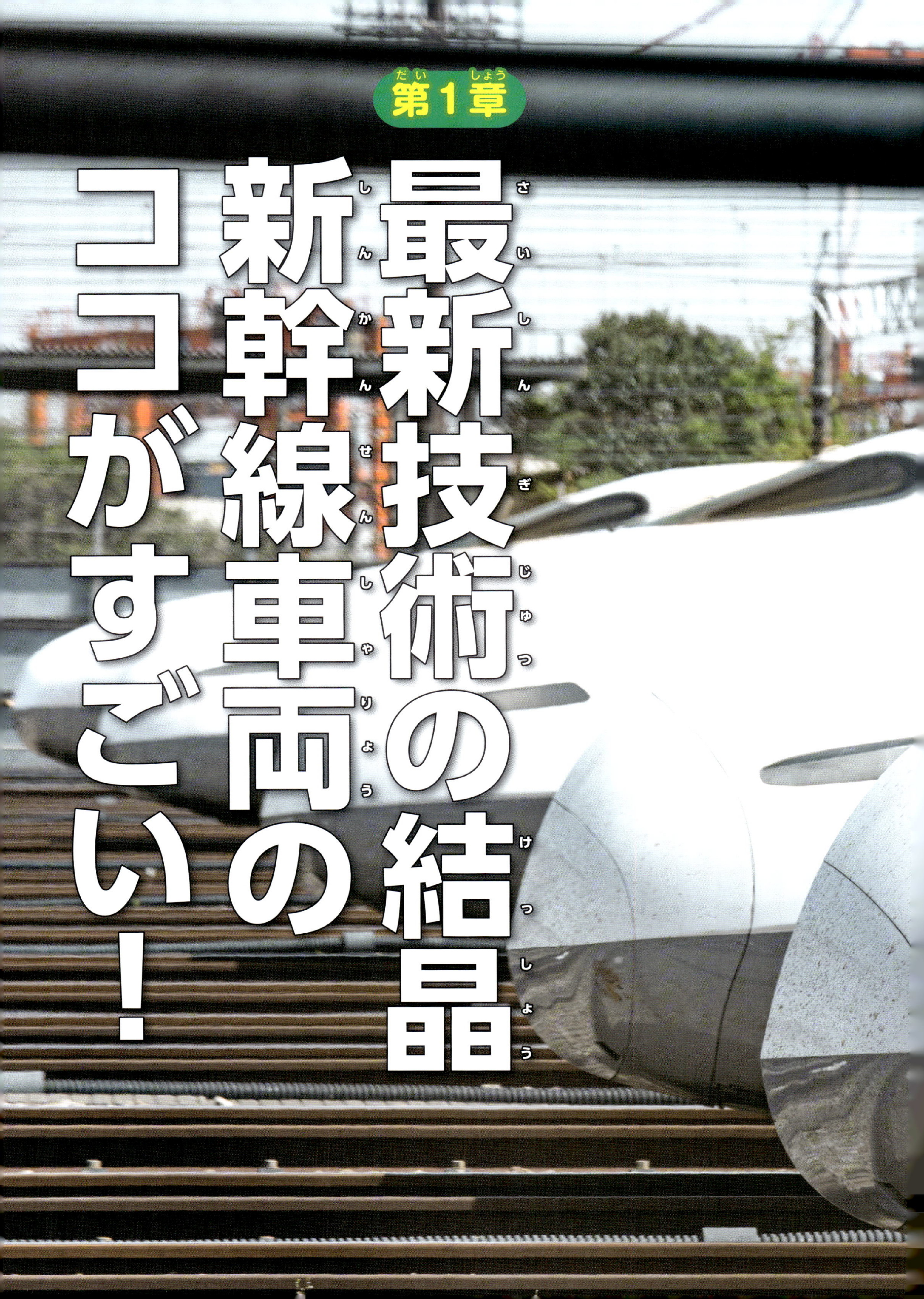

第《だい》1章《しょう》

最《さい》新《しん》技《ぎ》術《じゅつ》の結《けっ》晶《しょう》
新《しん》幹《かん》線《せん》車《しゃ》両《りょう》のココがすごい!

どの車両《しゃりょう》がどのくらいの期間《きかん》を走《はし》った？

新幹線《しんかんせん》車両《しゃりょう》の移《うつ》り変《か》わり

各車両《かくしゃりょう》の運行期間《うんこうきかん》と運行《うんこう》されていた路線《ろせん》

1964年《ねん》　1974年《ねん》　1984年《ねん》　1994年《ねん》

0系《けい》	
100系《けい》	東海道《とうかいどう》・山陽《さんよう》(1986～2012年《ねん》)
200系《けい》	東北《とうほく》・上越《じょうえつ》(1982～2013年《ねん》)
300系《けい》	東海道《とうかいどう》・山陽《さんよう》(1992～2012年《ねん》)
400系《けい》	東北《とうほく》・山形《やまがた》(1992～2010年《ねん》)
E《イー》1系《けい》	東北《とうほく》・上越《じょうえつ》(1994～2012年《ねん》)
500系《けい》	山陽《さんよう》(1997年《ねん》～)
E《イー》2系《けい》	東北《とうほく》・上越《じょうえつ》・北陸《ほくりく》(1997年《ねん》～)
E《イー》3系《けい》	東北《とうほく》・山形《やまがた》(1997年《ねん》～)
E《イー》4系《けい》	東北《とうほく》・上越《じょうえつ》・北陸《ほくりく》(1997～2021年《ねん》)
700系《けい》	東海道《とうかいどう》・山陽《さんよう》(1999～2020年《ねん》)
800系《けい》	
N《エヌ》700系《けい》	
E《イー》5・H《エイチ》5系《けい》	
E《イー》6系《けい》	
E《イー》7・W《ダブリュー》7系《けい》	
E《イー》8系《けい》	

1964年《ねん》に登場《とうじょう》・0系《けい》

2024年《ねん》に登場《とうじょう》・E《イー》8系《けい》

60年間《ねんかん》の車両《しゃりょう》の歴史《れきし》

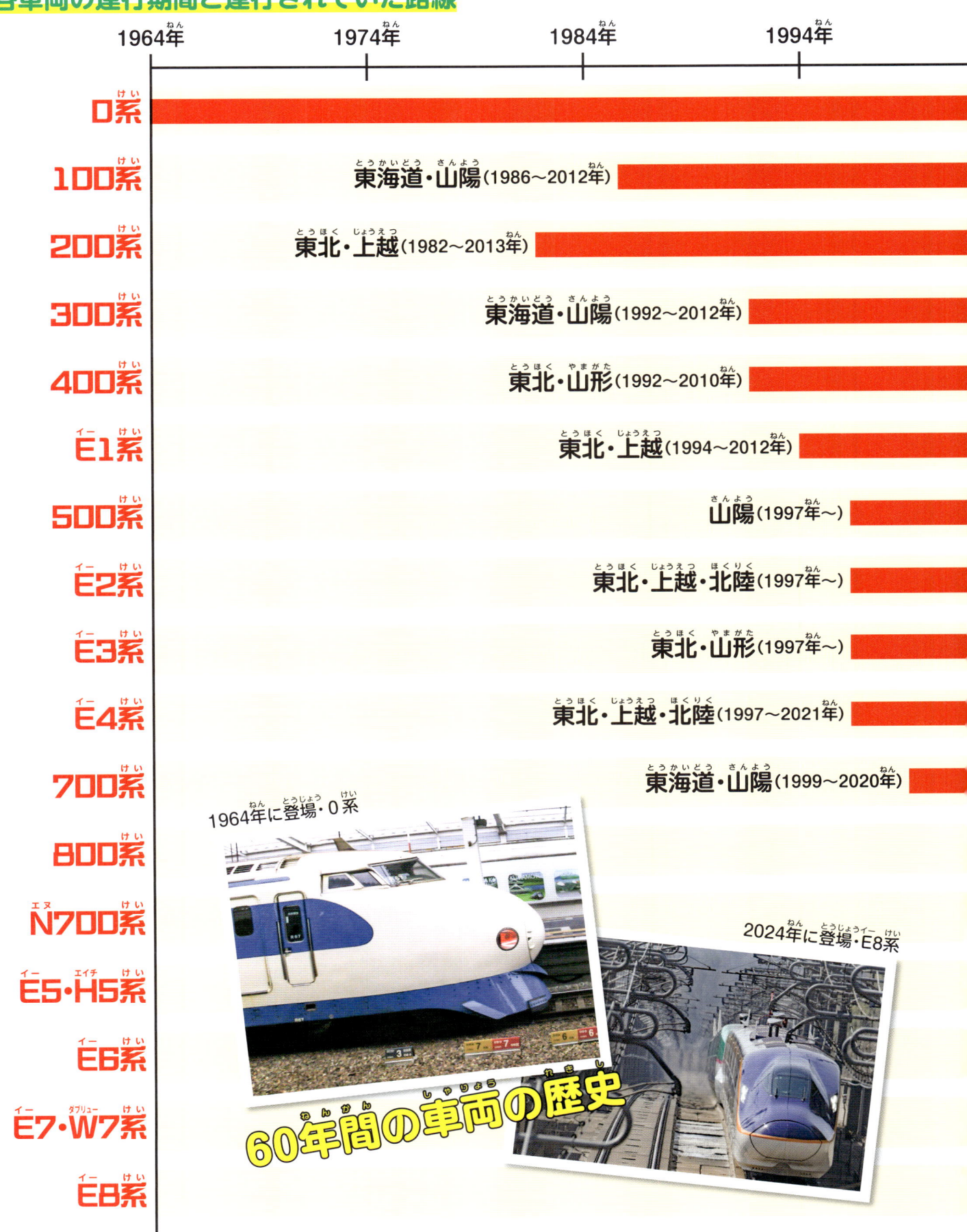

始《はじ》まりの新幹線《しんかんせん》 夢《ゆめ》の超特急《ちょうとっきゅう》！

0系《けい》

東海道《とうかいどう》
山陽《さんよう》

ひかり・こだま

［基本《きほん》データ］

走行期間《そうこうきかん》	1964～2008年《ねん》
走行区間《そうこうくかん》	東京《とうきょう》―博多《はかた》
所属《しょぞく》	国鉄《こくてつ》、ＪＲ東海《ジェイアールとうかい》など
車両製造《しゃりょうせいぞう》	日本車輛《にっぽんしゃりょう》、日立製作所《ひたちせいさくしょ》など
最高運転速度《さいこううんてんそくど》	220㎞／h
両数《りょうすう》	4・6・12・16両編成《りょうへんせい》
定員数《ていいんすう》	グリーン車《しゃ》：132人《にん》 普通車《ふつうしゃ》：1210人《にん》 (ひかり16両Ｈ編成《りょうエイチへんせい》)
車体《しゃたい》	鋼《はがね》
コンセント位置《いち》	なし
車両長《しゃりょうなが》さ(先頭車《せんとうしゃ》)	24900㎜
車両長《しゃりょうなが》さ(中間車《ちゅうかんしゃ》)	24500㎜
車体高《しゃたいたか》さ	3975㎜
車体幅	3380㎜

誰《だれ》もが憧《あこが》れた夢《ゆめ》の超特急《ちょうとっきゅう》

日本《にほん》で最初《さいしょ》の新幹線車《しんかんせんしゃ》両《りょう》である0系《けい》は、今《いま》から60年前《ねんまえ》の1964年《ねん》10月《がつ》、東海道新幹線《とうかいどうしんかんせん》の開業《かいぎょう》と同時《どうじ》にデビューした。日本《にほん》の鉄道技術《てつどうぎじゅつ》を集《あつ》めてつくられた0系《けい》は、世界《せかい》ではじめて最高運転速度《さいこううんてんそくど》210㎞／hを達成《たっせい》。それまで6時間《じかん》50分《ふん》かかっていた東京《とうきょう》と大阪《おおさか》を4時《じ》間《かん》で走《はし》り抜《ぬ》け、さらに1965年《ねん》には建設《けんせつ》したときの計画《けいかく》どおりの運転《うんてん》を開始《かいし》し、東京《とうきょう》と大阪《おおさか》を3

期《き》間《かん》限《げん》定《てい》のレアカラー！

フレッシュグリーンの0系《けい》

2002年《ねん》には、従来《じゅうらい》のカラーリングから一新《いっしん》した、グレーとフレッシュグリーンに塗装《とそう》された0系《けい》が登場《とうじょう》。しかし、2008年《ねん》の0系運転終了《けいうんてんしゅうりょう》にともないオリジナルカラーへの復元《ふくげん》がなされたため、この色合《いろあ》いで走《はし》ったのはわずかな期間《きかん》であった。

今《いま》でも会《あ》える！　0系新幹線《けいしんかんせん》

現在《げんざい》は引退《いんたい》した0系《けい》だが、埼玉県《さいたまけん》の鉄道博物館《てつどうはくぶつかん》や大阪府《おおさかふ》の新幹線公園《しんかんせんこうえん》など、各地《かくち》で保存車両《ほぞんしゃりょう》が展示《てんじ》されている。

時間《じかん》10分《ふん》でつないだ。

白《しろ》い車体《しゃたい》に青《あお》いラインの色合《いろあ》い、流線形《りゅうせんけい》の車体《しゃたい》先頭《せんとう》など、スピード以外《いがい》でも人々《ひとびと》に大《おお》きな衝撃《しょうげき》を与《あた》えた0系《けい》は「夢《ゆめ》の超特《ちょうとっ》急《きゅう》」と呼《よ》ばれ、憧《あこが》れの対《たい》象《しょう》だった。

多《おお》くの車両《しゃりょう》とともに走《はし》った

1964年《ねん》から2008年《ねん》まで44年間《ねんかん》にわたって走《はし》った0系《けい》は、時代《じだい》に合《あ》わせてさまざまな運用《うんよう》がされた。登場《とうじょう》からしばらくは、移動《いどう》しながら軽《けい》食《しょく》が食《た》べられるビュッフェ車《しゃ》が連結《れんけつ》され、山陽《さんよう》新幹線《しんかんせん》が全線開通《ぜんせんかいつう》したときには食堂車《しょくどうしゃ》が登場《とうじょう》。豪《ごう》華《か》な食事《しょくじ》も楽《たの》しめるようになった。

とくに、山陽新幹線《さんようしんかんせん》だけを走《はし》る0系《けい》にはユニークな車両《しゃりょう》が連結《れんけつ》され、映《えい》画《が》が見《み》られる「シネマカー」や、遊具《ゆうぐ》で遊《あそ》べる「子《こ》どもサロン」などがあった。

POINT《ポイント》

金《きん》と銀《ぎん》を意識《いしき》した内装《ないそう》

1964年登場時《ねんとうじょうじ》の0系《けい》はグリーン車《しゃ》が金色《きんいろ》、普通車《ふつうしゃ》が銀色《ぎんいろ》を意識《いしき》した内装《ないそう》になっていた。普通車《ふつうしゃ》の3列席《れつせき》は現在《げんざい》の回転式《かいてんしき》ではなく、背《せ》もたれをスライドさせて座席方向《ざせきほうこう》を変《か》える転換式《てんかんしき》シートが使《つか》われていた。

グリーン車《しゃ》	2＋2配置《はいち》
普通車《ふつうしゃ》（指定席《していせき》）	3＋2配置《はいち》
普通車《ふつうしゃ》（自由席《じゆうせき》）	3＋2配置《はいち》
特別車両《とくべつしゃりょう》	食堂車《しょくどうしゃ》など
多目的室《たもくてきしつ》	なし
乗務員室《じょうむいんしつ》	あり
洗面所《せんめんじょ》	あり
売店《ばいてん》	あり

※編成《へんせい》により設備《せつび》は異《こと》なる場合《ばあい》があります

シャークノーズの2階《かい》建《だ》て車両《しゃりょう》!

100系《けい》

ひかり・こだま

東海道《とうかいどう》
山陽《さんよう》
東北
北海道
上越
山形
秋田
北陸
九州

[基本《きほん》データ]

走行期間《そうこうきかん》	1986～2012年《ねん》
走行区間《そうこうくかん》	東京《とうきょう》—博多《はかた》
所属《しょぞく》	国鉄《こくてつ》、ＪＲ《ジェイアール》東海《とうかい》など
車両製造《しゃりょうせいぞう》	日本車輛《にっぽんしゃりょう》、日立製作所《ひたちせいさくしょ》など
最高運転速度《さいこううんてんそくど》	230㎞／h
両数《りょうすう》	4・6・12・16両編成《りょうへんせい》
定員数《ていいんすう》	グリーン車《しゃ》:112人《にん》 普通車《ふつうしゃ》:1153人《にん》 (16両Ｇ編成《りょうジーへんせい》)
車体《しゃたい》	鋼《はがね》
コンセント位置《いち》	なし
車両長《しゃりょうなが》さ(先頭車《せんとうしゃ》)	25800㎜
車両長《しゃりょうなが》さ(中間車《ちゅうかんしゃ》)	24500㎜
車体高《しゃたいたか》さ	4000㎜
車体幅《しゃたいはば》	3380㎜

22年《ねん》ぶりの0系後継車《けいこうけいしゃ》

１００系《けい》は、東海道《とうかいどう》・山陽新幹線《さんようしんかんせん》で2番目《ばんめ》に登場《とうじょう》した車両《しゃりょう》だ。営業運転《えいぎょううんてん》が始《はじ》まったのは１９８６年《ねん》のことであり、じつに22年《ねん》ぶりの後継車両《こうけいしゃりょう》の登場《とうじょう》であった。

当時《とうじ》の最高時速《さいこうじそく》は２２０㎞／ｈで０系《けい》と同《おな》じだったが、新幹線《しんかんせん》に乗《の》る人《ひと》を増《ふ》やすための戦略《せんりゃく》として、内装《ないそう》の改良《かいりょう》が行《おこな》われた。シートの間隔《かんかく》を大《おお》きくすることでゆったりと座《すわ》れるようになると同《どう》

先《さき》のとがった新幹線《しんかんせん》はここから始《はじ》まった！

シンボルの「シャークノーズ」

100系《けい》の特徴的《とくちょうてき》なとがった先頭《せんとう》のかたちは「シャークノーズ」という愛称《あいしょう》で親《した》しまれた。100系《けい》の制《せい》作《さく》にあたって、内装《ないそう》・外装《がいそう》のデザインにはじめて外部《がいぶ》のデザイナーが呼《よ》ばれ、100系以降《けいいこう》のスタンダードになった。

パンタグラフの騒音対策《そうおんたいさく》

新幹線《しんかんせん》が抱《かか》える共通《きょうつう》の課題《かだい》が騒音対策《そうおんたいさく》だった。100系《けい》では、車両同士《しゃりょうどうし》を高電圧《こうでんあつ》のケーブルでつなぐことによるパンタグラフ数《すう》の削減《さくげん》、パンタグラフ横《よこ》のカバーの設置《せっち》などが行《おこな》われた。

時《じ》に、3列席《れっせき》も回転《かいてん》による方向転換《ほうこうてんかん》ができるようになり、乗客《じょうきゃく》はより便利《べんり》で快適《かいてき》な旅《たび》を楽《たの》しめるようになった。

初《はつ》の2階建《かいだ》て車両《しゃりょう》が登場《とうじょう》！

100系最大《けいさいだい》の特徴《とくちょう》は、何《なん》といっても新幹線《しんかんせん》初《はつ》の2階建《かいだ》て車両《しゃりょう》。

登場時《とうじょうじ》から活躍《かつやく》した編《へん》成《せい》では食堂車《しょくどうしゃ》とグリーン個室《こしつ》が割《わ》り当《あ》てられた。とくに食堂車《しょくどうしゃ》では1階《かい》の調理室《ちょうりしつ》でつくった料理《りょうり》を料理用《りょうりよう》のエレベーターで2階《かい》へ運《はこ》び、2階《かい》の食堂《しょくどう》で提供《ていきょう》した。

その後《ご》、新幹線《しんかんせん》に求《もと》められるものが変化《へんか》していくにつれて、1階《かい》が軽食《けいしょく》を受《う》け取《と》れるカフェテリアで2階《かい》がグリーン車《しゃ》という運用《うんよう》や、1階《かい》が普通《ふつう》車《しゃ》で2階《かい》がグリーン車《しゃ》という運用《うんよう》など、多様《たよう》なニーズに対応《たいおう》し、さまざまなかたちで活躍《かつやく》することとなった。

ポイント
POINT

西日本《にしにほん》では4両《りょう》の2階建《かいだ》て！

100系《けい》のなかでも、とくにJR西日本《ジェイアールにしにほん》で運用《うんよう》された「グランドひかり」という車両《しゃりょう》では、2階建《かいだ》て車両《しゃりょう》が4両《りょう》も連結《れんけつ》されたことが大《おお》きな特徴《とくちょう》といえる。それぞれ食堂車《しょくどうしゃ》や普通車《ふつうしゃ》、グリーン車《しゃ》として用《もち》いられた。

グリーン車《しゃ》	2＋2配置《はいち》
普通車《ふつうしゃ》(指定席《していせき》)	3＋2配置《はいち》
普通車《ふつうしゃ》(自由席《じゆうせき》)	3＋2配置《はいち》
特別車両《とくべつしゃりょう》	食堂車《しょくどうしゃ》、個室《こしつ》など
多目的室《たもくてきしつ》	7・11号車《ごうしゃ》
乗務員室《じょうむいんしつ》	あり
洗面所《せんめんじょ》	あり
売店《ばいてん》	あり

※編成《へんせい》により設備《せつび》は異《こと》なる場合《ばあい》があります

雪《ゆき》や山《やま》を乗《の》り越《こ》えて 東日本《ひがしにほん》へ！

200系《けい》

やまびこ・なすの・とき・たにがわ

東海道　山陽　東北《とうほく》　北海道　上越《じょうえつ》　山形　秋田　北陸　九州

[基本《きほん》データ]

走行期間《そうこうきかん》	1982～2013年《ねん》
走行区間《そうこうくかん》	東京《とうきょう》―盛岡《もりおか》・新潟《にいがた》
所属《しょぞく》	国鉄《こくてつ》、JR東日本《ジェイアールひがしにほん》
車両製造《しゃりょうせいぞう》	日本車輌《にっぽんしゃりょう》、日立製作所《ひたちせいさくしょ》など
最高運転速度《さいこううんてんそくど》	275㎞／h
両数《りょうすう》	8・10・12・16両編成《りょうへんせい》
定員数《ていいんすう》	グリーン車《しゃ》：52人《にん》 普通車《ふつうしゃ》：698人《にん》 (8両K編成《りょうケーへんせい》)
車体《しゃたい》	アルミ合金《ごうきん》
コンセント位置《いち》	なし
車両長《しゃりょうなが》さ(先頭車《せんとうしゃ》)	24900㎜
車両長《しゃりょうなが》さ(中間車《ちゅうかんしゃ》)	24500㎜
車体高《しゃたいたか》さ	4000㎜
車体幅《しゃたいはば》	3380㎜

東日本《ひがしにほん》を走《はし》った最初《さいしょ》の新幹線《しんかんせん》

200系《けい》は、東北《とうほく》・上《じょう》越《えつ》新幹線《しんかんせん》の開業《かいぎょう》に合《あ》わせて、0系《けい》をもとにつくられた新幹線《しんかんせん》だ。

0系《けい》との違《ちが》いは、列車《れっしゃ》の下側《したがわ》を見比《みくら》べるとわかりやすい。

冬《ふゆ》は線路《せんろ》に積《つ》もるほどの雪《ゆき》が予想《よそう》された東北《とうほく》・上越区間《じょうえつくかん》を走《はし》るためには、雪《ゆき》や寒《さむ》さへの対策《たいさく》を行《おこな》うことが絶対的《ぜったいてき》な条件《じょうけん》だった。そのため、車両《しゃりょう》先頭《せんとう》には除雪車《じょせつしゃ》のような雪《ゆき》かき（スノープラウ）

受《う》け継《つ》がれた「緑《みどり》の疾風《はやて》」

白《しろ》い車体《しゃたい》に緑色《みどりいろ》の帯《おび》が特徴的《とくちょうてき》な200系《けい》は、その姿《すがた》から「緑《みどり》の疾風《しっぷう》」と呼《よ》ばれることもあった。リニューアル後《ご》は当時《とうじ》のJR東日本《ジェイアールひがしにほん》で標準的《ひょうじゅんてき》だった「飛雲《ひうん》ホワイト」と「紫苑《しおん》ブルー」のカラーになったが、その間《あいだ》に入《はい》るアクセントには200系《けい》オリジナルの緑色《みどりいろ》が使《つか》われた。

100系《けい》に似《に》た200系《けい》

国鉄《こくてつ》からJR《ジェイアール》へと移《うつ》り変《か》わるころに登場《とうじょう》した200系《けい》の一部《いちぶ》は、当時最新《とうじさいしん》だった100系《けい》をモデルにしたため、特徴的《とくちょうてき》なシャークノーズや2階建《かいだ》て車両《しゃりょう》を持《も》ったものが存在《そんざい》した。

100系《けい》のノーズに似《に》て先《さき》がとがっているよ

POINT《ポイント》

軽《かる》さが自慢《じまん》！ アルミの車体《しゃたい》

200系《けい》の車体《しゃたい》は、新幹線《しんかんせん》ではじめてアルミ合金《ごうきん》でつくられた。雪対策《ゆきたいさく》に採用《さいよう》したボディマウント構造《こうぞう》と、東北《ほくりく》・上越区間《じょうえつくかん》の坂道《さかみち》の多《おお》さへの対策《たいさく》として、車体《しゃたい》を軽《かる》くすることが求《もと》められたためだ。

グリーン車《しゃ》	2＋2配置《はいち》
普通車《ふつうしゃ》(指定席《していせき》)	3＋2配置《はいち》
普通車《ふつうしゃ》(自由席《じゆうせき》)	3＋2配置《はいち》
特別車両《とくべつしゃりょう》	個室《こしつ》など(一部車両《いちぶしゃりょう》)
多目的室《たもくてきしつ》	7号車《ごうしゃ》
乗務員室《じょうむいんしつ》	9号車《ごうしゃ》
洗面所《せんめんじょ》	1・3・5・7・9号車《ごうしゃ》
売店《ばいてん》	あり

※編成《へんせい》により設備《せつび》は異《こと》なる場合《ばあい》があります

が装備《そうび》された。

ほかにも、床下《ゆかした》機器《きき》に雪《ゆき》がついたり傷《きず》がついたりしないように、車体《しゃたい》が床下《ゆかした》の機器《きき》を包《つつ》み込《こ》む形《けい》状《じょう》（ボディマウント構《こう》造《ぞう》）をしているなど、雪《ゆき》に関連《かんれん》するさまざまな対《たい》策《さく》が行《おこな》われた。

改良《かいりょう》されながら30年《ねん》以上《いじょう》活躍《かつやく》

200系《けい》の最高運転速《さいこううんてんそく》度《ど》は、登場当時《とうじょうとうじ》の車両《しゃりょう》が210km／h、後《のち》に増備《ぞうび》された車両《しゃりょう》が240km／hであった。さらに一部《いちぶ》の下《くだ》り方面《ほうめん》の列車《れっしゃ》では275km／h運転《うんてん》が一時的《いちじてき》に行《おこな》われた。

1999年《ねん》からは200系《けい》の一部《いちぶ》車両《しゃりょう》がリニューアルして、機器《きき》の取《と》り換《か》えや内装《ないそう》の変更《へんこう》が行《おこな》われた。リニューアル後《ご》は塗装《とそう》も当時《とうじ》のJR東《ジェイアールひがし》日本《にほん》で標準的《ひょうじゅんてき》な色合《いろあ》いに変《か》わったが、一部《いちぶ》編成《へんせい》は後《のち》に登場時《とうじょうじ》のカラーに復《ふく》元《げん》された。

さらに速《はや》く、さらに力強《ちからづよ》く！

300系《けい》

東海道《とうかいどう》　山陽《さんよう》　東北　北海道　上越　山形　秋田　北陸　九州

のぞみ・ひかり・こだま

［基本《きほん》データ］

走行期間《そうこうきかん》	1992〜2012年《ねん》
走行区間《そうこうくかん》	東京《とうきょう》―博多《はかた》
所属《しょぞく》	ＪＲ《ジェイアール》東海《とうかい》、ＪＲ《ジェイアール》西日本《にしにほん》
車両製造《しゃりょうせいぞう》	日本車輌《にっぽんしゃりょう》、日立製作所《ひたちせいさくしょ》など
最高運転速度《さいこううんてんそくど》	270km／h
両数《りょうすう》	16両編成《りょうへんせい》
定員数《ていいんすう》	グリーン車《しゃ》:200人《にん》 普通車《ふつうしゃ》:1123人《にん》
車体《しゃたい》	アルミ合金《ごうきん》
コンセント位置《いち》	なし
車両長《しゃりょうなが》さ（先頭車《せんとうしゃ》）	25800㎜
車両長《しゃりょうなが》さ（中間車《ちゅうかんしゃ》）	24500㎜
車体高《しゃたいたか》さ	3650㎜
車体幅《しゃたいはば》	3380㎜

300系《けい》とのぞみの登場《とうじょう》

さらに利用者《りようしゃ》を増《ふ》やしたいと考《かんが》えたＪＲ《ジェイアール》東海《とうかい》は、東京《とうきょう》―新大阪間《しんおおさかかん》の時《じ》間短縮《かんたんしゅく》をめざした。

300系《けい》は、時速《じそく》270km／hで安定《あんてい》した走行《そうこう》ができる新幹線《しんかんせん》として、1990年《ねん》から試験運用《しけんうんよう》が開始《かいし》。2年《ねん》にわたってさまざまな試験《しけん》を行《おこな》い、1992年《ねん》、ついに営業《えいぎょう》運転《うんてん》を開始《かいし》した。

そして300系《けい》と同時《どうじ》に登場《とうじょう》したのが、現在《げんざい》まで東海道新幹線《とうかいどうしんかんせん》で最速列《さいそくれつ》

東京《とうきょう》と新大阪《しんおおさか》を2時間《じかん》半で結《むす》ぶ！

写真《しゃしん》：伊藤岳志《いとうたけし》

試験走行《しけんそうこう》した「J《ジェイ》0編成《へんせい》」

300系《けい》の登場《とうじょう》にあたって先行試作車《せんこうしさくしゃ》としてつくられたJ《ジェイ》0編成車両《へんせいしゃりょう》は、２年《ねん》にわたって試験運転《しけんうんてん》をくり返《かえ》し、1991年《ねん》には高速走行試験《こうそくそうこうしけん》で最高時速《さいこうじそく》325.7㎞／hを達成《たっせい》した。300系《けい》が営業運転《えいぎょううんてん》を開始《かいし》すると、J《ジェイ》1編成《へんせい》として営業用車両《えいぎょうようしゃりょう》に変更《へんこう》されるも、2001年《ねん》には試験専用車両《しけんせんようしゃりょう》へ。ここで試験《しけん》された車《しゃ》体傾斜《たいけいしゃ》システムなどはN《エヌ》700系《けい》へと活用《かつよう》された。現在《げんざい》、J《ジェイ》1編成《へんせい》はリニア・鉄道館《てつどうかん》に展示《てんじ》されている。

先頭車《せんとうしゃ》の形《かたち》に注目《ちゅうもく》

安定《あんてい》して高速《こうそく》で走《はし》るための対策《たいさく》として、空気抵抗《くうきていこう》や騒音《そうおん》を減《へ》らすために、先頭車《せんとうしゃ》は運転席《うんてんせき》から下部《かぶ》までが一体《いったい》となっている。

車《しゃ》の種別《しゅべつ》として用《もち》いられている「のぞみ」だ。300系《けい》のぞみは東京《とうきょう》と新《しん》大阪《おおさか》を2時間《じかん》30分《ふん》で結《むす》んだ。新幹線《しんかんせん》の高速化《こうそくか》のさきがけとなり、2012年《ねん》まで定期運行《ていきうんこう》した。

現在《げんざい》の新幹線《しんかんせん》のもとになった

270㎞／hで走《はし》るために、300系《けい》には多《おお》くの工夫《くふう》がなされた。そのため、当時《とうじ》すでに走《はし》っていた0系《けい》、100系《けい》、200系《けい》とは車両《しゃりょう》の形《かたち》が大《おお》きく異《こと》なる。

たとえば、それまでは屋根《やね》の上《うえ》にあった空調設《くうちょうせつ》備《び》を床下《ゆかした》に移《うつ》して、重心《じゅうしん》を低《ひく》くすることで走行《そうこう》の安定性《あんていせい》を上《あ》げた。

また、車体《しゃたい》をアルミ合《ごう》金《きん》でつくることによる軽《けい》量化《りょうか》をはじめ、パンタグラフ全体《ぜんたい》を覆《おお》うカバー、最新《さいしん》の制御装置《せいぎょそうち》、台車《だいしゃ》など、後続車両《こうぞくしゃりょう》にも受《う》け継《つ》がれていく多《おお》くの技術《ぎじゅつ》が使《つか》われた。

ポイント
POINT

「のぞみ」になった理由《りゆう》

300系《けい》と同時《どうじ》に登場《とうじょう》した「のぞみ」という名前《なまえ》。公募《こうぼ》ではなく、有識者《ゆうしきしゃ》を集《あつ》めた選考委員会《せんこういいんかい》で決定《けってい》された。当初《とうしょ》は「希望《きぼう》」が有力《ゆうりょく》だったが、それまでの「こだま」「ひかり」が大和言葉《やまとことば》であったことから、「のぞみ」となった。

グリーン車《しゃ》	2＋2配置《はいち》
普通車《ふつうしゃ》（指定席《していせき》）	3＋2配置《はいち》
普通車《ふつうしゃ》（自由席《じゆうせき》）	3＋2配置《はいち》
特別車両《とくべつしゃりょう》	なし
多目的室《たもくてきしつ》	7・11号車《ごうしゃ》
乗務員室《じょうむいんしつ》	8・10号車《ごうしゃ》
洗面所《せんめんしょ》	1・3・5・7・9・11・13・15号車《ごうしゃ》
売店《ばいてん》	あり

※編成《へんせい》により設備《せつび》は異《こと》なる場合《ばあい》があります

在来線《ざいらいせん》の線路《せんろ》も走《はし》る！

400系《けい》

つばさ

東海道　山陽　東北《とうほく》　北海道　上越　山形《やまがた》　秋田　北陸　九州

[基本《きほん》データ]

走行期間《そうこうきかん》	1992～2010年《ねん》
走行区間《そうこうくかん》	東京《とうきょう》―新庄《しんじょう》
所属《しょぞく》	ＪＲ東日本《ジェイアールひがしにほん》
車両製造《しゃりょうせいぞう》	日立製作所《ひたちせいさくしょ》、川崎重工業《かわさきじゅうこうぎょう》（現川崎車両《げんかわさきしゃりょう》）など
最高運転速度《さいこううんてんそくど》	240㎞／h
両数《りょうすう》	７両編成《りょうへんせい》
定員数《ていいんすう》	グリーン車《しゃ》：20人《にん》 普通車《ふつうしゃ》：379人《にん》
車体《しゃたい》	アルミ合金《ごうきん》
コンセント位置《いち》	なし
車両長《しゃりょうなが》さ（先頭車《せんとうしゃ》）	22825㎜
車両長《しゃりょうなが》さ（中間車《ちゅうかんしゃ》）	20000㎜
車体高《しゃたいたか》さ	3970㎜
車体幅《しゃたいはば》	2950㎜

山形《やまがた》を走《はし》ったミニ新幹線《しんかんせん》

400系《けい》は、山形新幹線《やまがたしんかんせん》の開業《かいぎょう》と同時《どうじ》にデビューした。

山形新幹線《やまがたしんかんせん》は「新在直通運転《しんざいちょくつううんてん》」ができ、新幹線《しんかんせん》と在来線《ざいらいせん》の両方《りょうほう》を走《はし》る。

レールの幅《はば》は在来線区間《ざいらいせんくかん》も普通《ふつう》の新幹線《しんかんせん》と同《おな》じだが、カーブの大《おお》きさなどは在来線《ざいらいせん》のままである。

そのため、400系《けい》は在来線区間《ざいらいせんくかん》のカーブに対応《たいおう》できるように、ほかの新幹線《しんかんせん》より車体《しゃたい》が小《ちい》さめにつくられている。それ

名物《めいぶつ》の連結《れんけつ》シーン

山形新幹線《やまがたしんかんせん》は東京《とうきょう》―福島間《ふくしまかん》は東北新幹線《とうほくしんかんせん》の車両《しゃりょう》と連結《れんけつ》して走《はし》っており、福島駅《ふくしまえき》では新幹線同士《しんかんせんどうし》の連結《れんけつ》や切《き》り離《はな》しを見《み》ることができる。福島駅《ふくしまえき》に入《はい》ってくる山形新幹線《やまがたしんかんせん》の先端《せんたん》が開《ひら》いて連結器《れんけつき》があらわれるシーンは、山形新幹線《やまがたしんかんせん》の名物《めいぶつ》のひとつになっている。

窓《まど》の上部《じょうぶ》にライトが！

400系《けい》の画期的《かっきてき》なデザインのひとつが、ライトの位置《いち》だ。400系《けい》のライトはそれまでのような先端部《せんたんぶ》の横側《よこがわ》ではなく、運転窓《うんてんまど》の上部《じょうぶ》に並《なら》べられており、その後《ご》のＪＲ東日本《ジェイアールひがしにほん》の新幹線《しんかんせん》で度々使《たびたびつか》われるデザインとなった。

写真《しゃしん》：伊藤岳志《いとうたけし》

写真《しゃしん》：伊藤岳志《いとうたけし》

に由来《ゆらい》して「ミニ新幹《しんかん》線《せん》」とも呼《よ》ばれる。

最高運転速度《さいこううんてんそくど》は、新幹《しんかん》線《せん》区間《くかん》では240㎞／hだが、在来線区間《ざいらいせんくかん》ではスピードを落《お》とし、130㎞／hになる。それでも、このミニ新幹線《しんかんせん》によって東京《とうきょう》―山形間《やまがたかん》の所要時間《しょようじかん》は42分短縮《ふんたんしゅく》された。

シルバーが目《め》をひくつばさの登場《とうじょう》

400系《けい》のデザインは、登場当時《とうじょうとうじ》、画期的《かっきてき》なものだった。

400系《けい》より先《さき》に走《はし》っていた車両《しゃりょう》がどれも白《しろ》い車体《しゃたい》だったなか、400系《けい》はシルバーの車体《しゃたい》でデビュー。窓枠付近《まどわくふきん》が黒《くろ》く塗装《とそう》され、その下《した》に入《はい》った200系《けい》と同《おな》じ緑色《みどりいろ》の細《ほそ》いラインがアクセントになっていた。

のちに塗装《とそう》が変更《へんこう》された際《さい》も、このシルバーの車体《しゃたい》と緑《みどり》のラインは変《か》わらず、400系《けい》のシンボルとして親《した》しまれた。

POINT《ポイント》

ミニ新幹線《しんかんせん》のステップ

在来線区間《ざいらいせんくかん》も走《はし》れるように車体《しゃたい》が小《ち》さめにつくらた400系《けい》は、新幹線用《しんかんせんよう》の駅《えき》ではホームと車体《しゃたい》の間《あいだ》が大《おお》きくあいてしまう。そのため、400系《けい》をはじめとするミニ新幹線《しんかんせん》には扉《とびら》の下《した》にステップが備《そな》えられている。

グリーン車《しゃ》	2＋2配置《はいち》
普通車《ふつうしゃ》（指定席《していせき》）	2＋2配置《はいち》
普通車《ふつうしゃ》（自由席《じゆうせき》）	2＋2配置《はいち》
特別車両《とくべつしゃりょう》	なし
多目的室《たもくてきしつ》	なし
乗務員室《じょうむいんしつ》	11号車《ごうしゃ》
洗面所《せんめんじょ》	11・13・15・16号車《ごうしゃ》
売店《ばいてん》	なし

※編成《へんせい》により設備《せつび》は異《こと》なる場合《ばあい》があります

大《おお》きな車体《しゃたい》で多《おお》くの人《ひと》を運《はこ》ぶ

E《イー》1系《けい》

Max《マックス》やまびこ・Max《マックス》ときなど

東海道　山陽　東北《とうほく》　北海道　上越《じょうえつ》　山形　秋田　北陸　九州

[基本《きほん》データ]

走行期間《そうこうきかん》	1994～2012年《ねん》
走行区間《そうこうくかん》	東京《とうきょう》―盛岡《もりおか》・新潟《にいがた》
所属《しょぞく》	ＪＲ東日本《ジェイアールひがしにほん》
車両製造《しゃりょうせいぞう》	日立製作所《ひたちせいさくしょ》、川崎重工業《かわさきじゅうこうぎょう》(現川崎車両《げんかわさきしゃりょう》)
最高運転速度《さいこううんてんそくど》	240km／h
両数《りょうすう》	12両編成《りょうへんせい》
定員数《ていいんすう》	グリーン車《しゃ》:102人《にん》 普通車《ふつうしゃ》:1133人《にん》
車体《しゃたい》	鋼《はがね》
コンセント位置《いち》	なし
車両長《しゃりょうなが》さ(先頭車《せんとうしゃ》)	25800mm
車両長《しゃりょうなが》さ(中間車《ちゅうかんしゃ》)	24500mm
車体高《しゃたいたか》さ	4485mm
車体幅《しゃたいはば》	3380mm

より多《おお》くの人《ひと》を運《はこ》ぶために

東北《とうほく》・上越新幹線《じょうえつしんかんせん》が開業《かいぎょう》して以降《いこう》、新幹線《しんかんせん》の利《り》用客《ようきゃく》が増加《ぞうか》した。それを受《う》け一度《いちど》に大人数輸送《おおにんずうゆそう》できるように開発《かいはつ》されたのが、E《イー》1系《けい》だ。

編成車両《へんせいしゃりょう》すべてが2階《かい》建《だ》てになっており、制御《せいぎょ》機器《きき》の配置変更《はいちへんこう》やらせん階段《かいだん》によるスペースの省《しょう》略《りゃく》、さらに一部《いちぶ》の3＋3配席《はいせき》やデッキにつけられたジャンプシート（折《お》りたたみ式《しき》の席《せき》）など、乗《じょう》車《しゃ》できる人数《にんずう》を増《ふ》やした

白《しろ》・青《あお》・ピンクのコントラストが美《うつく》しい

かわいらしいピンク色《いろ》

当初《とうしょ》の車体《しゃたい》の色《いろ》はグレーと緑《みどり》だったが、のちにJR東日本《ジェイアールひがしにほん》の新幹線《しんかんせん》で長《なが》く使《つか》われることになる飛雲《ひうん》ホワイトと紫苑《しおん》ブルーに変更《へんこう》。当時上越新幹線《とうじじょうえつしんかんせん》のみの運用《うんよう》となっていたE1系《イーけい》のアクセントには、新潟《にいがた》県《けん》の県鳥《けんちょう》である朱鷺《とき》をイメージしたピンク色《いろ》が使《つか》われた。

通勤《つうきん》とE1系《イーけい》

新幹線《しんかんせん》の路線《ろせん》が広《ひろ》がると、地方《ちほう》から都心《としん》へ新幹線《しんかんせん》で通《かよ》う「新幹線通勤《しんかんせんつうきん》」が増加《ぞうか》。単《たん》なる列車《れっしゃ》の増発《ぞうはつ》で対応《たいおう》するには限界《げんかい》があり、一度《いちど》での大量輸送《たいりょうゆそう》が求《もと》められた。これがE1《イー》系《けい》の開発理由《かいはつりゆう》のひとつである。たくさんのビジネスマンを運《はこ》んだE1系《イーけい》は現在《げんざい》、埼玉県《さいたまけん》の鉄道博物館《てつどうはくぶつかん》に展示《てんじ》されている。

めのさまざまな工夫《くふう》がなされている。1両《りょう》あたりの定員数《ていいんすう》は、当時《とうじ》の日本《にほん》では最大《さいだい》だった。

そのオール2階建《かいだ》ての大《おお》きな車体《しゃたい》や、2階席《かいせき》だからこそ体験《たいけん》できる特別《とくべつ》な車窓《しゃそう》の景色《けしき》は、当時《とうじ》の人々《ひとびと》に衝撃《しょうげき》を与《あた》えた。

親《した》しまれたMax《マックス》の愛称《あいしょう》

「Multi《マルチ》Amenity《アメニティ》Express《エクスプレス》（さまざまな快《かい》適性《てきせい》を追求《ついきゅう》した新幹線《しんかんせん》）」を略《りゃく》した「Max《マックス》」の愛《あい》称《しょう》がつけられ、Max《マックス》やまびこ・Max《マックス》なすの・Max《マックス》とき・Max《マックス》たにがわが走《はし》った。

駅《えき》の列車案内《れっしゃあんない》においては、通常《つうじょう》の「やまびこ」「とき」に対《たい》し、「Max《マックス》やまびこ」「Max《マックス》とき」と呼《よ》ばれ、編成《へんせい》にも必《かなら》ず「2階建《かいだ》て」と記載《きさい》された。そのため、次《つぎ》にホームに着《つ》く車両《しゃりょう》がオール2階建《かいだ》てなのかどうかすぐに判別《はんべつ》できた。

POINT《ポイント》

「E○系《イーけい》」の「E《イー》」って何《なに》？

E1系《イーけい》は、開発当初《かいはつとうしょ》600系《けい》とされていたが、国鉄《こくてつ》からJR東日本《ジェイアールひがしにほん》になってはじめてのフル規格新幹線《きかくしんかんせん》ということもあり、東日本《ひがしにほん》（East Japan《イーストジャパン》）の頭文字《かしらもじ》からとって新《あら》たにE1系《イーけい》という名前《なまえ》がつけられた。

グリーン車《しゃ》	2＋2配置《はいち》
普通車《ふつうしゃ》（指定席《していせき》）	3＋2配置《はいち》
普通車《ふつうしゃ》（自由席《じゆうせき》）	3＋2配置《はいち》（一部《いちぶ》3＋3配置《はいち》）
特別車両《とくべつしゃりょう》	なし
多目的室《たもくてきしつ》	10号車《ごうしゃ》
乗務員室《じょうむいんしつ》	8号車《ごうしゃ》
洗面所《せんめんじょ》	1・4・5・8・9・12号車《ごうしゃ》
売店《ばいてん》	2・6・10号車《ごうしゃ》（自動販売機《じどうはんばいき》）・8号車（売店《ばいてん》）

※編成《へんせい》により設備《せつび》は異《こと》なる場合《ばあい》があります

とっても速《はや》い！ 世界最速《せかいさいそく》を更新《こうしん》

500系《けい》

こだま

東海道
山陽《さんよう》
東北
北海道
上越
山形
秋田
北陸
九州

［基本《きほん》データ］

走行期間《そうこうきかん》	1997年《ねん》〜
走行区間《そうこうくかん》	新大阪《しんおおさか》—博多《はかた》
所属《しょぞく》	ＪＲ西日本《ジェイアールにしにほん》
車両製造《しゃりょうせいぞう》	日本車輌《にっぽんしゃりょう》、日立製作所《ひたちせいさくしょ》など
最高運転速度《さいこううんてんそくど》	285km／h
両数《りょうすう》	8両編成《りょうへんせい》
定員数《ていいんすう》	グリーン車《しゃ》:なし 普通車《ふつうしゃ》:557人《にん》
車体《しゃたい》	アルミ合金《ごうきん》
コンセント位置《いち》	なし
車両長《しゃりょうなが》さ(先頭車《せんとうしゃ》)	26750mm
車両長《しゃりょうなが》さ(中間車《ちゅうかんしゃ》)	24500mm
車体高《しゃたいたか》さ	3690mm
車体幅《しゃたいはば》	3380mm

※2024年《ねん》12月時点《がつじてん》

世界《せかい》に並《なら》ぶ最高時速《さいこうじそく》

500系《けい》は、日本《にほん》ではじめて営業最高時速《えいぎょうさいこうじそく》300km／hを達成《たっせい》した新幹線《しんかんせん》。当時《とうじ》の営業最高時速《えいぎょうさいこうじそく》で世界《せかい》トップと並《なら》んだ、記念《きねん》すべき車両《しゃりょう》といえるだろう。

これにより、東京《とうきょう》—博多間《はかたかん》は最速《さいそく》4時間《じかん》49分《ふん》で結《むす》ばれ、5時間《じかん》を切《き》ることに成功《せいこう》した。

また、速《はや》さを追求《ついきゅう》するためにデザインされたシャープなロングノーズや、円筒《えんとう》の車体形状《しゃたいけいじょう》、東《とう》

個性的《こせいてき》な内装《ないそう》・外装《がいそう》

500系《けい》、とくにV《ブイ》2編成《へんせい》には特別《とくべつ》なラッピングが施《ほどこ》され、過去《かこ》にはプラレールのジオラマを配置《はいち》したプラレールカー、「新世紀《しんせいき》エヴァンゲリオン」とコラボした「500 TYPE《タイプ》 EVA《エヴァ》」が走《はし》った。2025年《ねん》1月現在《がつげんざい》はピンク色《いろ》でかわいい装《よそお》いの「ハローキティ新幹線《しんかんせん》」が活躍中《かつやくちゅう》。

JR西日本《ジェイアールにしにほん》が独自《どくじ》に開発《かいはつ》

500系《けい》の車体《しゃたい》には、運転台《うんてんだい》の横《よこ》に「JR《ジェイアール》500」と「WEST JAPAN《ウェストジャパン》」の文字《もじ》が並《なら》ぶ。

海道《かいどう》・山陽新幹線《さんようしんかんせん》では異例《いれい》となる青色《あおいろ》をメインとしたカラーリングなど、特徴的《とくちょうてき》なデザインで人気《にんき》となった。

ほかにも、車両《しゃりょう》の軽量化《けいりょうか》のためのアルミハニカム構造《こうぞう》、全電動車化《ぜんでんどうしゃか》による、パワーと軽量化《けいりょうか》の促進《そくしん》など、独自《どくじ》の性能《せいのう》を持《も》っていた。

引退前《いんたいまえ》の最後《さいご》の活躍《かつやく》

後継車両《こうけいしゃりょう》であるN《エヌ》700系《けい》が登場《とうじょう》すると、500系《けい》は東海道新幹線《とうかいどうしんかんせん》での運用《うんよう》をやめて、当時老朽化《とうじろうきゅうか》や最高時速《さいこうじそく》が問題《もんだい》となっていた山陽新幹線内《さんようしんかんせんない》の0系《けい》と100系《けい》「こだま」の後継《こうけい》として活躍《かつやく》を続《つづ》けた。

しかし、そんな500系《けい》も2027年《ねん》をめどに営業運転《えいぎょううんてん》からの引退《いんたい》が発表《はっぴょう》され、2025年《ねん》1月《がつ》現在《げんざい》、500系《けい》の活躍《かつやく》が見《み》られる期間《きかん》も残《のこ》りわずかとなっている。

ポイント
POINT

運転士《うんてんし》を体験《たいけん》！

500系《けい》の新大阪寄《しんおおさかよ》り先頭車《せんとうしゃ》（8号車《ごうしゃ》）には、子《こ》ども向《む》けの疑似運転台《ぎじうんてんだい》が設置《せっち》されている。実際《じっさい》に新幹線《しんかんせん》を運転《うんてん》しているような臨場感《りんじょうかん》を味《あじ》わうことができて、電車好《でんしゃず》きなら旅《たび》をより一層楽《いっそうたの》しめるだろう。

グリーン車《しゃ》	なし
普通車《ふつうしゃ》（指定席《していせき》）	2＋2配置《はいち》
普通車《ふつうしゃ》（自由席《じゆうせき》）	3＋2配置《はいち》
特別車両《とくべつしゃりょう》	なし
多目的室《たもくてきしつ》	7号車《ごうしゃ》
乗務員室《じょうむいんしつ》	6号車《ごうしゃ》
洗面所《せんめんじょ》	1・3・5・7号車《ごうしゃ》
売店《ばいてん》	なし

※編成《へんせい》により設備《せつび》は異《こと》なる場合《ばあい》があります

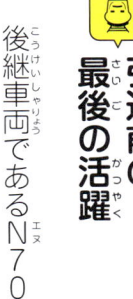

山《やま》を乗《の》り越《こ》え 風《かぜ》を切《き》り裂《さ》く！

E《イー》2系《けい》

やまびこ・なすの

東海道 山陽 東北《とうほく》 北海道 上越《じょうえつ》 山形 秋田 北陸《ほくりく》 九州

[基本《きほん》データ]

走行期間《そうこうきかん》	1997年《ねん》～
走行区間《そうこうくかん》	東京《とうきょう》―仙台《せんだい》
所属《しょぞく》	ＪＲ東日本《ジェイアールひがしにほん》
車両製造《しゃりょうせいぞう》	日本車輛《にっぽんしゃりょう》、日立製作所《ひたちせいさくしょ》など
最高運転速度《さいこううんてんそくど》	275km／h
両数《りょうすう》	10両編成《りょうへんせい》
定員数《ていいんすう》	グリーン車《しゃ》:51人《にん》 普通車《ふつうしゃ》:763人《にん》
車体《しゃたい》	アルミ合金《ごうきん》
コンセント位置《いち》	グリーン車《しゃ》:座席《ざせき》ひじかけ 普通車《ふつうしゃ》:客室両端《きゃくしつりょうはし》の壁《かべ》など
車両長《しゃりょうなが》さ(先頭車《せんとうしゃ》)	25450㎜
車両長《しゃりょうなが》さ(中間車《ちゅうかんしゃ》)	24500㎜
車体高《しゃたいたか》さ	3700㎜
車体幅《しゃたいはば》	3380㎜

※2024年《ねん》12月時点《がつじてん》

北陸《ほくりく》をパワフルにかけ抜《ぬ》ける

E2系《けい》は、JR東日本《ジェイアールひがしにほん》が、東北《とうほく》・上越新幹線《じょうえつしんかんせん》における高速化《こうそくか》と新《あたら》しく開業《かいぎょう》する北陸新幹線《ほくりくしんかんせん》（当時《とうじ》は「長野新幹線《ながのしんかんせん》」と呼《よ》ばれた）に対応《たいおう》することを目的《もくてき》として開発《かいはつ》された車両《しゃりょう》である。

最初《さいしょ》に登場《とうじょう》した0番台《ばんだい》は、東北新幹線《とうほくしんかんせん》で時速《じそく》275km／h運転《うんてん》を開始《かいし》し、同時期《どうじき》に開業《かいぎょう》した秋《あき》田新幹線《たしんかんせん》のE《イー》3系《けい》と併結《へいけつ》して走《はし》ったほか、長野《ながの》まで開業《かいぎょう》した北陸新幹線《ほくりくしんかんせん》で

2種類《しゅるい》のカラーリング

E2系《イーけい》は北陸新幹線用《ほくりくしんかんせんよう》と東北《とうほく》・上越新幹線用《じょうえつしんかんせんよう》でカラーリングが違《ちが》う。基本《きほん》の飛雲《ひうん》ホワイトと紫苑《しおん》ブルーは同《おな》じだが、真《ま》ん中《なか》のラインが赤色《あかいろ》になっているのが北陸新幹線用《ほくりくしんかんせんよう》（写真左《しゃしんひだり》）、ピンク色《いろ》になっているのが東北《とうほく》・上越新幹線用《じょうえつしんかんせんよう》（写真右《しゃしんみぎ》）だ。また、車体横《しゃたいよこ》のロゴも異《こと》なる。

200系《けい》とおそろいの限定《げんてい》カラー

2022年《ねん》は鉄道開業《てつどうかいぎょう》150周年《しゅうねん》に加《くわ》え、ＪＲ東日本《ジェイアールひがしにほん》の各新幹線《かくしんかんせん》の節目《ふしめ》の年《とし》であったことから、これを記念《きねん》して200系《けい》のオリジナルカラーに塗装《とそう》されたE2系《イーけい》が登場《とうじょう》。Ｊ《ジェイ》66編成《へんせい》がこの装《よそお》いとなった。なお、この限定《げんてい》カラーの車両《しゃりょう》は2024年《ねん》3月《がつ》に運用終了《うんようしゅうりょう》している。

POINT《ポイント》

いろいろな土地《とち》で活躍《かつやく》！

E2系《イーけい》は東北《とうほく》・上越《じょうえつ》・北陸新幹線《ほくりくしんかんせん》という、ＪＲ東日本《ジェイアールひがしにほん》のフル規格新幹線《きかくしんかんせん》すべてで主力《しゅりょく》として活躍《かつやく》した。それぞれ後継《こうけい》のE5系《イーけい》、E7系《イーけい》の登場《とうじょう》で引退《いんたい》、縮小《しゅくしょう》はしているものの、今《いま》なお少数《しょうすう》ながら走《はし》り続《つづ》けている。

グリーン車《しゃ》	2＋2配置《はいち》
普通車《ふつうしゃ》(指定席《していせき》)	3＋2配置《はいち》
普通車《ふつうしゃ》(自由席《じゆうせき》)	3＋2配置《はいち》
特別車両《とくべつしゃりょう》	なし
多目的室《たもくてきしつ》	9号車《ごうしゃ》
乗務員室《じょうむいんしつ》	9号車《ごうしゃ》
洗面所《せんめんじょ》	1・3・5・7・9号車《ごうしゃ》
売店《ばいてん》	なし

※編成《へんせい》により設備《せつび》は異《こと》なる場合《ばあい》があります

は「あさま」として活躍《かつやく》。長《なが》く険《けわ》しい坂道《さかみち》や、途中《とちゅう》で切《き》り替《か》わる電気《でんき》の周波数《しゅうはすう》に対応《たいおう》して、人々《ひとびと》の移動《いどう》に貢献《こうけん》した。

進化《しんか》した技術《ぎじゅつ》を取《と》り入《い》れて走《はし》る

のちに登場《とうじょう》したE《イー》2系《けい》1000番台《ばんだい》は、200系《けい》の代《か》わりになる車両《しゃりょう》として登場《とうじょう》した。最高時速《さいこうじそく》は0番台《ばんだい》から引《ひ》き続《つづ》き275km／hだったが、0番台《ばんだい》よりも新《あたら》しい技術《ぎじゅつ》を盛《も》り込《こ》んだ新型車両《しんがたしゃりょう》であった。

東北新幹線《とうほくしんかんせん》が盛岡《もりおか》から八戸《はちのへ》まで延伸《えんしん》されたときには、新《あたら》しい最速達列車《さいそくたつれっしゃ》である「はやて」の列車《れっしゃ》名《めい》で、東北新幹線《とうほくしんかんせん》の顔《かお》として活躍《かつやく》。こちらも、盛《もり》岡《おか》までE《イー》3系《けい》の「こまち」と併結《へいけつ》して走《はし》った。

それぞれの後継車両《こうけいしゃりょう》が登場《とうじょう》するまでは、「はやて」も「こまち」も、東《とう》北新幹線《ほくしんかんせん》における日常的《にちじょうてき》な光景《こうけい》になった。

2代《だい》目《め》のミニ新幹線《しんかんせん》！

E《イー》3系《けい》

つばさ

東海道 山陽 東北《とうほく》 北海道 上越 山形《やまがた》 秋田 北陸 九州

[基本《きほん》データ]

走行期間《そうこうきかん》	1997年《ねん》〜
走行区間《そうこうくかん》	東京《とうきょう》—新庄《しんじょう》
所属《しょぞく》	ＪＲ《ジェイアール》東《ひがし》日本《にほん》
車両製造《しゃりょうせいぞう》	川崎重工業《かわさきじゅうこうぎょう》、東急車輛《とうきゅうしゃりょう》（現総合車両製作所《げんそうごうしゃりょうせいさくしょ》）
最高運転速度《さいこううんてんそくど》	275km／h
両数《りょうすう》	7両編成《りょうへんせい》
定員数《ていいんすう》	グリーン車《しゃ》:23人《にん》 普通車《ふつうしゃ》:371人《にん》
車体《しゃたい》	アルミ合金《ごうきん》
コンセント位置《いち》	グリーン車《しゃ》:座席《ざせき》ひじかけ 普通車《ふつうしゃ》:客室両端《きゃくしつりょうはし》の壁《かべ》・窓側《まどがわ》の座席《ざせき》
車両長《しゃりょうなが》さ(先頭車《せんとうしゃ》)	22325㎜
車両長《しゃりょうなが》さ(中間車《ちゅうかんしゃ》)	20000㎜
車体高《しゃたいたか》さ	4080㎜
車体幅《しゃたいはば》	2945㎜

※2024年《ねん》12月時点《がつじてん》

初《はつ》の秋田《あきた》新幹線《しんかんせん》として登場《とうじょう》

E《イー》3系《けい》は、1997年《ねん》に開業《かいぎょう》した秋田《あきた》新幹線《しんかんせん》を走《はし》る車両《しゃりょう》としてデビューし、後継《こうけい》となるE《イー》6系《けい》の登場《とうじょう》まで、初代《しょだい》「こまち」として親《した》しまれた。秋田《あきた》新幹線《しんかんせん》は新在直通新幹線《しんざいちょくつうしんかんせん》のため、E《イー》3系《けい》も400系《けい》と同《おな》じくミニ新幹線車《しんかんせんしゃ》両《りょう》だ。

のちに、山形新幹線《やまがたしんかんせん》の増便《ぞうびん》や、古《ふる》くなった400系《けい》の代《か》わりとして山形《やまがた》新幹線《しんかんせん》でも活躍《かつやく》。両路線《りょうろせん》の主力《しゅりょく》として走《はし》った。

種類豊富《しゅるいほうふ》なカラーリング！

登場時《とうじょうじ》の秋田新幹線《あきたしんかんせん》としてのカラーリング（写真左上《しゃしんひだりうえ》）をはじめ、山形新幹線投入時《やまがたしんかんせんとうにゅうじ》の400系《けい》に準《じゅん》じたシルバーの車体《しゃたい》（写真右上《しゃしんみぎうえ》）、のちにデザインが変《か》わって登場《とうじょう》した紫色《むらさきいろ》を基調《きちょう》としたもの（写真中央左《しゃしんちゅうおうひだり》）、とれいゆつばさ（写真中央右《しゃしんちゅうおうみぎ》）や現美新幹線《げんびしんかんせん》（写真左下《しゃしんひだりした》）などもある。

　2014年《ねん》に秋田新幹《あきたしんかん》線《せん》から撤退《てったい》してからは、山形新幹線《やまがたしんかんせん》での運転《うんてん》を続《つづ》けていた。しかし、山形《やまがた》新幹線《しんかんせん》では2024年《ねん》に新型車両《しんがたしゃりょう》としてE《イー》8系《けい》が営業運転《えいぎょううんてん》を開始《かいし》。E《イー》3系《けい》が完全引退《かんぜんいんたい》する日《ひ》も遠《とお》くはないのかもしれない。

E《イー》3系《けい》を使《つか》ったユニークな新幹線《しんかんせん》

　E《イー》3系《けい》は、2代目《だいめ》ミニ新幹線《しんかんせん》として秋田《あきた》・山形《やまがた》新幹線《しんかんせん》の2路線《ろせん》で活躍《かつやく》した車両《しゃりょう》だが、過去《かこ》にはE《イー》3系車両《けいしゃりょう》を使《つか》ったユニークな車両《しゃりょう》が存在《そんざい》した。「とれいゆつばさ」と「現美《げんび》新幹線《しんかんせん》」だ。

　「とれいゆつばさ」は、先頭車《せんとうしゃ》に鉄道車両《てつどうしゃりょう》で初《はつ》となる「足湯《あしゆ》」を備《そな》えていた。「現美新幹線《げんびしんかんせん》」は車《しゃ》内《ない》に現代《げんだい》アートが展示《てんじ》され、車内《しゃない》で提供《ていきょう》されるコーヒーやスイーツを楽《たの》しみながら、新幹線内《しんかんせんない》で芸術作品《げいじゅつさくひん》を鑑賞《かんしょう》できる車《しゃ》両《りょう》だった。

POINT《ポイント》

時代《じだい》とともに進化《しんか》

E《イー》3系《けい》のなかでも、0番台《ばんだい》から13年後《ねんご》に登場《とうじょう》した2000番台《ばんだい》は、サスペンションの充実《じゅうじつ》による乗《の》り心地《ごこち》の改善《かいぜん》や、客室両端《きゃくしつりょうたん》と窓際《まどぎわ》にあるコンセントの設置《せっち》などの改良《かいりょう》が行《おこな》われている。より快適《かいてき》に過《す》ごせるような進化《しんか》を遂《と》げた。

グリーン車《しゃ》	2＋2配置《はいち》
普通車《ふつうしゃ》（指定席《していせき》）	2＋2配置《はいち》
普通車《ふつうしゃ》（自由席《じゆうせき》）	なし
特別車両《とくべつしゃりょう》	なし
多目的室《たもくてきしつ》	11号車《ごうしゃ》
乗務員室《じょうむいんしつ》	11号車《ごうしゃ》
洗面所《せんめんじょ》	11·13·15·16号車《ごうしゃ》
売店《ばいてん》	なし

※編成《へんせい》により設備《せつび》は異《こと》なる場合《ばあい》があります

2階《かい》建《だ》て新幹線《しんかんせん》がさらに進化《しんか》！

E《イー》4系《けい》

Max《マックス》やまびこ・Max《マックス》あさまなど

東海道
山陽
東北《とうほく》
北海道
上越《じょうえつ》
山形
秋田
北陸《ほくりく》
九州

[基本《きほん》データ]

走行期間《そうこうきかん》	1997年《ねん》～2021年《ねん》
走行区間《そうこうくかん》	東京《とうきょう》―盛岡《もりおか》・新潟《にいがた》・軽井沢《かるいざわ》
所属《しょぞく》	JR東日本《ジェイアールひがしにほん》
車両製造《しゃりょうせいぞう》	日立製作所《ひたちせいさくしょ》、川崎重工業《かわさきじゅうこうぎょう》(現川崎車両《げんかわさきしゃりょう》)
最高運転速度《さいこううんてんそくど》	240km／h
両数《りょうすう》	8両編成《りょうへんせい》
定員数《ていいんすう》	グリーン車《しゃ》:54人《にん》 普通車《ふつうしゃ》:763人《にん》
車体《しゃたい》	アルミ合金《ごうきん》
コンセント位置《いち》	なし
車両長《しゃりょうなが》さ(先頭車《せんとうしゃ》)	25450㎜
車両長《しゃりょうなが》さ(中間車《ちゅうかんしゃ》)	24500㎜
車体高《しゃたいたか》さ	4485㎜
車体幅《しゃたいはば》	3380㎜

E《イー》1系《けい》が進化《しんか》！

E《イー》4系《けい》は、E《イー》1系《けい》の後《こう》継《けい》であるオール2階建《かいだ》ての新幹線《しんかんせん》。E《イー》1系《けい》からの進化系《しんかけい》のため「Max《マックス》」の愛称《あいしょう》も受《う》け継《つ》がれ、Max《マックス》やまびこ、Max《マックス》なすの、Max《マックス》とき、Max《マックス》たにがわ、Max《マックス》あさまが活躍《かつやく》した。

最高時速《さいこうじそく》はE《イー》1系《けい》と同《おな》じだが、最新《さいしん》の機器《きき》の採《さい》用《よう》による機能向上《きのうこうじょう》に加《くわ》え、E《イー》1系《けい》の大《おお》きな課題《かだい》であった〝地方《ちほう》と都心部《としんぶ》の利用客数《りようきゃくすう》の違《ちが》いへの対《たい》

併結《へいけつ》して多《おお》くの人《ひと》を運《はこ》ぶ！

E1系《イーけい》を受《う》け継《つ》いだ朱鷺色《ときいろ》

E4系《イーけい》は、登場時《とうじょうじ》、東北新幹線《とうほくしんかんせん》で活躍《かつやく》した。その際《さい》の車体《しゃたい》のラインには山吹色《やまぶきいろ》（黄色《きいろ》）が使用《しよう》されていた（写真左《しゃしんひだり》）が、のちに上越新幹線《じょうえつしんかんせん》での活躍《かつやく》が始《はじ》まると、E1系《イーけい》から受《う》け継《つ》いだ朱鷺色《ときいろ》（ピンク色《いろ》）に変更《へんこう》された（写真右《しゃしんみぎ》）。

圧倒《あっとう》される16両編成《りょうへんせい》

16両編成《りょうへんせい》になったときの定員《ていいん》1634名《めい》は、高速列車《こうそくれっしゃ》として世界最大《せかいさいだい》の規模《きぼ》を誇《ほこ》る。２階建《かいだ》てでもともと車体《しゃたい》も大《おお》きく、高《たか》さ約《やく》4.5mの車両《しゃりょう》が16両《りょう》、じつに約《やく》40mにもわたって並《なら》ぶ様子《ようす》は圧巻《あっかん》だ。

応《おう》”を、８両編成《りょうへんせい》を基準《きじゅん》としつつ混雑時《こんざつじ》には併結《へいけつ》して16両編成《りょうへんせい》にするという運用《うんよう》により解決《かいけつ》した。16両編成《りょうへんせい》での定員《ていいん》は１６３４名《めい》と圧倒的《あっとうてき》で、ＪＲ《ジェイアール》東日本《ひがしにほん》の各新幹線路線《かくしんかんせんろせん》が集《あつ》まるため列車本数《れっしゃほんすう》が限《かぎ》られる東京《とうきょう》―大宮間《おおみやかん》の輸送力《ゆそうりょく》の確保《かくほ》に貢献《こうけん》した。

輸送力《ゆそうりょく》と利便性《りべんせい》の両立《りょうりつ》

Ｅ１系《イーけい》からの進化《しんか》はほかにもある。たとえば車《しゃ》内販売《ないはんばい》ワゴン専用《せんよう》の昇降《しょうこう》機《き》がデッキに設《もう》けられ、２階席《かいせき》でもワゴン販売《はんばい》が可能《かのう》になった。また、グリーン座席《ざせき》に新幹線初《しんかんせんはつ》のレッグレストが採用《さいよう》され、乗《の》り心地《ごこち》が向上《こうじょう》した。

そんなＥ４系《イーけい》は１９９７年《ねん》に東北新幹線《とうほくしんかんせん》で営業《えいぎょう》を開始《かいし》し、２０１９年《ねん》からは上越新幹線《じょうえつしんかんせん》に活躍《かつやく》の場《ば》を移《うつ》したが、Ｅ７系《イーけい》の登場《とうじょう》により置《お》きかえが進《すす》められ、２０２１年《ねん》に完《かん》全引退《ぜんいんたい》となった。

Max《マックス》だけの３＋３配席《はいせき》

普通車《ふつうしゃ》２階席《かいせき》の３＋３配席《はいせき》は、E1系《イーけい》、E4系《イーけい》のMax《マックス》シリーズだけにある特徴《とくちょう》的《てき》な座席《ざせき》だ。通常《つうじょう》、ドリンクホルダーは前《まえ》の席《せき》の背面《はいめん》についていたが、２席《せき》だけ、前《まえ》に席《せき》がないためひじかけに設《せっ》置《ち》されていた。

グリーン車《しゃ》	２＋２配置《はいち》
普通車《ふつうしゃ》（指定席《していせき》）	３＋２／２＋２配置《はいち》
普通車《ふつうしゃ》（自由席《じゆうせき》）	３＋３／３＋２／２＋２配置《はいち》
特別車両《とくべつしゃりょう》	なし
多目的室《たもくてきしつ》	５・８号車
乗務員室《じょうむいんしつ》	５号車《ごうしゃ》
洗面所《せんめんしょ》	１・４・５・８号車《ごうしゃ》
売店《ばいてん》	ワゴン販売《はんばい》

※編成《へんせい》により設備《せつび》は異《こと》なる場合《ばあい》があります

カモノハシノーズがトレードマーク

700系《けい》

東海道《とうかいどう》
山陽《さんよう》
東北
北海道
上越
山形
秋田
北陸
九州

のぞみ・ひかり・こだま

[基本《きほん》データ]

走行期間《そうこうきかん》	1999〜2020年《ねん》
走行区間《そうこうくかん》	東京《とうきょう》—博多《はかた》
所属《しょぞく》	ＪＲ東海《ジェイアールとうかい》、ＪＲ西日本《ジェイアールにしにほん》
車両製造《しゃりょうせいぞう》	日本車輌《にっぽんしゃりょう》、日立製作所《ひたちせいさくしょ》など
最高運転速度《さいこううんてんそくど》	285㎞／h
両数《りょうすう》	16両編成《りょうへんせい》
定員数《ていいんすう》	グリーン車《しゃ》:200人《にん》 普通車《ふつうしゃ》:1123人《にん》
車体《しゃたい》	アルミ合金《ごうきん》
コンセント位置《いち》	客室両端《きゃくしつりょうはし》の壁《かべ》(3000番《ばん》台《だい》の普通車《ふつうしゃ》のみ)
車両長《しゃりょうなが》さ(先頭車《せんとうしゃ》)	27100㎜
車両長《しゃりょうなが》さ(中間車《ちゅうかんしゃ》)	24500㎜
車体高《しゃたいたか》さ	3650㎜
車体幅《しゃたいはば》	3380㎜

300系《けい》に次《つ》ぐ標準型車両《ひょうじゅんがたしゃりょう》

東海道《とうかいどう》・山陽新幹線《さんようしんかんせん》で270㎞／hの高速運転《こうそくうんてん》を実現《じつげん》した300系《けい》は、じつは乗《の》り心地《ごこち》があまりよくなかった。

その原因《げんいん》をしっかりと研究《けんきゅう》し、JR東海《ジェイアールとうかい》とJR《ジェイアール》西日本《にしにほん》の共同開発《きょうどうかいはつ》で1999年《ねん》に登場《とうじょう》したのが700系《けい》だ。乗《の》り心地向上《ごこちこうじょう》のために、グリーン車《しゃ》と両先頭車《りょうせんとうしゃ》、そしてパンタグラフがある車両《しゃりょう》にセミアクティブサスペンション（振動《しんどう》を打《う》ち消《け》す装《そう》

「カモノハシ」の愛称《あいしょう》でおなじみ！

写真《しゃしん》：伊藤岳志《いとうたけし》

ノーズの長《なが》さは9.2m！

300系《けい》は、最後尾《さいこうび》の車両《しゃりょう》が空気《くうき》の乱《みだ》れで揺《ゆ》れが大《おお》きくなる問題《もんだい》があった。700系《けい》の下《しも》ぶくれのカモノハシノーズには揺《ゆ》れを少《すく》なくする効果《こうか》がある。そんなノーズは9.2mで、当時《とうじ》は500系《けい》（15m）、E4系《けい》（11.5m）に次《つ》ぐ3番目《ばんめ》の長《なが》さだった。ちなみに300系《けい》は6.4mだった。

JR西日本車《ジェイアールにしにほんしゃ》のロゴ

JR東海《ジェイアールとうかい》の0番台《ばんだい》とJR西日本《ジェイアールにしにほん》の3000番台《ばんだい》の目立《めだ》つ違《ちが》いは、先頭車側面《せんとうしゃそくめん》のロゴ。JR西日本車《ジェイアールにしにほんしゃ》には「JR《ジェイアール》700」の大《おお》きなロゴが描《えが》かれていた。

置《ち》）を採用《さいよう》。

そして最大《さいだい》の特徴《とくちょう》である〝カモノハシノーズ〟も、じつは乗《の》り心地《ごこち》向上《こうじょう》のために採用《さいよう》されたものだ。カモノハシノーズには、高速走行《こうそくそうこう》で最後部車両《さいこうぶしゃりょう》に流《なが》れ込《こ》む空気《くうき》を整《ととの》えて、揺《ゆ》れを少《すく》なくする効果《こうか》がある。

時速《じそく》285㎞での運転《うんてん》を実現《じつげん》

700系《けい》の最高速度《さいこうそくど》は、東海道新幹線《とうかいどうしんかんせん》では300系《けい》と同《おな》じ270㎞／hだが、山陽新幹線《さんようしんかんせん》では285㎞／hを実現《じつげん》。J《ジェイ》R《アール》東海車《とうかいしゃ》が0番台《ばんだい》、JR《ジェイアール》西日本車《にしにほんしゃ》が3000番台《ばんだい》で、ともに「のぞみ」「ひかり」「こだま」に幅広《はばひろ》く運用《うんよう》された。

この16両編成《りょうへんせい》の700系《けい》は2020年《ねん》に惜《お》しまれながら引退《いんたい》となったが、次《つぎ》のページで解説《かいせつ》する8両編成《りょうへんせい》の700系《けい》は、今《いま》も山陽新幹線《さんようしんかんせん》で活躍《かつやく》を続《つづ》けている。

POINT《ポイント》

下《しも》ぶくれのノーズ

700系《けい》のカモノハシノーズは、運転席《うんてんせき》付近《ふきん》の上半身部分《じょうはんしんぶぶん》は絞《しぼ》り込《こ》まれ、下半身部分《かはんしんぶぶん》が横《よこ》に広《ひろ》がる独特《どくとく》なデザイン。エアロストリーム形状《けいじょう》とも呼《よ》ばれるこのノーズデザインが、乗《の》り心地《ごこち》の向上《こうじょう》と騒音低減《そうおんていげん》を両立《りょうりつ》させた。

グリーン車《しゃ》	2＋2配置《はいち》
普通車《ふつうしゃ》（指定席《していせき》）	3＋2配置《はいち》
普通車《ふつうしゃ》（自由席《じゆうせき》）	3＋2配置《はいち》
特別車両《とくべつしゃりょう》	なし
多目的室《たもくてきしつ》	11号車《ごうしゃ》
乗務員室《じょうむいんしつ》	8・10号車《ごうしゃ》
洗面所《せんめんじょ》	1・3・5・7・9・11・13・15号車《ごうしゃ》
売店《ばいてん》	なし

※編成《へんせい》により設備《せつび》は異《こと》なる場合《ばあい》があります

ハイグレードな内装《ないそう》のレールスター

700系《けい》

7000番台《ばんだい》

ひかりレールスター・こだま

東海道
山陽《さんよう》
東北
北海道
上越
山形
秋田
北陸
九州

航空機対策《こうくうきたいさく》で登場《とうじょう》！

JR《ジェイアール》東海《とうかい》とJR《ジェイアール》西日本《にしにほん》の共同開発《きょうどうかいはつ》で1999年《ねん》に登場《とうじょう》した700系《けい》。J《ジェイ》R《アール》西日本《にしにほん》の3000番台《ばんだい》は2年遅《ねんおく》れの2001年《ねん》登場《とうじょう》なのだが、これよりも前《まえ》に、JR《ジェイアール》西日本《にしにほん》は山陽新幹線《さんようしんかんせん》のテコ入《い》れのために8両編成《りょうへんせい》の700系《けい》を開発《かいはつ》する。それが2000年《ねん》に登場《とうじょう》した7000番台《ばんだい》「RailStar《レールスター》」だ。

それまでの山陽新幹線《さんようしんかんせん》は、最高速度《さいこうそくど》220㎞／hの0系《けい》や100系《けい》を6

［基本《きほん》データ］

走行期間《そうこうきかん》	2000年《ねん》～
走行区間《そうこうくかん》	新大阪《しんおおさか》―博多《はかた》
所属《しょぞく》	ＪＲ西日本《ジェイアールにしにほん》
車両製造《しゃりょうせいぞう》	日本車輌《にっぽんしゃりょう》、日立製作所《ひたちせいさくしょ》など
最高運転速度《さいこううんてんそくど》	285㎞／h
両数《りょうすう》	8両編成《りょうへんせい》
定員数《ていいんすう》	普通車《ふつうしゃ》:555人《にん》 個室《こしつ》:16人《にん》
車体《しゃたい》	アルミ合金《ごうきん》
コンセント位置《いち》	5～8号車《ごうしゃ》の客室両端《きゃくしつりょうはし》の壁《かべ》、8号車《ごうしゃ》の個室内部《こしつないぶ》
車両長《しゃりょうなが》さ（先頭車《せんとうしゃ》）	27100㎜
車両長《しゃりょうなが》さ（中間車《ちゅうかんしゃ》）	24500㎜
車体高《しゃたいたか》さ	3650㎜
車体幅《しゃたいはば》	3380㎜

※2024年《ねん》12月時点《がつじてん》

豪華《ごうか》な座席《ざせき》

自由席《じゆうせき》の１～３号車《ごうしゃ》は２＋３の座席配置《ざせきはいち》。指定席《していせき》の４～８号車《ごうしゃ》は快適《かいてき》な２＋２のサルーンシートが並《なら》び、８号車《ごうしゃ》の一画《いっかく》には４人用個室《にんようこしつ》が４室用意《しつようい》される。

車体《しゃたい》サイドの専用《せんよう》ロゴ

先頭車《せんとうしゃ》の運転席下《うんてんせきした》と１・３・５・７・８号車《ごうしゃ》のサイドにはRail Star《レールスター》のロゴがある。しかし現在《げんざい》7000番台《ばんだい》の「ひかり（レールスター）」は、新下関《しんしものせき》―岡山間《おかやまかん》の「ひかり」590号《ごう》のみとなっている。

POINT《ポイント》

スタイリッシュな外装《がいそう》

車体《しゃたい》の形状《けいじょう》は16両編成《りょうへんせい》の０番代《ばんだい》や3000番台《ばんだい》と同一《どういつ》。しかし塗色《としょく》は、500系《けい》と同《おな》じグレー地《じ》にブラック＆イエローのラインが入《はい》る斬新《ざんしん》なもので、車体《しゃたい》サイドにはRail Star《レールスター》のロゴが入《はい》る。編成《へんせい》は全車普通車《ぜんしゃふつうしゃ》の８両編成《りょうへんせい》だ。

両編成化《りょうへんせいか》して「ウエストひかり」を運行《うんこう》してきたが、航空機《こうくうき》との競争《きょうそう》には苦戦《くせん》していた。すでに同《どう》社《しゃ》の500系《けい》が300km／h運転《うんてん》を実施《じっし》していたが、16両編成《りょうへんせい》の500系《けい》を山陽新幹線《さんようしんかんせん》だけに運用《うんよう》するにはコストがかかり過《す》ぎる。そこで8両《りょう》の700系《けい》7000番台《ばんだい》を導《どう》入《にゅう》し、最高速度《さいこうそくど》285km／hの「ひかりレールスター」の運行《うんこう》を開始《かいし》して競争力《きょうそうりょく》を強化《きょうか》した。

ハイグレードなシートも自慢《じまん》

「ウエストひかり」は、0系《けい》の時代《じだい》から座席《ざせき》のグレードの高《たか》さが自慢《じまん》だった。700系《けい》7000番《ばん》台《だい》もその伝統《でんとう》を受《う》け継《つ》いで、指定席《していせき》には2＋2配《はい》置《ち》のサルーンシートを装《そう》備《び》。新幹線唯一《しんかんせんゆいいつ》の個室《こしつ》も用意《ようい》されている。現在《げんざい》は「こだま」運用主体《うんようしゅたい》になったが、座席《ざせき》グレードの高《たか》さは不変《ふへん》だ。

グリーン車《しゃ》	なし
普通車《ふつうしゃ》（指定席《していせき》）	２＋２配置《はいち》（サルーンシート）
普通車《ふつうしゃ》（自由席《じゆうせき》）	３＋２配置《はいち》
特別車両《とくべつしゃりょう》	セミコンパートメント（個室《こしつ》）
多目的室《たもくてきしつ》	７号車《ごうしゃ》
乗務員室《じょうむいんしつ》	６号車《ごうしゃ》
洗面所《せんめんじょ》	1・3・5・7号車《ごうしゃ》
売店《ばいてん》	なし

※編成《へんせい》により設備《せつび》は異《こと》なる場合《ばあい》があります

金箔《きんぱく》が話題《わだい》の豪華《ごうか》な内装《ないそう》！

800系《けい》

つばめ・さくら

東海道
山陽
東北
北海道
上越
山形
秋田
北陸
九州《きゅうしゅう》

［基本《きほん》データ］

走行期間《そうこうきかん》	2004年《ねん》～
走行区間《そうこうくかん》	博多《はかた》―鹿児島中央《かごしまちゅうおう》
所属《しょぞく》	ＪＲ九州《ジェイアールきゅうしゅう》
車両製造《しゃりょうせいぞう》	日立製作所《ひたちせいさくしょ》
最高運転速度《さいこううんてんそくど》	260㎞／h
両数《りょうすう》	6両編成《りょうへんせい》
定員数《ていいんすう》	グリーン車《しゃ》：なし 普通車《ふつうしゃ》：378人《にん》
車体《しゃたい》	アルミ合金
コンセント位置《いち》	客室両端《きゃくしつりょうはし》の壁《かべ》
車両長《しゃりょうなが》さ（先頭車《せんとうしゃ》）	27100㎜
車両長《しゃりょうなが》さ（中間車《ちゅうかんしゃ》）	24500㎜
車体高《しゃたいたか》さ	3650㎜
車体幅《しゃたいはば》	3380㎜

基準《きじゅん》は700系《けい》7000番台《ばんだい》

2004年《ねん》に新八代《しんやつしろ》―鹿児島中央間《かごしまちゅうおうかん》が先行開業《せんこうかいぎょう》した九州新幹線《きゅうしゅうしんかんせん》だが、そのときに導入《どうにゅう》されたのが800系《けい》だ。ＪＲ九州初《ジェイアールきゅうしゅうはつ》の新幹線形式《しんかんせんけいしき》の800系《けい》は、ＪＲ九州《ジェイアールきゅうしゅう》に新幹線車《しんかんせんしゃ》両《りょう》の設計《せっけい》ノウハウがなかったことから、おもにＪＲ西日本《ジェイアールにしにほん》が開発《かいはつ》に協《きょう》力《りょく》。そのため車体《しゃたい》や走行《そうこう》機器《きき》は700系《けい》7000番台《ばんだい》がベースとなっている（パンタグラフはＪＲ《ジェイアール》東日本《ひがしにほん》のＥ《イー》2系《けい》1000

JR《ジェイアール》九州《きゅうしゅう》初《はつ》の新幹線形式《しんかんせんけいしき》！

写真《しゃしん》：伊藤岳志《いとうたけし》

800系《けい》と新《しん》800系《けい》の顔《かお》

800系《けい》（写真左《しゃしんひだり》）と新《しん》800系《けい》（写真右《しゃしんみぎ》）の最《もっと》も異《こと》なる点《てん》はヘッドライトまわりのデザイン。新《しん》800系《けい》は丸《まる》みを帯《お》びて少《すこ》し盛《も》り上《あ》がっている。また車体《しゃたい》サイドの赤色《あかいろ》ラインの描《えが》き方《かた》も異《こと》なる。

金箔《きんぱく》で彩《いろど》られた壁《かべ》が豪華《ごうか》さを演出《えんしゅつ》！

写真《しゃしん》：伊藤岳志《いとうたけし》

2＋2のゆとりの座席《ざせき》と金箔《きんぱく》

800系《けい》・新《しん》800系《けい》ともに6両全車《りょうぜんしゃ》が2＋2の木材《もくざい》を多用《たよう》したシートを採用《さいよう》。新《しん》800系《けい》の2・3・4・5号車《ごうしゃ》の車端部壁面《しゃたんぶへきめん》には、話題《わだい》の金箔《きんぱく》が貼《は》られている。

写真《しゃしん》：伊藤岳志《いとうたけし》

番台《ばんだい》のものを搭載《とうさい》）。

ただし先頭部《せんとうぶ》や内装《ないそう》デザインはJR九州《ジェイアールきゅうしゅう》のオリジナルで、木材《もくざい》を多用《たよう》した和《わ》のテイストの車内《しゃない》デザインが話題《わだい》に。なお当《とう》初《しょ》の運用列車《うんようれっしゃ》は「つばめ」だけだったので、車体各《しゃたいかく》所《しょ》につばめをアピールするロゴが描《えが》かれていた。

新《しん》800系《けい》の豪華《ごうか》な金箔《きんぱく》

2009年《ねん》に増備《ぞうび》された1000・2000番《ばん》台《だい》の〝新《しん》800系《けい》〟は、一部《いちぶ》車両《しゃりょう》の車端部《しゃたんぶ》に金箔《きんぱく》が施《ほどこ》され、その豪華絢爛《ごうかけんらん》な輝《かがや》きは大《おお》きな話題《わだい》となった。先頭部《せんとうぶ》デザインも若干変更《じゃっかんへんこう》され、ドクターイエロー的《てき》な検測装《けんそくそう》置《ち》を搭載《とうさい》する編成《へんせい》も用意《ようい》された。2011年《ねん》の九《きゅう》州《しゅう》新幹線全線開業以降《しんかんせんぜんせんかいぎょういこう》、800系《けい》と新《しん》800系《けい》は「さくら」にも運用《うんよう》されるようになったので、車《しゃ》体《たい》のつばめロゴがデザイン変更《へんこう》されている。

POINT《ポイント》

700系《けい》との違《ちが》い

全体的《ぜんたいてき》なフォルムは700系《けい》を踏襲《とうしゅう》しているが、ノーズは700系《けい》よりも0.3m長《なが》い9.5m。九州新幹線《きゅうしゅうしんかんせん》の最高速度《さいこうそくど》が260km／hに制限《せいげん》されている関係《かんけい》で、800系《けい》の最高速度《さいこうそくど》も260km／hだ。編《へん》成《せい》は全車普通車《ぜんしゃふつうしゃ》の6両編成《りょうへんせい》。

グリーン車《しゃ》	なし
普通車《ふつうしゃ》（指定席《していせき》）	2＋2配置《はいち》
普通車《ふつうしゃ》（自由席《じゆうせき》）	2＋2配置《はいち》
特別車両《とくべつしゃりょう》	なし
多目的室《たもくてきしつ》	5号車《ごうしゃ》
乗務員室《じょうむいんしつ》	4号車《ごうしゃ》
洗面所《せんめんじょ》	1・3・5号車《ごうしゃ》
売店《ばいてん》	なし

※編成《へんせい》により設備《せつび》は異《こと》なる場合《ばあい》があります

東海道新幹線《とうかいどうしんかんせん》の所要時間短縮《しょようじかんたんしゅく》に貢献《こうけん》

N《エヌ》700系《けい》

のぞみ・ひかり・こだま

東海道《とうかいどう》 山陽《さんよう》 東北 北海道 上越 山形 秋田 北陸 九州

[基本《きほん》データ]

走行期間《そうこうきかん》	2007年《ねん》～
走行区間《そうこうくかん》	東京《とうきょう》―博多《はかた》
所属《しょぞく》	ＪＲ東海《ジェイアールとうかい》、ＪＲ西日本《ジェイアールにしにほん》
車両製造《しゃりょうせいぞう》	日本車輌《にっぽんしゃりょう》、日立製作所《ひたちせいさくしょ》など
最高運転速度《さいこううんてんそくど》	300㎞／h
両数《りょうすう》	16両編成《りょうへんせい》
定員数《ていいんすう》	グリーン車《しゃ》:200人《にん》 普通車《ふつうしゃ》:1123人《にん》
車体《しゃたい》	アルミ合金《ごうきん》
コンセント位置《いち》	グリーン車《しゃ》:座席《ざせき》ひじかけ 普通車:客室両端《きゃくしつりょうはし》の壁《かべ》、窓側《まどがわ》の座席《ざせき》
車両長《しゃりょうなが》さ(先頭車《せんとうしゃ》)	27100㎜
車両長《しゃりょうなが》さ(中間車《ちゅうかんしゃ》)	24500㎜
車体高《しゃたいたか》さ	3600㎜
車体幅《しゃたいはば》	3360㎜

※2024年《ねん》12月時点《がつじてん》

2つの工夫《くふう》で時短《じたん》を実現《じつげん》

東海道新幹線《とうかいどうしんかんせん》はカーブが多《おお》く、最高速度《さいこうそくど》が270㎞／hに制限《せいげん》されていた。そのため、本来《ほんらい》285㎞／hで走《はし》れる700系も本領《ほんりょう》を発揮《はっき》できなかったが、2007年《ねん》から運行《うんこう》を開始《かいし》したN《エヌ》700系《けい》は、そんな行《ゆ》き詰《づ》まり感《かん》があった東海道新幹《とうかいどうしんかん》線《せん》でさらなる所要時間短《しょようじかんたん》縮《しゅく》を実現《じつげん》した。

時短《じたん》ができた要因《よういん》のひとつが加速性《かそくせい》の向上《こうじょう》。通《つう》勤電車《きんでんしゃ》並《な》みの加速性能《かそくせいのう》を

自慢《じまん》のエアロダブルウイング

ノーズ中央《ちゅうおう》の盛《も》り上《あ》がりは航空機《こうくうき》の垂直《すいちょく》尾翼《びよく》、ライト周辺《しゅうへん》の平《たい》らな部分《ぶぶん》は水平尾《すいへいび》翼《よく》の機能《きのう》を持《も》たせたもので、高速走行時《こうそくそうこうじ》の車体安定性《しゃたいあんていせい》を向上《こうじょう》させる。

写真《しゃしん》：伊藤岳志《いとうたけし》

座《すわ》り心地《ごこち》が大《おお》きく向上《こうじょう》！

グリーン車《しゃ》のシートには、リクライニング時《じ》に座面《ざめん》が沈《しず》み、快適《かいてき》な座《すわ》り心地《ごこち》を実現《じつげん》するシンクロナイズド・コンフォートシートを新規採用《しんきさいよう》。普通車《ふつうしゃ》も含《ふく》めて暖色系《だんしょくけい》の照明《しょうめい》が採用《さいよう》され、リラックス感《かん》も向上《こうじょう》している。

写真《しゃしん》：伊藤岳志《いとうたけし》

写真《しゃしん》：伊藤岳志《いとうたけし》

POINT《ポイント》

先頭部《せんとうぶ》の形状《けいじょう》

N《エヌ》700系《けい》の先頭部《せんとうぶ》は700系《けい》の空力性能《くうりょくせいのう》をさらに発展《はってん》させたエアロダブルウイング形状《けいじょう》と呼《よ》ばれるもので、ノーズ長《ちょう》は10.7m。16両全車《りょうぜんしゃ》にアクティブサスペンションが装備《そうび》され、乗《の》り心地《ごこち》もさらに向上《こうじょう》している。

グリーン車《しゃ》	2＋2配置《はいち》
普通車《ふつうしゃ》（指定席《していせき》）	3＋2配置《はいち》
普通車《ふつうしゃ》（自由席《じゆうせき》）	3＋2配置《はいち》
特別車両《とくべつしゃりょう》	なし
多目的室《たもくてきしつ》	11号車《ごうしゃ》
乗務員室《じょうむいんしつ》	8号車《ごうしゃ》
洗面所《せんめんじょ》	1・3・5・7・9・11・13・15号車《ごうしゃ》
売店《ばいてん》	なし

※編成《へんせい》により設備《せつび》は異《こと》なる場合《ばあい》があります

持《も》たせることで、駅発車《えきはっしゃ》から270㎞／hまでの加速時間《かそくじかん》を短縮《たんしゅく》して時間《じかん》を稼《かせ》いだ。2つ目《め》の要因《よういん》は車体傾斜装置《しゃたいけいしゃそうち》の搭載《とうさい》。曲線《きょくせん》（カーブ）区間《くかん》で車《しゃ》体《たい》を傾《かたむ》けることで、点在《てんざい》する250㎞／h制限《せいげん》の曲線《きょくせん》を270㎞／hで走《そう》行《こう》することを可能《かのう》にし、ここでも時間《じかん》を稼《かせ》いだ。

山陽新幹線《さんようしんかんせん》では時速《じそく》300㎞

N《エヌ》700系《けい》「のぞみ」は、東京《とうきょう》―新大阪間《しんおおさかかん》で最《さい》大《だい》5分《ふん》の所要時間短縮《しょようじかんたんしゅく》を実現《じつげん》する。また山陽新幹《さんようしんかん》線内《せんない》では、500系《けい》と同《おな》じ300㎞／h運転《うんてん》を実《じつ》現《げん》し、東京《とうきょう》―博多間《はかたかん》を直《ちょく》通運転《つううんてん》する「のぞみ」の時短《じたん》にも成功《せいこう》する。

N《エヌ》700系《けい》はJR東海《ジェイアールとうかい》とJR西日本《ジェイアールにしにほん》の共同開発《きょうどうかいはつ》で、JR東海車《ジェイアールとうかいしゃ》が0番《ばん》台《だい》、JR西日本車《ジェイアールにしにほんしゃ》が3000番台《ばんだい》となっているが、700系《けい》のような外《がい》観上《かんじょう》の違《ちが》いはない。

山陽《さんよう》と九州《きゅうしゅう》を直通運転《ちょくつううんてん》！

N《エヌ》700系《けい》

7000・8000番台《ばんだい》

みずほ・さくら・つばめ・こだま

山陽《さんよう》

九州《きゅうしゅう》

［基本《きほん》データ］

走行期間《そうこうきかん》	2011年《ねん》～
走行区間《そうこうくかん》	新大阪《しんおおさか》―鹿児島中央《かごしまちゅうおう》
所属《しょぞく》	ＪＲ西日本《ジェイアールにしにほん》、ＪＲ九州《ジェイアールきゅうしゅう》
車両製造《しゃりょうせいぞう》	日本車輌《にっぽんしゃりょう》、日立製作所《ひたちせいさくしょ》など
最高運転速度《さいこううんてんそくど》	300㎞／h
両数《りょうすう》	8両編成《りょうへんせい》
定員数《ていいんすう》	グリーン車《しゃ》:24人《にん》 普通車《ふつうしゃ》:542人《にん》
車体《しゃたい》	アルミ合金《ごうきん》
コンセント位置《いち》	グリーン車《しゃ》:座席《ざせき》ひじかけ 普通車《ふつうしゃ》:客室両端《きゃくしつりょうはし》の壁《かべ》、窓側《まどがわ》の座席《ざせき》
車両長《しゃりょうなが》さ(先頭車《せんとうしゃ》)	27100㎜
車両長《しゃりょうなが》さ(中間車《ちゅうかんしゃ》)	24500㎜
車体高《しゃたいたか》さ	3600㎜
車体幅《しゃたいはば》	3360㎜

※2024年《ねん》12月時点《がつじてん》

九州新幹線《きゅうしゅうしんかんせん》に合《あ》わせた仕様《しよう》

2011年《ねん》の九州新幹《きゅうしゅうしんかん》線全線開業《せんぜんせんかいぎょう》により、九州《きゅうしゅう》新幹線《しんかんせん》と山陽新幹線《さんようしんかんせん》が博《はか》多《た》駅《えき》でつながった。これに合《あ》わせて登場《とうじょう》したのが、九州新幹線《きゅうしゅうしんかんせん》～山陽新《さんようしん》幹線直通用《かんせんちょくつうよう》のN《エヌ》700系《けい》7000・8000番台《ばんだい》だ。山陽新幹線《さんようしんかんせん》と九州新《きゅうしゅうしん》幹線《かんせん》は東海道新幹線《とうかいどうしんかんせん》ほどの利用客数《りようきゃくすう》がないので、8両編成《りょうへんせい》となっている。基本性能《きほんせいのう》は16両編成《りょうへんせい》と同《おな》じだが、車体傾斜装置《しゃたいけいしゃそうち》は搭載《とうさい》されていない。

全《ぜん》電動車《でんどうしゃ》のパワーで坂道《さかみち》も乗《の》り越《こ》える！

アルファベットに注目《ちゅうもく》

7000番台《ばんだい》はＪＲ西日本《ジェイアールにしにほん》、8000番台《ばんだい》はＪＲ九州《ジェイアールきゅうしゅう》の車両《しゃりょう》だ。仕様《しよう》はまったく同《おな》じで、運転席左上《うんてんせきひだりうえ》に掲示《けいじ》されている編成番号《へんせいばんごう》のアルファベットで、両社《りょうしゃ》の編成《へんせい》を見分《みわ》けることができる。ＪＲ西日本車《ジェイアールにしにほんしゃ》はＳ《エス》（写真左《しゃしんひだり》）、ＪＲ九州車《ジェイアールきゅうしゅうしゃ》はＲ《アール》（写真右《しゃしんみぎ》）。

写真《しゃしん》：伊藤岳志《いとうたけし》

8両編成先頭車《りょうへんせいせんとうしゃ》は16両《りょう》よりちょっと快適《かいてき》？

16両編成《りょうへんせい》のN《エヌ》700系《けい》の先頭車《せんとうしゃ》は、東《とう》海道新幹線《かいどうしんかんせん》規定《きてい》の定員数《ていいんすう》を確保《かくほ》するためにシートピッチ（座席《ざせき》の前後間《ぜんごかん》隔《かく》）が中間車《ちゅうかんしゃ》より17㎜狭《せま》い。しかし8両編成《りょうへんせい》にはその縛《しば》りがないので、先頭車《せんとうしゃ》も中間車《ちゅうかんしゃ》と同《おな》じシートピッチになっている。

車体《しゃたい》は青磁《せいじ》をイメージした薄青色《うすあおいろ》となり、九州《きゅうしゅう》新幹線区間《しんかんせんくかん》の急勾配《きゅうこうばい》に対《たい》応《おう》するために8両全車《りょうぜんしゃ》が電動車《でんどうしゃ》になっているのも特徴《とくちょう》（16両編成《りょうへんせい》は先頭車《せんとうしゃ》2両《りょう》が非電動車《ひでんどうしゃ》）。また、床下機器《ゆかしたきき》に桜島《さくらじま》の火山灰《かざんばい》が入《はい》りこまない対策《たいさく》も施《ほどこ》されている。

多《おお》くの列車《れっしゃ》に幅広《はばひろ》く運用《うんよう》

7000・8000番《ばん》台《だい》は新大阪《しんおおさか》—鹿児島中央《かごしまちゅうおう》間《かん》だけで運用《うんよう》され、東海《とうかい》道新幹線《どうしんかんせん》には乗《の》り入《い》れない。「のぞみ」と同等《どうとう》の速達列車《そくたつれっしゃ》「みずほ」をはじめ、「さくら」「ひかり」「こだま」「つばめ」といったさまざまな列車《れっしゃ》に幅広《はばひろ》く運用《うんよう》される。「みずほ」の最速列車《さいそくれっしゃ》は新大阪《しんおおさか》—鹿《か》児島中央間《ごしまちゅうおうかん》を3時間《じかん》42分《ふん》で結《むす》ぶが、九州新幹線内《きゅうしゅうしんかんせんない》の最高速度《さいこうそくど》は260㎞／hなので、N《エヌ》700系《けい》の実力《じつりょく》を封印《ふういん》してしまうのが惜《お》しまれる。

POINT《ポイント》

指定席《していせき》の伝統《でんとう》

編成内《へんせいない》の座席《ざせき》は、1～3号車《ごうしゃ》が2＋3配置《はいち》の自由席《じゆうせき》、4～8号車《ごうしゃ》が2＋2配《はい》置《ち》の指定席《していせき》、6号車《ごうしゃ》の半室《はんしつ》がグリーン席《せき》になっている。指定席《していせき》の2＋2は、西日本《にしにほん》の伝統《でんとう》といえるものだ。

グリーン車《しゃ》	2＋2配置《はいち》
普通車《ふつうしゃ》（指定席《していせき》）	2＋2配置《はいち》
普通車《ふつうしゃ》（自由席《じゆうせき》）	3＋2配置《はいち》
特別車両《とくべつしゃりょう》	なし
多目的室《たもくてきしつ》	7号車《ごうしゃ》
乗務員室《じょうむいんしつ》	6号車《ごうしゃ》
洗面所《せんめんじょ》	1・3・5・7号車《ごうしゃ》
売店《ばいてん》	3・7号車《ごうしゃ》

※編成《へんせい》により設備《せつび》は異《こと》なる場合《ばあい》があります

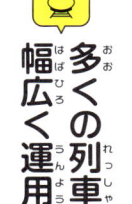

新幹線《しんかんせん》最速《さいそく》！ 320km／hを実現《じつげん》

E《イー》5・H《エイチ》5系《けい》

はやぶさ・はやて・やまびこ・なすの

東海道 山陽 **東北《とうほく》** **北海道《ほっかいどう》** 上越 山形 秋田 北陸 九州

［基本《きほん》データ］

走行期間《そうこうきかん》	2011年《ねん》〜
走行区間《そうこうくかん》	東京《とうきょう》—新函館北斗《しんはこだてほくと》
所属《しょぞく》	ＪＲ東日本《ジェイアールひがしにほん》、ＪＲ北海道《ジェイアールほっかいどう》
車両製造《しゃりょうせいぞう》	日立製作所《ひたちせいさくしょ》、川崎重工業《かわさきじゅうこう》（現川崎車両《げんかわさきしゃりょう》）
最高運転速度《さいこううんてんそくど》	320㎞／h
両数《りょうすう》	10両編成《りょうへんせい》
定員数《ていいんすう》	グランクラス：18人《にん》 グリーン車《しゃ》：55人《にん》 普通車《ふつうしゃ》：642人《にん》
車体《しゃたい》	アルミ合金《ごうきん》
コンセント位置《いち》	グランクラス・グリーン車《しゃ》：座席《ざせき》ひじかけ 普通車《ふつうしゃ》：客室両端《きゃくしつりょうはし》の壁《かべ》など
車両長《しゃりょうなが》さ（先頭車《せんとうしゃ》）	26250㎜
車両長《しゃりょうなが》さ（中間車《ちゅうかんしゃ》）	24500㎜
車体高《しゃたいたか》さ	3650㎜
車体幅《しゃたいはば》	3350㎜

※2024年《ねん》12月時点《がつじてん》

北海道《ほっかいどう》への乗《の》り入《い》れも考慮《こうりょ》

2010年《ねん》の東北新幹《とうほくしんかん》線全線開業《せんぜんせんかいぎょう》に合《あ》わせて、東京《とうきょう》—新青森間《しんあおもりかん》を3時間《じかん》で結《むす》ぶ高速車両《こうそくしゃりょう》の開発《かいはつ》がJR東日本《ジェイアールひがしにほん》で進《すす》められた。そして2016年《ねん》に北海道新幹線《ほっかいどうしんかんせん》の開業《かいぎょう》も予《よ》定《てい》されていたことから、北海道直通列車《ほっかいどうちょくつうれっしゃ》に運用《うんよう》することも考慮《こうりょ》したプロトタイプが2009年《ねん》に完《かん》成《せい》。テストを繰《く》り返《かえ》し2011年《ねん》から運行《うんこう》を開始《かいし》したのがE《イー》5系《けい》だ。

E《イー》5系《けい》の最大《さいだい》の特徴《とくちょう》は

ノーズは日本一《にほんいち》の長《なが》さ

E5《イー》系《けい》のノーズは500系《けい》と同《おな》じ15mだが、ＪＲ東日本《ジェイアールひがしにほん》の高速試験車《こうそくしけんしゃ》FASTECH《ファステック》360の試験結果《しけんけっか》を反映《はんえい》させた独特《どくとく》なデザインとなっている。また台車《だいしゃ》を完全《かんぜん》に覆《おお》う台車《だいしゃ》カバーもE《イー》5・H《エイチ》5系《けい》の特徴《とくちょう》。

写真《しゃしん》：伊藤岳志《いとうたけし》

写真《しゃしん》：伊藤岳志《いとうたけし》

併結《へいけつ》での運用《うんよう》を考《かんが》える

E5《イー》系《けい》の機能《きのう》で忘《わす》れてはいけないのが自動分割併合装置《じどうぶんかつへいごうそうち》。東北新幹線《とうほくしんかんせん》ではミニ新幹線車両《しんかんせんしゃりょう》（秋田新幹線《あきたしんかんせん》E《イー》6系《けい》や山形新幹線《やまがたしんかんせん》E《イー》8系《けい》など）を併結《へいけつ》する運用《うんよう》が多《おお》いため、E《イー》5系《けい》とH《エイチ》5系《けい》にもこの装置《そうち》が搭載《とうさい》されている。

POINT《ポイント》

座席《ざせき》の種類《しゅるい》

E《イー》5・H《エイチ》5系《けい》は10両編成《りょうへんせい》で運用《うんよう》しており、編成中《へんせいちゅう》の座席《ざせき》は３つの種類《しゅるい》に分《わ》かれる。１～８号車《ごうしゃ》が２＋３シートの普通車《ふつうしゃ》、９号車《ごうしゃ》がグリーン車《しゃ》、10号車《ごうしゃ》がグランクラスになっている。

グリーン車《しゃ》	２＋２配置《はいち》
普通車《ふつうしゃ》(指定席《していせき》)	３＋２配置《はいち》
普通車《ふつうしゃ》(自由席《じゆうせき》)	３＋２配置《はいち》
特別車両《とくべつしゃりょう》	グランクラス
多目的室《たもくてきしつ》	５号車《ごうしゃ》
乗務員室《じょうむいんしつ》	９号車《ごうしゃ》
洗面所《せんめんじょ》	1・3・5・7・９号車《ごうしゃ》
売店《ばいてん》	なし

※編成《へんせい》により設備《せつび》は異《こと》なる場合《ばあい》があります

そのスピードで、最高速度《さいこうそくど》３２０㎞／ｈはもちろん日本一《にほんいち》だ。そして５００系《けい》と同《おな》じ15ｍにおよぶダイナミックな先頭部《せんとうぶ》のノーズと、メタリックグリーン＋ピンクライン＋ホワイトという大胆《だいたん》な塗《と》色《しょく》もE《イー》5系《けい》の個性《こせい》だ。

ＪＲ北海道《ジェイアールほっかいどう》ではH《エイチ》5系《けい》も登場《とうじょう》

E《イー》5系《けい》でもうひとつ話《わ》題《だい》となったのがグランクラスの初導入《はつどうにゅう》だ。プライバシーを考慮《こうりょ》したシェル型《がた》のリクライニングシートが横《よこ》3列《れつ》に配置《はいち》され、食事《しょくじ》やドリンクサービスもある豪華《ごうか》さから、新幹線《しんかんせん》のファーストクラスとも呼《よ》ばれる。

北海道新幹線開業《ほっかいどうしんかんせんかいぎょう》の２０１６年《ねん》には、ＪＲ北海《ジェイアールほっかい》道《どう》の兄弟車《きょうだいしゃ》・Ｈ《エイチ》５系《けい》が登《とう》場《じょう》。基本仕様《きほんしよう》はE《イー》5系《けい》と同《おな》じだが、外装《がいそう》のピンクラインがパープルになり、一部内装《いちぶないそう》の色《いろ》や模様《もよう》が異《こと》なっている。

E5《イー》系《けい》

こまち・はやぶさ・やまびこ・なすの

東海道　山陽　東北《とうほく》　北海道　上越　山形　秋田《あきた》　北陸　九州

[基本《きほん》データ]

走行期間《そうこうきかん》	2013年《ねん》〜
走行区間《そうこうくかん》	東京《とうきょう》—秋田《あきた》
所属《しょぞく》	ＪＲ東日本《ジェイアールひがしにほん》
車両製造《しゃりょうせいぞう》	日立製作所《ひたちせいさくしょ》、川崎重工業《かわさきじゅうこうぎょう》(現川崎車両《げんかわさきしゃりょう》)
最高運転速度《さいこううんてんそくど》	320㎞／h
両数《りょうすう》	7両編成《りょうへんせい》
定員数《ていいんすう》	グリーン車《しゃ》:22人《にん》 普通車《ふつうしゃ》:302人《にん》
車体《しゃたい》	アルミ合金《ごうきん》
コンセント位置《いち》	グリーン車《しゃ》:座席《ざせき》ひじかけ 普通車《ふつうしゃ》:客室両端《きゃくしつりょうはし》の壁《かべ》、窓側《まどがわ》の座席《ざせき》
車両長《しゃりょうなが》さ(先頭車《せんとうしゃ》)	22825㎜
車両長《しゃりょうなが》さ(中間車《ちゅうかんしゃ》)	20000㎜
車体高《しゃたいたか》さ	3650㎜
車体幅《しゃたいはば》	2945㎜

※2024年《ねん》12月時点《がつじてん》

秋田新幹線《あきたしんかんせん》の速達化《そくたつか》に貢献《こうけん》

2011年《ねん》に運行《うんこう》を開《かい》始《し》したE《イー》5系《けい》は最高速度《さいこうそくど》320㎞／hの俊足《しゅんそく》を誇《ほこ》ったが、E《イー》5系《けい》に併結《へいけつ》されるE《イー》3系《けい》秋田新幹線《あきたしんかんせん》「こまち」の最高速度《さいこうそくど》は275㎞／hなので、併《へい》結列車《けつれっしゃ》はE《イー》3系《けい》に足並《あしな》みを揃《そろ》えていた。それを改《かい》善《ぜん》するべく、2013年《ねん》に運行《うんこう》を開始《かいし》したのがE《イー》6系《けい》だ。車体《しゃたい》の小《ち》さいミニ新幹線《しんかんせん》ながら、その走《そう》行性能《こうせいのう》はE《イー》5系《けい》とまったく同《おな》じで、車体傾斜装置《しゃたいけいしゃそうち》

ミニ新幹線《しんかんせん》でも走行性能《そうこうせいのう》はE《イー》5系《けい》と同等《どうとう》！

迫力満点《はくりょくまんてん》の併結運転《へいけつうんてん》

E《イー》6系《けい》は、基本的《きほんてき》に東北新幹線内《とうほくしんかんせんない》をE《イー》5・H《エイチ》5系《けい》と併結《へいけつ》して運行《うんこう》する。15mと13mのロングノーズ同士《どうし》がドッキングして高速走行《こうそくそうこう》する様子《ようす》は、新幹線一《しんかんせんいち》の迫力《はくりょく》シーンだ。

雪景色《ゆきげしき》のなかを走《はし》る赤色《あかいろ》の車体《しゃたい》がきれい！

秋田《あきた》の田園《でんえん》をイメージした内装《ないそう》

E《イー》6系《けい》は7両編成《りょうへんせい》で、普通車《ふつうしゃ》、グリーン車《しゃ》ともに2＋2配席《はいせき》。普通車《ふつうしゃ》のシートカラーは、秋田《あきた》の稲穂《いなほ》の実《みの》りをイメージしたものだ。

やアクティブサスペンションといったハイテク装置《そうち》も、E《イー》5系《けい》と同様《どうよう》にフル装備《そうび》されている。

運行開始当初《うんこうかいしとうしょ》は編成数《へんせいすう》が少《すく》なかったことから、E《イー》6系《けい》で運行《うんこう》する「こまち」だけ「スーパーこまち」の愛称《あいしょう》がつけられ、東北新幹線内《とうほくしんかんせんない》での320km／h運転《うんてん》により、東京《とうきょう》—秋田間《あきたかん》の所要時間《しょようじかん》は約《やく》10分《ふん》短縮《たんしゅく》された。2014年《ねん》に予定《よてい》されていた編《へん》成数《せいすう》が出揃《でそろ》い、「スーパーこまち」の愛称《あいしょう》は消滅《しょうめつ》。わずか1年少々《ねんしょうしょう》で消《き》えた愛称《あいしょう》だった。

デザインはフェラーリ似《に》？

E《イー》6系《けい》のデザインを担《たん》当《とう》したのは、高級《こうきゅう》スポーツカーフェラーリのデザインも手《て》がけた奥山清行《おくやまきよゆき》氏《し》だ。E《イー》6系《けい》の流麗《りゅうれい》な先《せん》頭部《とうぶ》デザインと鮮《あざ》やかな赤色《あかいろ》に、どこかフェラーリを感《かん》じてしまうのは、そのためかもしれない。

POINT《ポイント》

少《すこ》し短《みじか》いノーズの秘密《ひみつ》

E《イー》6系《けい》のノーズ長《ちょう》は13mでE《イー》5系《けい》よりも2m短《みじか》い。ミニ新幹線《しんかんせん》のE《イー》6系《けい》はE《イー》5系《けい》よりも車体幅《しゃたいはば》が狭《せま》く、空気《くうき》を切《き》り裂《さ》く量《りょう》が少《すく》なくなることから、2m短《みじか》いノーズでもE《イー》5系《けい》と同等《どうとう》の空力性能《くうりょくせいのう》を発揮《はっき》することができるのだ。

グリーン車《しゃ》	2＋2配置《はいち》
普通車《ふつうしゃ》（指定席《していせき》）	2＋2配置《はいち》
普通車《ふつうしゃ》（自由席《じゆうせき》）	2＋2配置《はいち》
特別車両《とくべつしゃりょう》	なし
多目的室《たもくてきしつ》	12号車《ごうしゃ》
乗務員室《じょうむいんしつ》	12号車《ごうしゃ》
洗面所《せんめんじょ》	12･13･14･16号車《ごうしゃ》
売店《ばいてん》	なし

※編成《へんせい》により設備《せつび》は異《こと》なる場合《ばあい》があります

N《エヌ》700系《けい》がより安全《あんぜん》・快適《かいてき》に

N《エヌ》700A《エー》

のぞみ・ひかり・こだま

東海道《とうかいどう》
山陽《さんよう》
東北
北海道
上越
山形
秋田
北陸
九州

［基本《きほん》データ］

走行期間《そうこうきかん》	2013年《ねん》〜
走行区間《そうこうくかん》	東京《とうきょう》―博多《はかた》
所属《しょぞく》	ＪＲ東海《ジェイアールとうかい》、ＪＲ西日本《ジェイアールにしにほん》
車両製造《しゃりょうせいぞう》	日本車輌《にっぽんしゃりょう》、日立製作所《ひたちせいさくしょ》
最高運転速度《さいこううんてんそくど》	300㎞／h
両数《りょうすう》	16両編成《りょうへんせい》
定員数《ていいんすう》	グリーン車《しゃ》:200人《にん》 普通車《ふつうしゃ》:1123人《にん》
車体《しゃたい》	アルミ合金《ごうきん》
コンセント位置《いち》	グリーン車《しゃ》:座席《ざせき》ひじかけ 普通車《ふつうしゃ》:客室両端《きゃくしつりょうはし》の壁《かべ》、窓側《まどがわ》の座席《ざせき》
車両長《しゃりょうなが》さ(先頭車《せんとうしゃ》)	27100㎜
車両長《しゃりょうなが》さ(中間車《ちゅうかんしゃ》)	24500㎜
車体高《しゃたいたか》さ	3600㎜
車体幅《しゃたいはば》	3360㎜

※2024年《ねん》12月時点《がつじてん》

より安定的《あんていてき》な運転《うんてん》をサポート

2013年《ねん》に運行開始《うんこうかいし》したN《エヌ》700A《エー》（アドバンス）は、N《エヌ》700系《けい》のマイナーチェンジ車《しゃ》という位置《いち》づけだが、その進《しん》化《か》は意外《いがい》と大《おお》きい。

まず安全対策《あんぜんたいさく》として、地震《じしん》などの非常《ひじょう》ブレーキ作動時《さどうじ》の性能向上《せいのうこうじょう》のために、新型《しんがた》ブレーキ装置《そうち》が搭載《とうさい》された。さらに走行《そうこう》中《ちゅう》の台車《だいしゃ》の異常《いじょう》を検知《けんち》する台車振動検知装置《だいしゃしんどうけんちそうち》を搭《とう》載《さい》。そして新《あら》たな制御《せいぎょ》機器《き》として、定速走行装置《ていそくそうこうそうち》

車体《しゃたい》の「A《エー》」は改良《かいりょう》の証《あかし》！

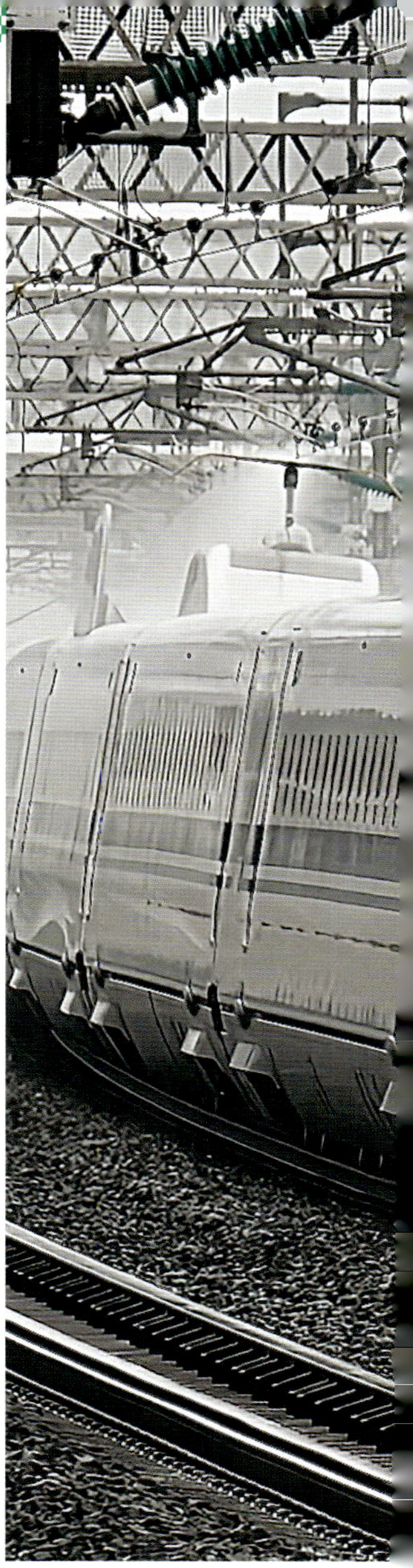

N《エヌ》700A《エー》の大胆《だいたん》なロゴマーク

N《エヌ》700A《エー》だとひと目《め》でわかる場所《ばしょ》が車体側面《しゃたいそくめん》のロゴマークだ。N《エヌ》700系改造A《けいかいぞうエー》は、従来《じゅうらい》のロゴに小《ちい》さいA《エー》が追加《ついか》されている。

シートも小改良《しょうかいりょう》を実施《じっし》

N《エヌ》700A《エー》で最《もっと》も変化《へんか》したのは普通《ふつう》車《しゃ》シートかもしれない。枕部《まくらぶ》サイドの張《は》り出《だ》しが大《おお》きくなり、頭《あたま》を持《も》たれかけやすくなった。グリーン車《しゃ》も含《ふく》めて、シートモケットは100%リサイクル可能《かのう》な素材《そざい》となっている。

写真《しゃしん》：伊藤岳志《いとうたけし》

POINT《ポイント》

N《エヌ》700A《エー》とN《エヌ》700系《けい》の違《ちが》い

N《エヌ》700A《エー》とN《エヌ》700系《けい》は一見《いっけん》すると同《おな》じ顔《かお》に見《み》えるが、細《こま》かい違《ちが》いが2つある。ひとつは運転席下《うんてんせきした》の青帯《あおおび》の長《なが》さで、N《エヌ》700A《エー》が80cmほど長《なが》い。もうひとつはヘッドライトのかたちで、N《エヌ》700A《エー》は後端《こうたん》が斜《なな》めになっている。

グリーン車《しゃ》	2＋2配置《はいち》
普通車《ふつうしゃ》(指定席《していせき》)	3＋2配置《はいち》
普通車《ふつうしゃ》(自由席《じゆうせき》)	3＋2配置《はいち》
特別車両《とくべつしゃりょう》	なし
多目的室《たもくてきしつ》	11号車《ごうしゃ》
乗務員室《じょうむいんしつ》	8号車《ごうしゃ》
洗面所《せんめんじょ》	1・3・5・7・9・11・13・15号車《ごうしゃ》
売店《ばいてん》	なし

※編成《へんせい》により設備《せつび》は異《こと》なる場合《ばあい》があります

が搭載《とうさい》されている。これは最高速度《さいこうそくど》を自動的《じどうてき》に維《い》持《じ》するもので、高頻度《こうひんど》の列車運行《れっしゃうんこう》や遅延《ちえん》（遅《おく》れ）回復運転《かいふくうんてん》にも効果《こうか》が発揮《はっき》される。さらに快適性向《かいてきせいこう》上《じょう》のために、車体傾斜装《しゃたいけいしゃそう》置《ち》の改良《かいりょう》、客室《きゃくしつ》への吸音《きゅうおん》材《ざい》追加《ついか》なども行《おこな》われている。

N《エヌ》700系《けい》もアドバンス仕様《しよう》に

N《エヌ》700A《エー》のデビュー後《ご》、従来《じゅうらい》のN《エヌ》700系《けい》にも新型《しんがた》ブレーキ装置《そうち》と定《てい》速《そく》走行装置《そうこうそうち》が搭載《とうさい》され、車体傾斜装置《しゃたいけいしゃそうち》の改良《かいりょう》も実《じっ》施《し》される。このA《エー》仕様改《しようかい》造《ぞう》はN《エヌ》700系全編成《けいぜんへんせい》に実施《じっし》され、車体側面《しゃたいそくめん》のN《エヌ》700のロゴに小《ちい》さいA《エー》が追加《ついか》された。全車《ぜんしゃ》がN《エヌ》700A《エー》仕様《しよう》になったことで、2020年《ねん》から「のぞみ」12本運行《ほんうんこう》（1時間《じかん》あたり）がスタートし、東海道新幹線《とうかいどうしんかんせん》の最高速度《さいこうそくど》も285km/hに向上《こうじょう》した。

混雑《こんざつ》もおまかせ！ 速《はや》さと輸送力《ゆそうりょく》を両立《りょうりつ》

E《イー》7・W《ダブリュー》7系《けい》

とき・たにがわ・かがやき・はくたか・あさま

東海道
山陽
東北
北海道
上越《じょうえつ》
山形
秋田
北陸《ほくりく》
九州

［基本《きほん》データ］

走行期間《そうこうきかん》	2014年《ねん》～
走行区間《そうこうくかん》	東京《とうきょう》―新潟《にいがた》、敦賀《つるが》
所属《しょぞく》	ＪＲ東日本《ジェイアールひがしにほん》、ＪＲ西日本《ジェイアールにしにほん》
車両製造《しゃりょうせいぞう》	日立製作所《ひたちせいさくしょ》、川崎重工業《かわさきじゅうこうぎょう》（現川崎車両《げんかわさきしゃりょう》）など
最高運転速度《さいこううんてんそくど》	275㎞／h
両数《りょうすう》	12両編成《りょうへんせい》
定員数《ていいんすう》	グランクラス：18人《にん》 グリーン車《しゃ》：63人《にん》 普通車《ふつうしゃ》：833人《にん》
車体《しゃたい》	アルミ合金《ごうきん》
コンセント位置《いち》	グランクラス・グリーン車《しゃ》：座席《ざせき》ひじかけ 普通車《ふつうしゃ》：前席《ぜんせき》の座席下《ざせきした》など
車両長《しゃりょうなが》さ（先頭車《せんとうしゃ》）	25750㎜
車両長《しゃりょうなが》さ（中間車《ちゅうかんしゃ》）	24500㎜
車体高《しゃたいたか》さ	3650㎜
車体幅《しゃたいはば》	3380㎜

※2024年《ねん》12月時点《がつじてん》

金沢駅開業《かなざわえきかいぎょう》に向《む》けて開発《かいはつ》

E《イー》7・W《ダブリュー》7系《けい》は、2015年《ねん》の北陸新幹線《ほくりくしんかんせん》金沢《かなざわ》開業《かいぎょう》に合《あ》わせてJR東《ジェイアールひがし》日本《にほん》とJR西《ジェイアールにし》日本《にほん》が共同《きょうどう》で開発《かいはつ》した形式《けいしき》だ。頭《あたま》のアルファベットが示《しめ》すとおり、E《イー》7系《けい》はJR東《ジェイアールひがし》日本車《にほんしゃ》、W《ダブリュー》7系《けい》はJR西《ジェイアールにし》日本車《にほんしゃ》で、性能《せいのう》・外観《がいかん》は同《おな》じ仕様《しよう》となっている。

将来《しょうらい》は上越新幹線《じょうえつしんかんせん》への導入《どうにゅう》も計画《けいかく》されていたので、車両《しゃりょう》の基本性能《きほんせいのう》はJ《ジェイ》R東《アールひがし》日本《にほん》のE《イー》2系《けい》クラスとされ、最高速度《さいこうそくど》もE《イー》2

北陸《ほくりく》と上越《じょうえつ》で大活躍《だいかつやく》！

美《うつく》しさと空力性能《くうりきせいのう》を両立《りょうりつ》させた先頭部《せんとうぶ》

ワンモーションラインと呼《よ》ばれるE《イー》7・W《ダブリュー》7系《けい》の美《うつく》しい先頭部《せんとうぶ》。ノーズ長《ちょう》はE《イー》2系《けい》と同《おな》じ9.1mとなっている。デザイン監修《かんしゅう》はE《イー》6系《けい》も担当《たんとう》した奥山清行氏《おくやまきよゆきし》だ。

「和《わ》」をイメージした客室設備《きゃくしつせつび》

グランクラスのシートはE《イー》5系《けい》と少《すこ》し異《こと》なるデザインを採用《さいよう》。グリーン車《しゃ》と普通車《ふつうしゃ》も含《ふく》めて「和《わ》」をテーマにデザインされ、全席《ぜんせき》コンセント装備《そうび》も実現《じつげん》。

系《けい》と同《おな》じ275km／hとなっている。編成《へんせい》はE《イー》2系《けい》やE《イー》5系《けい》よりも長《なが》い12両《りょう》で、上越新幹線高崎《じょうえつしんかんせんたかさき》—東京間《とうきょうかん》の混雑《こんざつ》に対応《たいおう》する輸送力《ゆそうりょく》を確保《かくほ》しながら、E《イー》5系《けい》で好評《こうひょう》のグランクラスも連結《れんけつ》されている。

北陸《ほくりく》・上越《じょうえつ》の全新幹線《ぜんしんかんせん》に充当《じゅうとう》

E《イー》7系《けい》の運行開始《うんこうかいし》は金《かな》沢《ざわ》開業《かいぎょう》1年前《ねんまえ》の2014年《ねん》で、「あさま」運用《うんよう》で足慣《あしな》らしをして2015年《ねん》の開業《かいぎょう》に挑《いど》んだ。W《ダブリュー》7系《けい》は金沢開業《かなざわかいぎょう》からの運《うん》行《こう》だ。しばらくE《イー》2系《けい》、E《イー》4系《けい》といっしょに運用《うんよう》されていたが、北陸新幹《ほくりくしんかん》線《せん》では2017年《ねん》から、上越新幹線《じょうえつしんかんせん》では2023年《ねん》から全列車《ぜんれっしゃ》がE《イー》7・W《ダブリュー》7系《けい》に統一《とういつ》された。（W《ダブリュー》7系《けい》は北陸新幹線《ほくりくしんかんせん》だけで運用《うんよう》）。現在《げんざい》は「かがやき」「はくたか」「あさま」「つるぎ」「とき」「たにがわ」の6列車《れっしゃ》に幅広《はばひろ》く充当《じゅうとう》されている。

POINT《ポイント》

乗《の》り心地確保《ごこちかくほ》の工夫《くふう》

北陸新幹線《ほくりくしんかんせん》の最高速度《さいこうそくど》は260km／h、上越新幹線《じょうえつしんかんせん》の最高速度《さいこうそくど》は275km／hなので、E《イー》7・W《ダブリュー》7系《けい》はその速度域《そくどいき》に合《あ》わせた仕様《しよう》となっている。車体傾斜装置《しゃたいけいしゃそうち》はないものの、全車《ぜんしゃ》にアクティブサスペンション装備《そうび》で乗《の》り心地《ごこち》は抜群《ばつぐん》だ。

グリーン車《しゃ》	2＋2配置《はいち》
普通車《ふつうしゃ》（指定席《していせき》）	3＋2配置《はいち》
普通車《ふつうしゃ》（自由席《じゆうせき》）	3＋2配置《はいち》
特別車両《とくべつしゃりょう》	グランクラス
多目的室《たもくてきしつ》	7号車《ごうしゃ》
乗務員室《じょうむいんしつ》	7号車《ごうしゃ》
洗面所《せんめんしょ》	1・3・5・7・9・11・12号車《ごうしゃ》
売店《ばいてん》	なし

※編成《へんせい》により設備《せつび》は異《こと》なる場合《ばあい》があります

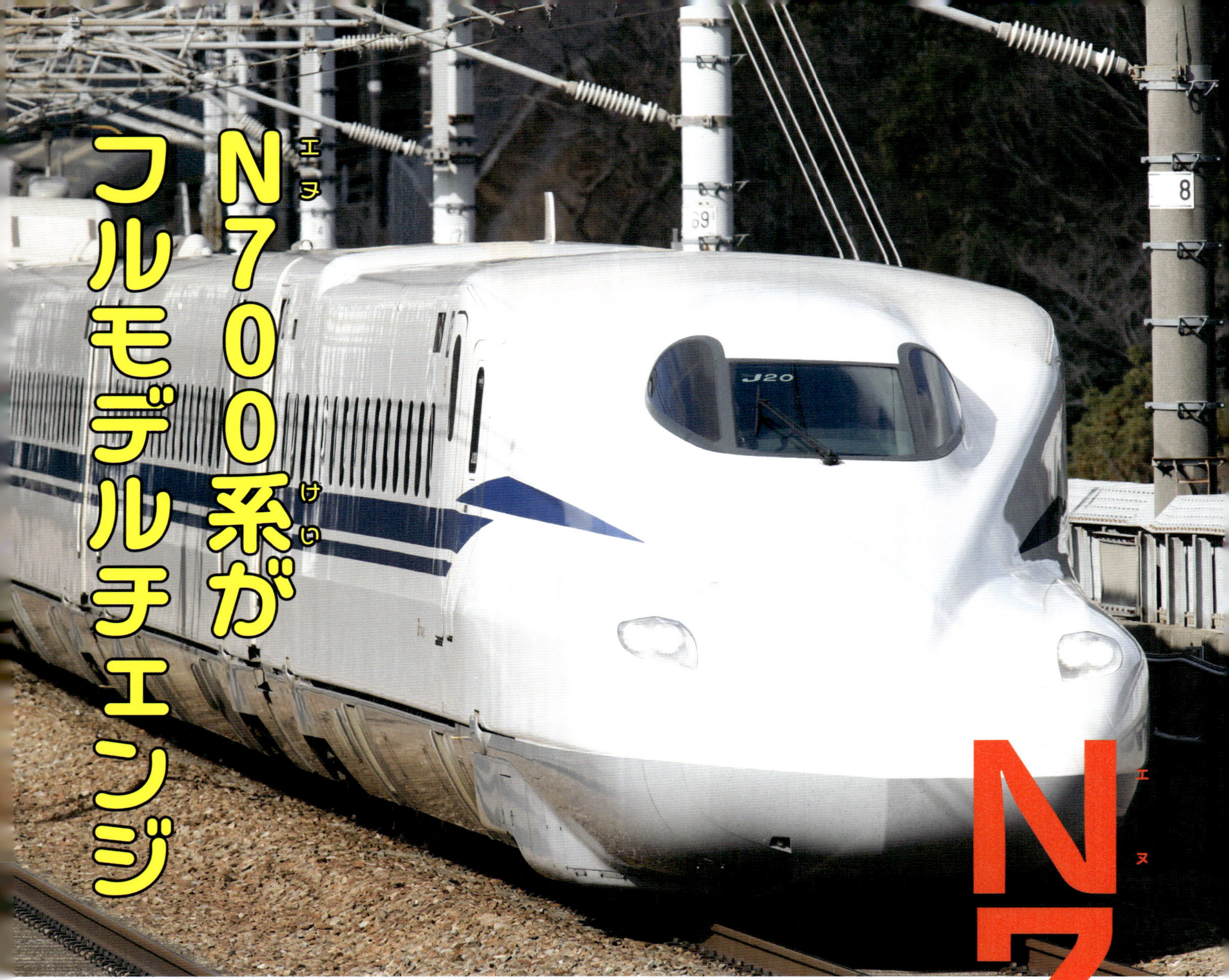

N《エヌ》700系《けい》がフルモデルチェンジ

N《エヌ》700S《エス》

のぞみ・ひかり・こだま

東海道《とうかいどう》
山陽《さんよう》
東北
北海道
上越
山形
秋田
北陸
九州

[基本《きほん》データ]

走行期間《そうこうきかん》	2020年《ねん》〜
走行区間《そうこうくかん》	東京《とうきょう》—博多《はかた》
所属《しょぞく》	ＪＲ東海《ジェイアールとうかい》、ＪＲ西日本《ジェイアールにしにほん》
車両製造《しゃりょうせいぞう》	日本車輛《にっぽんしゃりょう》、日立製作所《ひたちせいさくしょ》
最高運転速度《さいこううんてんそくど》	300㎞／h
両数《りょうすう》	16両編成《りょうへんせい》
定員数《ていいんすう》	グリーン車《しゃ》:200人《にん》 普通車《ふつうしゃ》:1123人《にん》
車体《しゃたい》	アルミ合金《ごうきん》
コンセント位置《いち》	グリーン車《しゃ》:座席《ざせき》ひじかけ 普通車:座席《ざせき》ひじかけ
車両長《しゃりょうなが》さ(先頭車《せんとうしゃ》)	27100㎜
車両長《しゃりょうなが》さ(中間車《ちゅうかんしゃ》)	24500㎜
車体高《しゃたいたか》さ	3600㎜
車体幅《しゃたいはば》	3360㎜

※2024年《ねん》12月時点《がつじてん》

N《エヌ》700A《エー》からさらに進化《しんか》

もはや非《ひ》の打《う》ち所《どころ》のない性能《せいのう》と思《おも》われていたN《エヌ》700A《エー》を、さらに進化《しんか》させたのがN《エヌ》700S《エス》で、2020年《ねん》に運行《うんこう》を開始《かいし》している。

N《エヌ》700S《エス》最大《さいだい》の進化《しんか》ポイントは搭載機器《とうさいきき》の小《こ》型化《がたか》だ。これで床下《ゆかした》スペースに余裕《よゆう》ができ、複《ふく》数《すう》の機器《きき》をまとめることが可能《かのう》となり、6両《りょう》、8両《りょう》、12両《りょう》と柔軟《じゅうなん》に編成《へんせい》が組《く》めるようになった。空《あ》いたスペースには大容量《だいようりょう》

写真《しゃしん》：伊藤岳志《いとうたけし》

プライベート感《かん》を演出《えんしゅつ》する窓部《まどぶ》デザイン

室内《しつない》の各窓部《かくまどぶ》には、立体感《りったいかん》のある枠《わく》が設《もう》けられた。これはプライベート感《かん》を演出《えんしゅつ》するもので、普通《ふつう》車《しゃ》、グリーン車《しゃ》ともに設《もう》けられている。

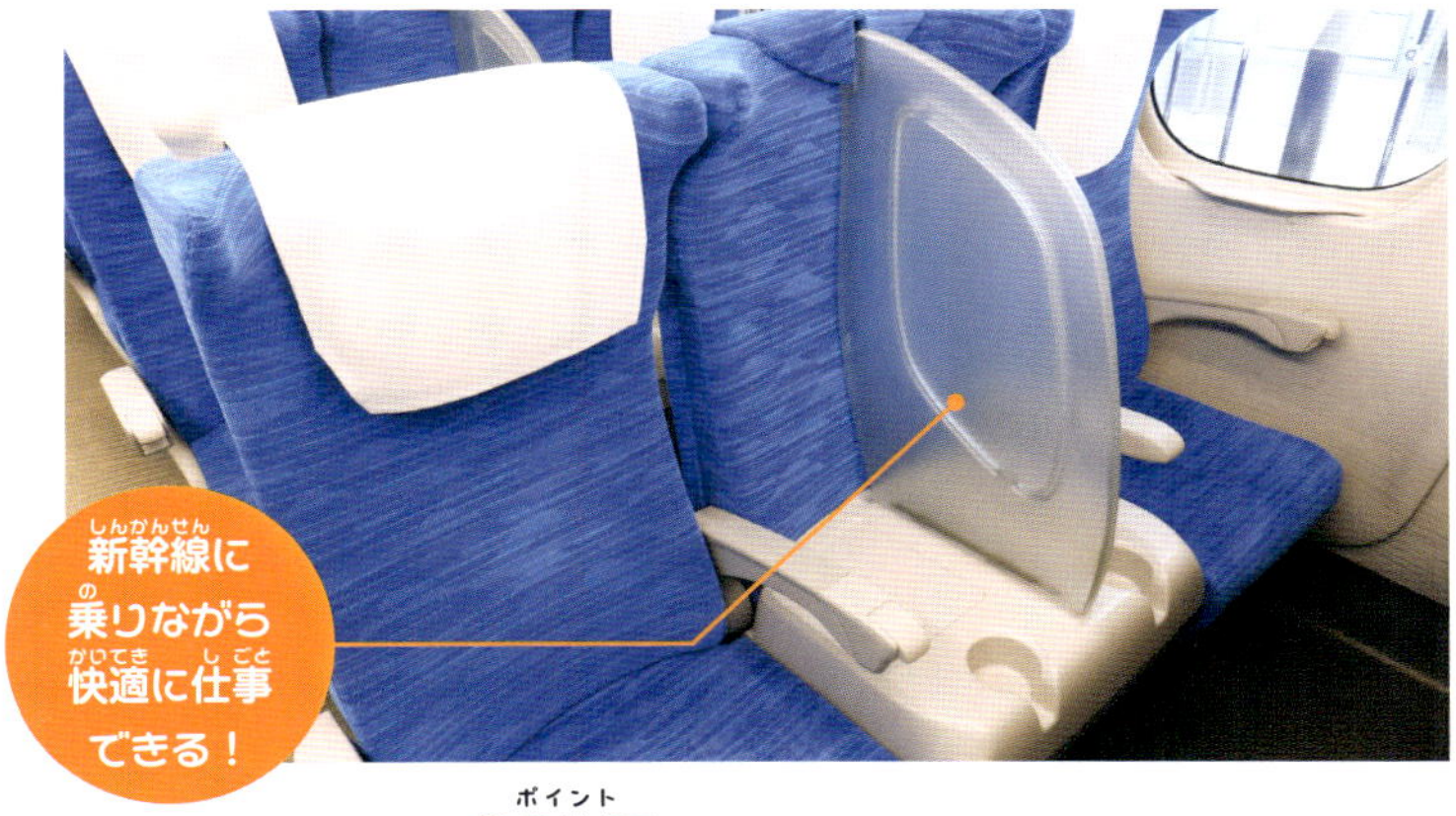

車内《しゃない》で仕事《しごと》に集中《しゅうちゅう》！ S Work《エス ワーク》車両《しゃりょう》

S Work《エス ワーク》車両《しゃりょう》は、2021年《ねん》から導入《どうにゅう》されたリモートワークができる車両《しゃりょう》。さらに2023年《ねん》から、N《エヌ》700S《エス》に3列《れつ》シートの中央席《ちゅうおうせき》にパーテーションを設《せっ》置《ち》したS Work《エス ワーク》 P《ピー》シートが導《どう》入《にゅう》されている。

写真《しゃしん》：伊藤岳志《いとうたけし》

写真《しゃしん》：伊藤岳志《いとうたけし》

POINT《ポイント》

ノーズの進化《しんか》にも注目《ちゅうもく》

N《エヌ》700系《けい》の空力《くうりき》コンセプトをさらに進《しん》化《か》させたN《エヌ》700S《エス》の先頭部《せんとうぶ》はデュアルスプリームウイング形状《けいじょう》と呼《よ》ばれる。中央《ちゅうおう》の鼻筋《はなすじ》がより立《た》ち、ライトまわりのスペースはより平《たい》らになっている。ノーズ長《ちょう》はN《エヌ》700系《けい》と同《おな》じ10.7mだ。

リチウムイオンバッテリーも搭載《とうさい》され、停電時《ていでんじ》の自走《じそう》が可能《かのう》となったほか、省電力性能《しょうでんりょくせいのう》も向上《こうじょう》し、N《エヌ》700A《エー》比《ひ》で約《やく》7%の省《しょう》エネを実現《じつげん》している。

内装《ないそう》も進化《しんか》！個室《こしつ》も登場予定《とうじょうよてい》

走行性能《そうこうせいのう》はN《エヌ》700A《エー》と同《おな》じで、東海道新幹線《とうかいどうしんかんせん》では285㎞／h、山陽《さんよう》新幹線《しんかんせん》では300㎞／hで走行《そうこう》する。内装《ないそう》にも進《しん》化《か》が見《み》られ、普通車《ふつうしゃ》のシートもリクライニングで座面《ざめん》が沈《しず》むシンクロナイズド・コンフォートタイプを採用《さいよう》。グリーン車《しゃ》のシートは、リクライニング時《じ》の座面《ざめん》と背《せ》もたれ角度《かくど》の見直《みなお》しが行《おこな》われ、快適性《かいてきせい》が増《ま》している。

さらに2026年度《ねんど》には、東海道新幹線《とうかいどうしんかんせん》では23年《ねん》ぶりとなる個室《こしつ》の導入《どうにゅう》が決《き》まっている。1編成《へんせい》に2室《しつ》が用意《ようい》され、グリーン車《しゃ》の上級《じょうきゅう》クラスの位置《いち》づけになる予定《よてい》だ。

グリーン車《しゃ》	2＋2配置《はいち》
普通車《ふつうしゃ》（指定席《していせき》）	3＋2配置《はいち》
普通車《ふつうしゃ》（自由席《じゆうせき》）	3＋2配置《はいち》
特別車両《とくべつしゃりょう》	なし（個室《こしつ》の導入予定《どうにゅうよてい》あり）
多目的室《たもくてきしつ》	11号車《ごうしゃ》
乗務員室《じょうむいんしつ》	8号車《ごうしゃ》
洗面所《せんめんしょ》	1・3・5・7・9・11・13・15号車《ごうしゃ》
売店《ばいてん》	なし

※編成《へんせい》により設備《せつび》は異《こと》なる場合《ばあい》があります

N《エヌ》700S《エス》
8000番台《ばんだい》
かもめ

東海道
山陽
東北
北海道
上越
山形
秋田
北陸
九州《きゅうしゅう》

個性的《こせいてき》な6両《りょう》のN《エヌ》700S《エス》

JR九州《ジェイアールきゅうしゅう》らしい外観《がいかん》と内装《ないそう》

N《エヌ》700S《エス》8000番《ばん》台《だい》は、2022年《ねん》に開業《かいぎょう》した西九州新幹線《にしきゅうしゅうしんかんせん》の専用《せんよう》車両《しゃりょう》だ。西九州新幹線《にしきゅうしゅうしんかんせん》はほかの新幹線《しんかんせん》とつながっていないので、ここでしか見《み》ることができない車《しゃ》両《りょう》となっている。

柔軟《じゅうなん》な編成《へんせい》が組《く》めるN《エヌ》700S《エス》の特徴《とくちょう》がいかされたはじめての車両《しゃりょう》で、編成《へんせい》は全車《ぜんしゃ》普通車《ふつうしゃ》の6両《りょう》編成《へんせい》。内外装《ないがいそう》のデザインは800系《けい》も手《て》がけた水《み》戸《と》岡《おか》鋭《えい》治《じ》氏《し》が担当《たんとう》し、8

［基本《きほん》データ］

走行期間《そうこうきかん》	2022年《ねん》～
走行区間《そうこうくかん》	武雄温泉《たけおおんせん》―長崎《ながさき》
所属《しょぞく》	JR九州《ジェイアールきゅうしゅう》
車両製造《しゃりょうせいぞう》	日立製作所《ひたちせいさくしょ》
最高運転速度《さいこううんてんそくど》	260km／h
両数《りょうすう》	6両編成《りょうへんせい》
定員数《ていいんすう》	グリーン車《しゃ》：なし 普通車《ふつうしゃ》：391人《にん》
車体《しゃたい》	アルミ合金《ごうきん》
コンセント位置《いち》	普通車：座席《ざせき》ひじかけ
車両長《しゃりょうなが》さ（先頭車《せんとうしゃ》）	27100mm
車両長《しゃりょうなが》さ（中間車《ちゅうかんしゃ》）	24500mm
車体高《しゃたいたか》さ	3600mm
車体幅《しゃたいはば》	3360mm

※2024年《ねん》12月時点《がつじてん》

武雄温泉駅《たけおおんせんえき》での対面《たいめん》乗《の》りかえ

「リレーかもめ」から「かもめ」への不便《ふべん》な乗《の》りかえが発生《はっせい》している武雄温泉駅《たけおおんせんえき》だが、その負担《ふたん》を軽《けい》減《げん》するべく対面《たいめん》乗《の》りかえが可能《かのう》な構造《こうぞう》になっている。

JR九州《ジェイアールきゅうしゅう》らしい内装《ないそう》デザイン

N《エヌ》700S《エス》の上質《じょうしつ》な内装《ないそう》に、JR九州《ジェイアールきゅうしゅう》らしい色使《いろづか》いのシートが並《なら》ぶ。自由席車《じゆうせきしゃ》は標《ひょう》準的《じゅんてき》な2＋3配席《はいせき》だが、指定席車《していせきしゃ》は800系《けい》ゆずりの木材《もくざい》を多用《たよう》した2＋2配席《はいせき》を採用《さいよう》。

POINT《ポイント》

時速《じそく》260㎞で走《はし》る

塗色《としょく》の違《ちが》いで印象《いんしょう》が異《こと》なるが、8000番台《ばんだい》の先頭部《せんとうぶ》も16両編成《りょうへんせい》と同《おな》じデュアルスプリームウイング形状《けいじょう》だ。西九《にしきゅう》州新幹線《しゅうしんかんせん》の最高速度《さいこうそくど》は260㎞／hなので、N《エヌ》700S《エス》のポテンシャルをフルに発揮《はっき》できていないのが残念《ざんねん》だ。

グリーン車《しゃ》	なし
普通車《ふつうしゃ》(指定席《していせき》)	2＋2配置《はいち》
普通車《ふつうしゃ》(自由席《じゆうせき》)	3＋2配置《はいち》
特別車両《とくべつしゃりょう》	なし
多目的室《たもくてきしつ》	3号車《ごうしゃ》
乗務員室《じょうむいんしつ》	なし
洗面所《せんめんしょ》	1・3・5号車《ごうしゃ》
売店《ばいてん》	なし

※編成《へんせい》により設備《せつび》は異《こと》なる場合《ばあい》があります

00系《けい》と同様《どうよう》に赤《あか》をワンポイントとした外観《がいかん》が特《とく》徴《ちょう》だ。内装《ないそう》も800系《けい》に近《ちか》い仕《し》上《あ》がりとなり、16両《りょう》のN《エヌ》700S《エス》とは大幅《おおはば》に印象《いんしょう》が異《こと》なっている。また、初期《しょき》の九州新幹線《きゅうしゅうしんかんせん》と同様《どうよう》に孤立《こりつ》した路線《ろせん》となるので、線路設備検測《せんろせつびけんそく》装置《そうち》を搭載《とうさい》した編成《へんせい》が用《よう》意《い》されている。

はたして博多《はかた》に姿《すがた》を見《み》せるのか

西九州新幹線《にしきゅうしゅうしんかんせん》は武雄温《たけおおん》泉《せん》―長崎間《ながさきかん》の路線《ろせん》で、運《うん》行列車《こうれっしゃ》は「かもめ」のみ。博多《はかた》―武雄温泉間《たけおおんせんかん》は在来《ざいらい》線《せん》特急《とっきゅう》「リレーかもめ」が走《はし》り、武雄温泉駅《たけおおんせんえき》で西《にし》九州新幹線《きゅうしゅうしんかんせん》「かもめ」に乗《の》り継《つ》ぐ。将来的《しょうらいてき》には西《にし》九州新幹線《きゅうしゅうしんかんせん》を延伸《えんしん》し「かもめ」は博多《はかた》へ直通《ちょくつう》する計画《けいかく》だが、延伸時期《えんしんじき》は未《み》定《てい》だ。新幹線車両《しんかんせんしゃりょう》の使用《しよう》年数《ねんすう》は長《なが》くても20年《ねん》ほど。N《エヌ》700S《エス》8000番台《ばんだい》の姿《すがた》を博多《はかた》で見《み》られることを願《ねが》うばかりだ。

最高時速《さいこうじそく》300kmで 山形県《やまがたけん》をより近《ちか》くに

E《イー》8系《けい》

つばさ

東海道 山陽 東北《とうほく》 北海道 上越 山形《やまがた》 秋田 北陸 九州

[基本《きほん》データ]

走行期間《そうこうきかん》	2024年《ねん》～
走行区間《そうこうくかん》	東京《とうきょう》―新庄《しんじょう》
所属《しょぞく》	ＪＲ東日本《ジェイアールひがしにほん》
車両製造《しゃりょうせいぞう》	日立製作所《ひたちせいさくしょ》、川崎車両《かわさきしゃりょう》
最高運転速度《さいこううんてんそくど》	300km／h
両数《りょうすう》	７両編成《りょうへんせい》
定員数《ていいんすう》	グリーン車《しゃ》:26人《にん》 普通車《ふつうしゃ》:326人《にん》
車体《しゃたい》	アルミ合金《ごうきん》
コンセント位置《いち》	グリーン車《しゃ》:座席《ざせき》ひじかけ 普通車《ふつうしゃ》:座席《ざせき》ひじかけの根元《ねもと》
車両長《しゃりょうなが》さ(先頭車《せんとうしゃ》)	22825mm
車両長《しゃりょうなが》さ(中間車《ちゅうかんしゃ》)	20000mm
車体高《しゃたいたか》さ	3650mm
車体幅《しゃたいはば》	2945mm

16年《ねん》ぶりの新車導入《しんしゃどうにゅう》

山形新幹線《やまがたしんかんせん》「つばさ」用車両《ようしゃりょう》の歴史《れきし》は、1992年《ねん》登場《とうじょう》の400系《けい》から始《はじ》まった。その後《ご》1999年《ねん》にE《イー》3系《けい》1000番《ばん》台《だい》、2008年《ねん》にE《イー》3系《けい》2000番台《ばんだい》が投入《とうにゅう》されてきたが、2024年《ねん》より、16年《ねん》ぶりの新車《しんしゃ》・E《イー》8系《けい》が運行開始《うんこうかいし》した。

400系《けい》は240km／h、E《イー》3系《けい》は275km／hが最高速度《さいこうそくど》だったが、E《イー》8系《けい》はついに300km／hの大台《おおだい》に突入《とつにゅう》。これ

写真《しゃしん》：伊藤岳志《いとうたけし》

柔《やわ》らかな印象《いんしょう》のサイドビュー

おしどりパープル、紅花《べにばな》イエロー、蔵王《ざおう》ビアンコ（白色《しろいろ》）の３色《しょく》に塗《ぬ》られた先頭部《せんとうぶ》。やや短《みじか》めのノーズは、どこか柔《やわ》らかく微笑《ほほえ》ましい印象《いんしょう》を与《あた》えてくれる。

車内《しゃない》も山形《やまがた》を感《かん》じさせるカラーリング

編成《へんせい》は普通車《ふつうしゃ》６両《りょう》、グリーン車《しゃ》１両《りょう》の７両編成《りょうへんせい》。座席《ざせき》はともに２＋２配《はい》席《せき》で、グリーン車《しゃ》は最上川《もがみがわ》と月山《がっさん》、普通車《ふつうしゃ》は最上川《もがみがわ》と紅花《べにばな》をテーマにしたカラーリングとなっている。

写真《しゃしん》：伊藤岳志《いとうたけし》

により、東京《とうきょう》―新庄間《しんじょうかん》の所要時間《しょようじかん》は最大《さいだい》4分短縮《ふんたんしゅく》される。しかしこれは最《さい》高速度《こうそくど》275㎞／hのE《イー》3系《けい》でも代走可能《だいそうかのう》なダイヤなので、全列車《ぜんれっしゃ》がE《イー》8系《けい》に置《お》きかわった時点《じてん》で、さらなる所要時間短縮《しょようじかんたんしゅく》が実現《じつげん》するだろう。

E《イー》6系《けい》をベースとする

E《イー》8系《けい》のデザインを担当《たんとう》したのは、E《イー》6、E《イー》7系《けい》も手《て》がけた奥山清行《おくやまきよゆき》氏《し》。じつは奥山氏《おくやまし》は山形県出身《やまがたけんしゅっしん》で、E《イー》8系《けい》の設計《せっけい》には並々《なみなみ》ならぬ思《おも》い入《い》れがあったという。ベースとなったのは同《おな》じミニ新幹線《しんかんせん》のE《イー》6系《けい》で、E《イー》8系《けい》の最高速度《さいこうそくど》300㎞／hに合《あ》わせてノーズ長《ちょう》など車体《しゃたい》を適正化《てきせいか》。ヘッドライトを運転席横《うんてんせきよこ》に配置《はいち》する斬新《ざんしん》な先頭部《せんとうぶ》デザインが目《め》を引《ひ》く。色《いろ》は、山形《やまがた》県《けん》を象徴《しょうちょう》するおしどり、紅花《べにばな》、蔵王《ざおう》をイメージしたものとなっている。

POINT《ポイント》

300㎞／hで走《はし》る区間《くかん》は？

最高速度《さいこうそくど》300㎞／ hのE《イー》8系《けい》のノーズ長《ちょう》は９ｍで、320㎞／ hのE《イー》6系《けい》より４ｍも短《みじか》い。じつは東北新幹線《とうほくしんかんせん》で300㎞／h以上《いじょう》で走《はし》れるのは宇都宮《うつのみや》―盛岡間《もりおかかん》だけなので、E《イー》8系《けい》が全力疾走《ぜんりょくしっそう》できるのは宇都宮《うつのみや》―福島間《ふくしまかん》の約《やく》160㎞のみだ。

グリーン車《しゃ》	２＋２配置《はいち》
普通車《ふつうしゃ》(指定席《していせき》)	２＋２配置《はいち》
普通車《ふつうしゃ》(自由席《じゆうせき》)	なし
特別車両《とくべつしゃりょう》	なし
多目的室《たもくてきしつ》	12号車《ごうしゃ》
乗務員室《じょうむいんしつ》	11号車《ごうしゃ》
洗面所《せんめんじょ》	12·14·15·16号車《ごうしゃ》
売店《ばいてん》	なし

※編成《へんせい》により設備《せつび》は異《こと》なる場合《ばあい》があります

車両《しゃりょう》のひみつ

速《はや》く安全《あんぜん》に走《はし》るための技術《ぎじゅつ》がたくさん！

新幹線《しんかんせん》に隠《かく》された匠《たくみ》の技《わざ》

先頭形状編《せんとうけいじょうへん》

1 新幹線《しんかんせん》はなぜ速《はや》く走《はし》れる？

時速《じそく》300km／h前後《ぜんご》という高速《こうそく》では、その分《ぶん》だけ空気《くうき》の抵抗《ていこう》も大《おお》きく受《う》けることになる。在来線《ざいらいせん》の通勤車両《つうきんしゃりょう》のような四角《しかく》い前面《ぜんめん》ではスピードが出《だ》せず、無理《むり》に速度《そくど》を上《あ》げれば大《おお》きな揺《ゆ》れにつながってしまう。そのため、新幹線《しんかんせん》は空気《くうき》を効率《こうりつ》よく受《う》け流《なが》す先頭形状《せんとうけいじょう》になっている。

N《エヌ》700系《けい》（N《エヌ》700A《エー》）の設計《せっけい》にはAI《エーアイ》が使用《しよう》され、コンピューターによるシミュレーションから、「エアロダブルウイング構造《こうぞう》」と呼《よ》ばれる安定《あんてい》した高速走行《こうそくそうこう》が可能《かのう》な先頭形状《せんとうけいじょう》がデザインされた。

車体編《しゃたいへん》

2 新幹線《しんかんせん》はなぜ速《はや》く走《はし》れる？

高速走行《こうそくそうこう》を実現《じつげん》するために新幹線《しんかんせん》は常《つね》に軽量化《けいりょうか》を進《すす》めてきた。外板《がいはん》と骨組《ほねぐみ》を一体《いったい》にまとめた「アルミダブルスキン構造《こうぞう》」や、台車《だいしゃ》と車体《しゃたい》の間《あい》にある部品《ぶひん》（ボルスタ）を省略《しょうりゃく》した「ボルスタレス台車《だいしゃ》」の採用《さいよう》は今《いま》や当《あ》たり前《まえ》になり、パンタグラフやモーターなどの部品《ぶひん》の軽量化《けいりょうか》も求《もと》められている。

東海道新幹線《とうかいどうしんかんせん》の最新車両《さいしんしゃりょう》であるN《エヌ》700S《エス》では、台車《だいしゃ》のフレームの改良《かいりょう》、モーターの小型化《こがたか》、パンタグラフの改良《かいりょう》による軽量化《けいりょうか》が行《おこな》われ、東海道新幹線《とうかいどうしんかんせん》としてははじめて1編成《へんせい》の総重量《そうじゅうりょう》が700トンを切《き》った。

3 新幹線《しんかんせん》はなぜ揺《ゆ》れない？

新幹線車両《しんかんせんしゃりょう》の台車《だいしゃ》には高速走行《こうそくそうこう》にも対応可能《たいおうかのう》なばねが使《つか》われているほか、現在運行《げんざいうんこう》されている新幹線《しんかんせん》には「アクティブサスペンション」が搭載《とうさい》され、車両《しゃりょう》の左右《さゆう》の揺《ゆ》れを抑《おさ》えている。

E《イー》7系《けい》の台車《だいしゃ》。ＪＲ東日本《ジェイアールひがしにほん》のE《イー》5系《けい》～ E《イー》8系《けい》、ＪＲ東海《ジェイアールとうかい》などのN《エヌ》700S《エス》には、揺《ゆ》れを感知《かんち》するとその揺《ゆ》れを打《う》ち消《け》す力《ちから》をコンピューターが作《さ》動《どう》させる「電動式《でんどうしき》フルアクティブサスペンション」が搭載《とうさい》されており、さらに揺《ゆ》れが抑《おさ》えられている。

4 新幹線《しんかんせん》の先頭《せんとう》が長《なが》いのはなぜ？

車両《しゃりょう》が高速《こうそく》でトンネルに突入《とつにゅう》したときに押《お》し出《だ》された空気《くうき》が圧縮波《あっしゅくは》となって音速《おんそく》で伝《つた》わり、反対側《はんたいがわ》の出口《でぐち》から大《おお》きな衝撃《しょうげき》とともに放《はな》たれる「トンネルドン」現象《げんしょう》は、周辺《しゅうへん》への騒音《そうおん》、振動問題《しんどうもんだい》につながる。E《イー》5系《けい》などのとても長《なが》いノーズは、この現象《げんしょう》への対策《たいさく》として設計《せっけい》されたものだ。

「ALFA-X《アルファエックス》」は、東北新幹線《とうほくしんかんせん》の営業最高時速《えいぎょうさいこうじそく》360㎞／ h化《か》をめざしてつくられた試験車両《しけんしゃりょう》だ。特徴的《とくちょうてき》なのは東京側先頭《とうきょうがわせんとう》の10号車《ごうしゃ》のノーズで、その長《なが》さは22m。これもトンネルドン対策《たいさく》のひとつ。

ATC《エーティーシー》の地上側《ちじょうがわ》の装置《そうち》。通過《つうか》する車両《しゃりょう》の位置《いち》やスピードなどを計測《けいそく》して、安全《あんぜん》を支《ささ》えている。

5 新幹線《しんかんせん》の事故《じこ》が少《すく》ないのはなぜ？

新幹線《しんかんせん》にはATC《エーティーシー》（自動列車制御装置《じどうれっしゃせいぎょそうち》）が搭載《とうさい》されている。前《まえ》の列車《れっしゃ》との間隔《かんかく》から安全《あんぜん》に走行可能《そうこうかのう》なスピードを計算《けいさん》し、そのスピードを超《こ》えると自動的《じどうてき》にブレーキをかけて安全《あんぜん》な速度域《そくどいき》まで下《さ》げる装置《そうち》だ。

ＡＴＣ《エーティーシー》は「Automatic《オートマティック》 Train《トレイン》 Control《コントロール》」の頭文字《かしらもじ》だよ

まもなく引退《いんたい》！

新幹線《しんかんせん》の安全《あんぜん》を見守《みまも》った60年《ねん》

ドクターイエローの役目《やくめ》と歴史《れきし》

黄色《きいろ》い車体《しゃたい》が特徴《とくちょう》のドクターイエロー。運行予定《うんこうよてい》は非公開《ひこうかい》のため、その姿《すがた》を見《み》ることができたらラッキー。そのため「幸《しあわ》せの黄色《きいろ》い新幹線《しんかんせん》」とも呼《よ》ばれた。

ヘッドライトの下《した》には、通常《つうじょう》の700系《けい》にはついていない小窓《こまど》がある。その中《なか》には線路確認用《せんろかくにんよう》のカメラがあり、撮影《さつえい》した前方《ぜんぽう》の線路状況《せんろじょうきょう》を検測室《けんそくしつ》で確認《かくにん》している。

2001年《ねん》の700系《けい》ベースの923型《がた》以前《いぜん》は、0系《けい》をベースにした922型《がた》が走《はし》っていた。営業用車両《えいぎょうようしゃりょう》の高速化《こうそくか》によって、より高速運転可能《こうそくうんてんかのう》な923型《がた》へとバトンを渡《わた》した。愛知県《あいちけん》のリニア・鉄道《てつどう》館《かん》では922形《がた》の保存車両《ほぞんしゃりょう》が展示《てんじ》されている。

新幹線《しんかんせん》のお医者《いしゃ》さん

「ドクターイエロー」と呼《よ》ばれる新幹線《しんかんせん》は、正式《せいしき》名称《めいしょう》を「新幹線電気軌道《しんかんせんでんききどう》総合試験車《そうごうしけんしゃ》923型《がた》」（2025年《ねん》1月時点《がつじてん》のもの）といい、東海道《とうかいどう》・山《さん》陽《よう》新幹線《しんかんせん》の安全《あんぜん》な運行《うんこう》のため、線路《せんろ》や架線《かせん》などの設備《せつび》を時速《じそく》270㎞／hで走《はし》りながら検測《けんそく》する検《けん》査車両《さしゃりょう》だ。その役割《やくわり》と特《とく》徴的《ちょうてき》な黄色《きいろ》い車体《しゃたい》から、「ドクターイエロー」という愛称《あいしょう》で親《した》しまれている。

乗客《じょうきゃく》を乗《の》せて走《はし》ることはなく、その設備《せつび》も一般《いっぱん》の新幹線《しんかんせん》とはまったく異《こと》なる。

たとえば、車両《しゃりょう》には通《つう》常《じょう》のパンタグラフだけでなく測定用《そくていよう》のパンタグラフがあり、架線《かせん》の状態《じょうたい》を検査《けんさ》しているほか、パンタグラフを監視《かんし》する観測《かんそく》ドームもある。これ以外《いがい》にもさまざまな検査装置《けんさそうち》があり、乗務員《じょうむいん》がそれぞれ確認《かくにん》している。

専用車両《せんようしゃりょう》は引退《いんたい》の予定《よてい》

ドクターイエローは1964年《ねん》、東海道新幹線《とうかいどうしんかんせん》の開業直前《かいぎょうちょくぜん》に0系《けい》の試作《しさく》車《しゃ》1000型《がた》を改造《かいぞう》する形《かたち》でデビュー。当時《とうじ》のものは921型《がた》0番台《ばんだい》のT《ティー》1編成《へんせい》と呼《よ》ばれ、電気系《でんきけい》の設備《せつび》のみを検測《けんそく》する電《でん》気試験車《きしけんしゃ》であった。

1974年《ねん》に登場《とうじょう》した中間車《ちゅうかんしゃ》T《ティー》2編成《へんせい》からは、新《あたら》しく起動試験車《きどうしけんしゃ》を連《れん》結《けつ》し、電気軌道総合試験《でんききどうそうごうしけん》車《しゃ》となり、東海道《とうかいどう》・山陽《さんよう》新幹線《しんかんせん》を走《はし》った。

2001年《ねん》からは、営《えい》業用新幹線《ぎょうようしんかんせん》の高速化《こうそくか》と既《き》存車両《ぞんしゃりょう》の老朽化《ろうきゅうか》により、ベース車両《しゃりょう》を700系《けい》にした923型《がた》のT《ティー》4編成《へんせい》とT《ティー》5編成《へんせい》が登場《とうじょう》。それ以降《いこう》、長年《ながねん》にわたり新幹《しんかん》線《せん》の安全《あんぜん》を守《まも》り続《つづ》けた。

そんなドクターイエローだが、2025年《ねん》1月《がつ》に東海道新幹線《とうかいどうしんかんせん》での検《けん》測走行《そくそうこう》から引退《いんたい》する。山《さん》陽新幹線《ようしんかんせん》においても、2027年《ねん》以降《いこう》の運用終了《うんようしゅうりょう》が決《き》まっている。

近年《きんねん》は技術《ぎじゅつ》の進歩《しんぽ》によって、検測機器《けんそくきき》が小型《こがた》化《か》するなどして進化《しんか》を遂《と》げた。これにより、今後《こんご》は営業用《えいぎょうよう》のN《エヌ》700S《エス》に機器《きき》を搭載《とうさい》して検測《けんそく》が行《おこな》われることになった。

つまり、今後《こんご》、試験専《しけんせん》用《よう》の車両《しゃりょう》は運行《うんこう》されない。ドクターイエローという試験車《しけんしゃ》も、60年《ねん》を超《こ》えるその長《なが》い役目《やくめ》を終《お》えることとなったのだ。

東北新幹線《とうほくしんかんせん》にも検査車両《けんさしゃりょう》がある

JR東日本《ジェイアールひがしにほん》の新幹線路線《しんかんせんろせん》ではドクターイエローは走《はし》っていないが、同《おな》じ役割《やくわり》の車両《しゃりょう》は存在《そんざい》する。「East《イースト》 i《アイ》」と呼《よ》ばれる試験《しけん》車《しゃ》で、運転席付近《うんてんせきふきん》にある大《おお》きなロゴマークが目印《めじるし》。在来線用《ざいらいせんよう》、新幹線用《しんかんせんよう》などいくつか種類《しゅるい》があるが、新幹線用《しんかんせんよう》の車両《しゃりょう》はE《イー》3系《けい》をベースにしている。

第《だい》2章《しょう》

新幹線《しんかんせん》完全《かんぜん》マップ 路線図《ろせんず》で見《み》る新幹線《しんかんせん》

延伸《えんしん》や新線《しんせん》の開業《かいぎょう》などで走《はし》る範囲《はんい》を拡大《かくだい》しながら、新幹線《しんかんせん》は走《はし》っている。ここでは、周辺《しゅうへん》のスポットや駅《えき》などの豆知識《まめちしき》をまじえつつ、全国《ぜんこく》の路線図《ろせんず》を紹介《しょうかい》する。今後《こんご》の延伸《えんしん》の情報《じょうほう》にも注目《ちゅうもく》だ。

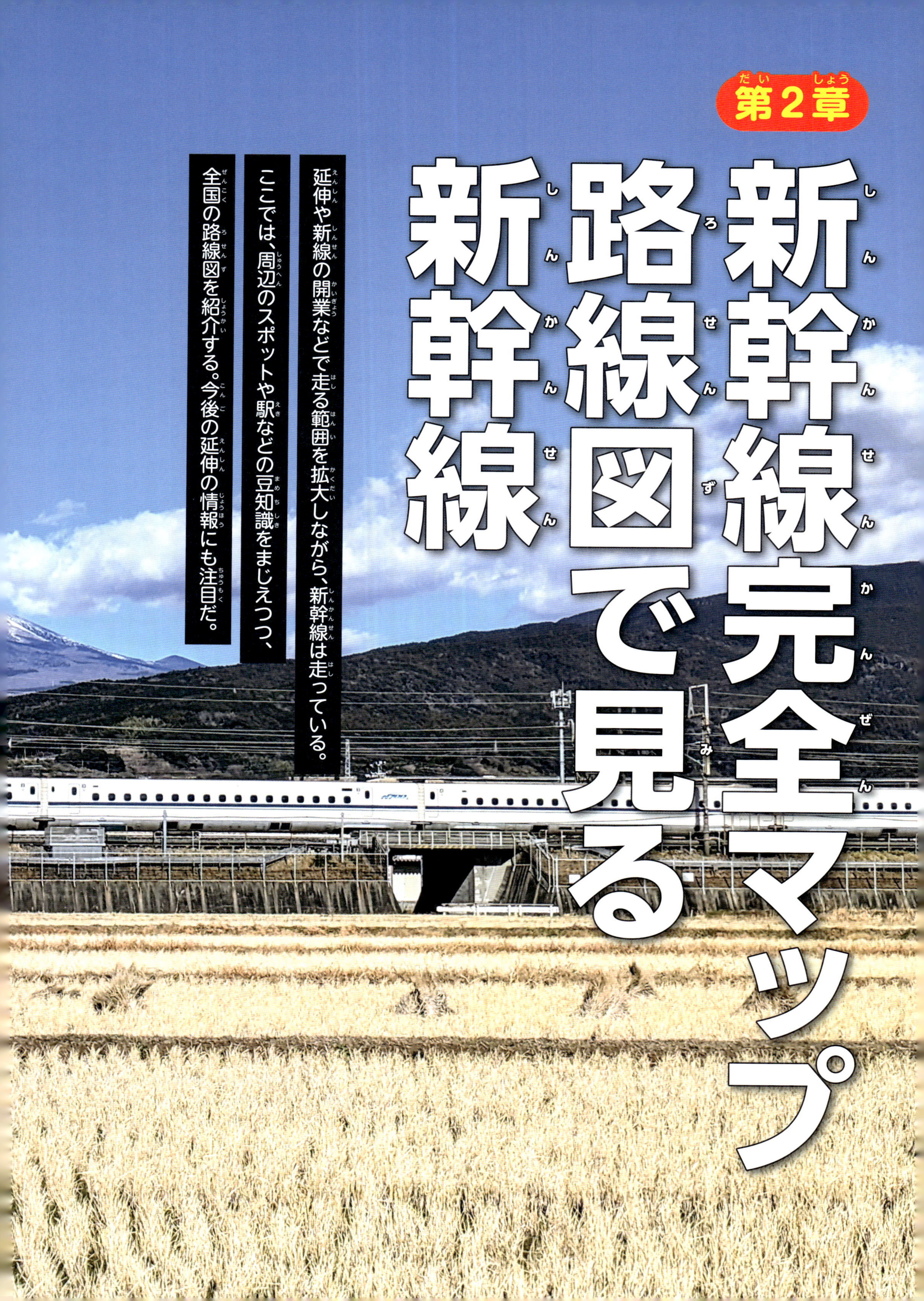

日本全国《にほんぜんこく》の移動《いどう》を支《ささ》える10種類《しゅるい》の新幹線路線《しんかんせんろせん》!

北海道《ほっかいどう》から九州《きゅうしゅう》まで網羅《もうら》!

新幹線《しんかんせん》全国《ぜんこく》マップ

大都市《だいとし》から地方《ちほう》までさまざまな場所《ばしょ》を線路《せんろ》で結《むす》び、たくさんの人《ひと》を速《はや》く運《はこ》ぶ新幹線《しんかんせん》。路線《ろせん》は10に分《わ》かれていて、JR各社《ジェイアールかくしゃ》がそれぞれ運営《うんえい》している。まずは全国《ぜんこく》マップで新幹線《しんかんせん》が走《はし》っている地域《ちいき》を大《おお》まかに見《み》てみよう。

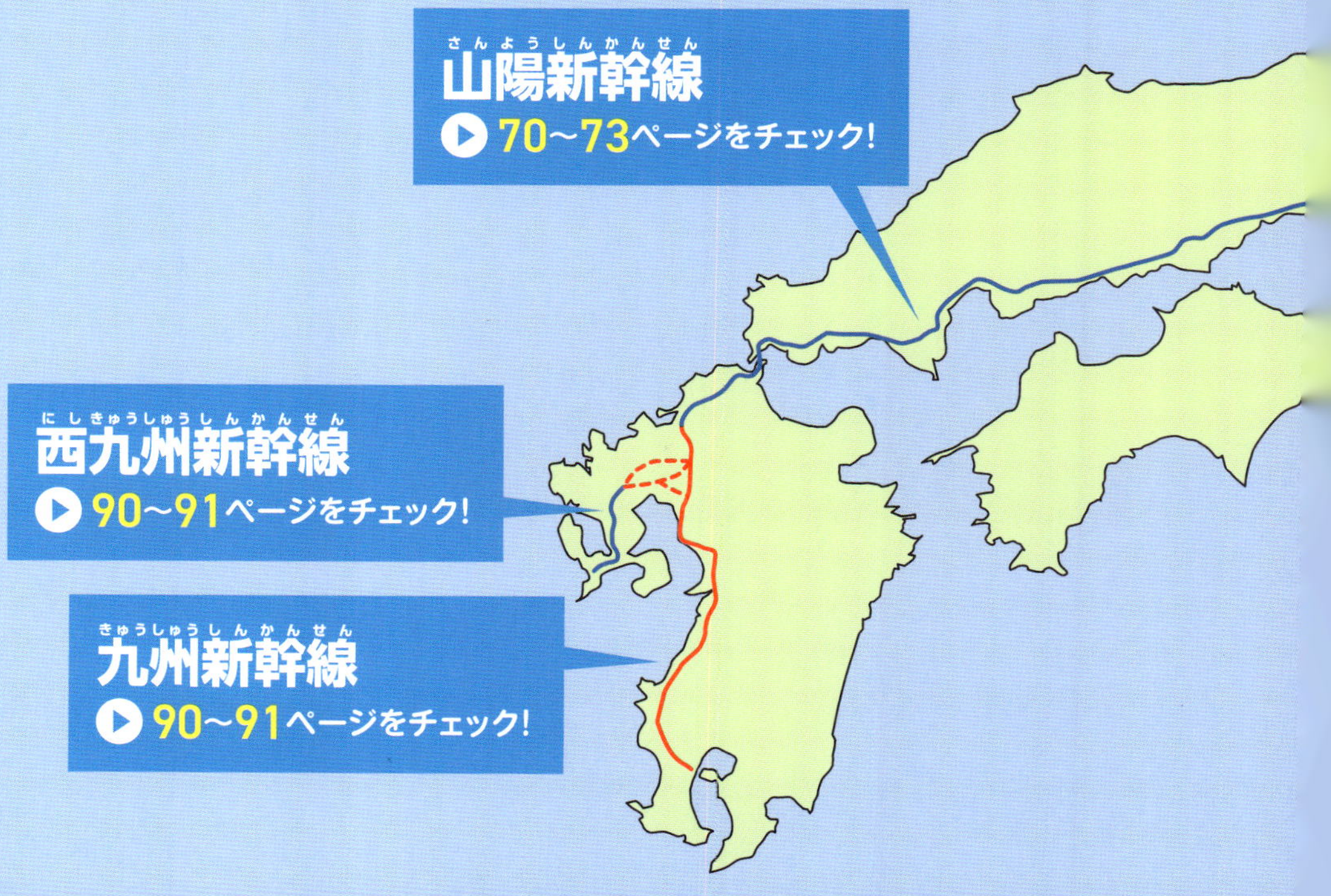

東京《とうきょう》～大阪《おおさか》

JR東海《ジェイアールとうかい》

東海道新幹線《とうかいどうしんかんせん》

ひとくちコラム

きれいな景色《けしき》がたくさん！ 車窓《しゃそう》を楽《たの》しめる新幹線《しんかんせん》

日本《にほん》ではじめて新幹線《しんかんせん》を走《はし》らせ、2024年《ねん》10月《がつ》に開業《かいぎょう》60周年《しゅうねん》を迎《むか》えた東海道新幹線《とうかいどうしんかんせん》。東京《とうきょう》、名古屋《なごや》、大阪《おおさか》の大都市《だいとし》をつなぐため、ビジネスで利用《りよう》する人《ひと》ももちろん多《おお》いが、車窓《しゃそう》からさまざまな景色《けしき》を楽《たの》しむことができるという一面《いちめん》もある。A席側《エーせきがわ》（海側《うみがわ》）では小田原城《おだわらじょう》や海《うみ》、E席側《イーせきがわ》（山側《やまがわ》、グリーン車《しゃ》ではD席《ディーせき》）では富士山《ふじさん》など、きれいな景色《けしき》を見《み》ることができる。東海道新幹線《とうかいどうしんかんせん》に乗《の》るときには、ぜひ車窓《しゃそう》にも注目《ちゅうもく》してみたい。

シャッターチャンス！

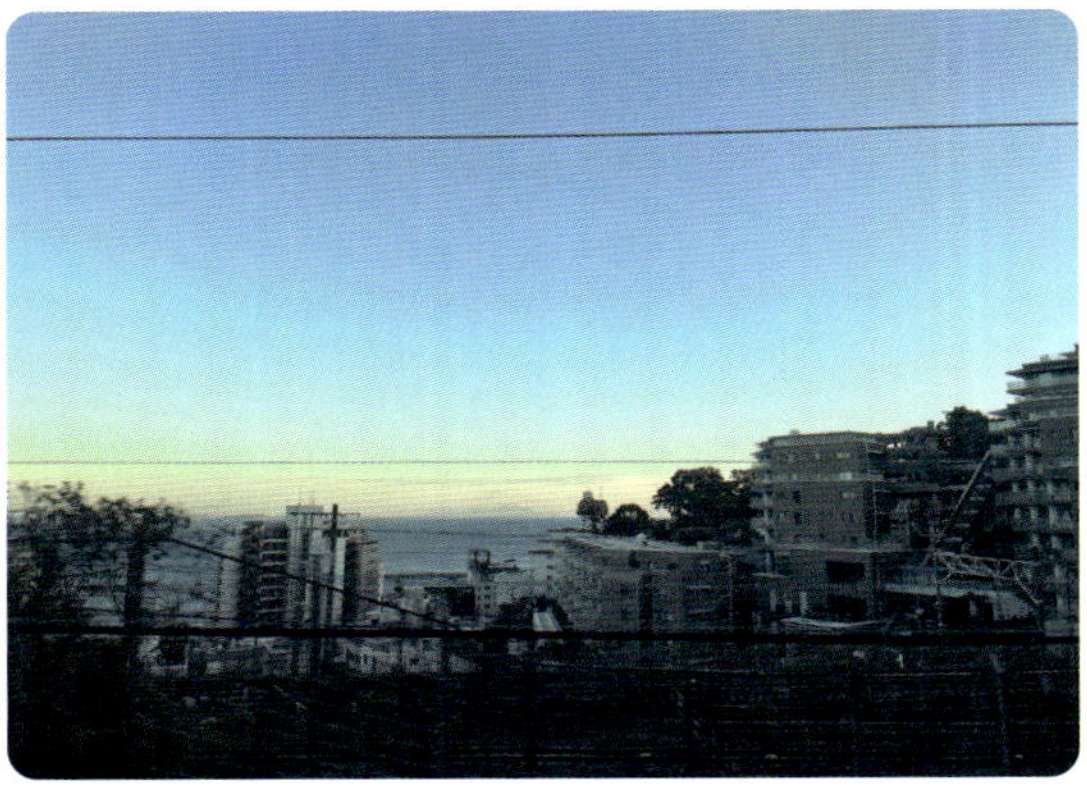

温泉《おんせん》をはじめとしてさまざまな観光《かんこう》スポットがある熱海《あたみ》。熱海駅《あたみえき》にはおもに「こだま」が停車《ていしゃ》する。小田原《おだわら》―熱海間《あたみかん》のきれいな海《うみ》を見《み》たい人《ひと》はA席側《エーせきがわ》に座《すわ》るとよい。

［基本《きほん》データ］

運営会社《うんえいがいしゃ》	JR東海《ジェイアールとうかい》
走行車両《そうこうしゃりょう》	のぞみ、ひかり、こだま
開業日《かいぎょうび》	1964年《ねん》10月《がつ》1日《にち》
駅《えき》の数《かず》	17
起点《きてん》	東京駅《とうきょうえき》
終点《しゅうてん》	新大阪駅《しんおおさかえき》
最短所要時間《さいたんしょようじかん》	2時間《じかん》21分《ふん》
実《じっ》キロ	515.4km
営業《えいぎょう》キロ	552.6km
営業最高速度《えいぎょうさいこうそくど》	285km／h
1日《にち》あたりの運転本数《うんてんほんすう》	356本《ほん》
1日《にち》あたりの平均通過《へいきんつうか》人員《じんいん》	26万《まん》1776人《にん》（2022年度実績《ねんどじっせき》）

○ 駅《えき》　━ 線路《せんろ》

トンネル（3000m以上《いじょう》のおもなトンネル）

ココに注目《ちゅうもく》

木造《もくぞう》の駅舎《えきしゃ》が特徴的《とくちょうてき》な掛川駅《かけがわえき》。在来線《ざいらいせん》と新幹線《しんかんせん》がともに乗《の》り入《い》れする駅《えき》だが、新幹線《しんかんせん》は「こだま」のみが停車《ていしゃ》する。

絶景《ぜっけい》ポイント

東京駅《とうきょうえき》を出《で》て30分《ふん》ほど経《た》つと、A席側《エーせきがわ》の車窓《しゃそう》に「小田原城《おだわらじょう》」の天守閣《てんしゅかく》があらわれる。小田原駅《おだわらえき》を通《とお》る前後《ぜんご》に見《み》ることができるが、じつは小田原《おだわら》駅《えき》に停車《ていしゃ》する新幹線《しんかんせん》は「ひかり」と「こだま」のみ。

シャッターチャンス!

三島駅《みしまえき》と新富士駅《しんふじえき》の間《あいだ》は、富士山《ふじさん》がとくにきれいに見《み》えるポイント。山頂《さんちょう》からふもとまで全体《ぜんたい》を映《うつ》せるので、写真《しゃしん》を撮《と》りたい人《ひと》は準備《じゅんび》しておこう。

日本《にほん》の大都市《だいとし》をつなぐ大切《たいせつ》な路線《ろせん》！

湖《みずうみ》や雪《ゆき》を越《こ》えてたくさんの人《ひと》を運《はこ》ぶ

ひとくちコラム

利用客《りようきゃく》は少《すく》ないのに なぜ岐阜羽島駅《ぎふはしまえき》がつくられた？

名古屋《なごや》から新大阪《しんおおさか》に向《む》かう途中《とちゅう》に通《とお》る岐阜県関ケ原町《ぎふけんせきがはらちょう》は、雪《ゆき》が多《おお》い。雪《ゆき》で新幹線《しんかんせん》の運行《うんこう》に支障《ししょう》が出《で》たときのことを考《かんが》え、名古屋駅《なごやえき》と米原駅《まいばらえき》の間《あいだ》に列車《れっしゃ》を待避《たいひ》させる場所《ばしょ》（駅《えき》）が必要《ひつよう》だった。そこでつくられたのが岐阜羽島《ぎふはしま》駅《えき》だった。東海道新幹線《とうかいどうしんかんせん》で利用者《りようしゃ》がいちばん少《すく》ないものの、雪害対策《せつがいたいさく》のためにも大切《たいせつ》な駅《えき》なのだ。ちなみに、駅建設《えきけんせつ》に尽力《じんりょく》したことから、駅前《えきまえ》には政治家《せいじか》・大野伴睦《おおのばんぼく》の銅像《どうぞう》が建《た》てられている。

ココに注目《ちゅうもく》

東海道新幹線《とうかいどうしんかんせん》を走《はし》る列車《れっしゃ》の検修《けんしゅう》・検査《けんさ》を行《おこな》っている「浜松工場《はままつこうじょう》」がある。また、車両基地《しゃりょうきち》も併設《へいせつ》されており、たくさんの東海道新《とうかいどうしん》幹線車両《かんせんしゃりょう》を見《み》ることができる。

ココに注目《ちゅうもく》

世界有数《せかいゆうすう》の豪雪地帯《ごうせつちたい》・関ケ原《せきがはら》。スプリンクラーが設置《せっち》され、散水《さんすい》で雪《ゆき》の舞《ま》い上《あ》がりを抑《おさ》えている。それでも冬《ふゆ》は減速《げんそく》して走《はし》らなければ、雪《ゆき》でトラブルが生《しょう》じて電車《でんしゃ》が遅《おく》れることがある。

絶景《ぜっけい》ポイント

浜松駅付近《はままつえきふきん》には「浜名湖《はまなこ》」や「天竜川《てんりゅうがわ》」など、自然《しぜん》のきれいな景色《けしき》を楽《たの》しめる人気《にんき》スポットも多《おお》い。通《とお》るときには窓《まど》の外《そと》に注目《ちゅうもく》してみよう。

ひとくちコラム

どうして大阪《おおさか》や梅田《うめだ》ではなく新大阪《しんおおさか》に新幹線《しんかんせん》が止《と》まるの？

1日《にち》の利用者数《りようしゃすう》は、新大阪駅《しんおおさかえき》よりも大阪駅《おおさかえき》や梅田駅《うめだえき》のほうが多《おお》い。ではなぜ新幹線《しんかんせん》は新大阪駅《しんおおさかえき》に止《と》まるのか。第一《だいいち》に、大阪駅周辺《おおさかえきしゅうへん》には新幹線駅《しんかんせんえき》としての用地《ようち》がなかったため、大阪《おおさか》を新幹線駅《しんかんせんえき》にする案《あん》は却下《きゃっか》となった。次《つぎ》に梅田《うめだ》だが、梅田地区《うめだちく》へ行《い》くには淀川《よどがわ》という大《おお》きな川《かわ》を二度《にど》も渡《わた》る必要《ひつよう》がある。山陽方面《さんようほうめん》への所要時間《しょようじかん》や建設費《けんせつひ》が余計《よけい》にかかるため、この案《あん》も却下《きゃっか》された。これらを考慮《こうりょ》した結果《けっか》、新大阪《しんおおさか》が新幹線駅《しんかんせんえき》となった。

JR西日本《ジェイアールにしにほん》

山《さん》陽《よう》新《しん》幹《かん》線《せん》

ココに注目《ちゅうもく》

姫路駅《ひめじえき》は世界遺産《せかいいさん》「姫路《ひめじ》城《じょう》」の最寄《もよ》り駅《えき》のひとつで、駅《えき》からは徒歩《とほ》20分《ふん》ほどの距離《きょり》。新幹線《しんかんせん》のD席側《ディーせきがわ》に姫《ひめ》路城《じじょう》が見《み》えるがやや遠《とお》い。周囲《しゅうい》に建物《たてもの》もあるので、目《め》をこらして見《み》つけよう。

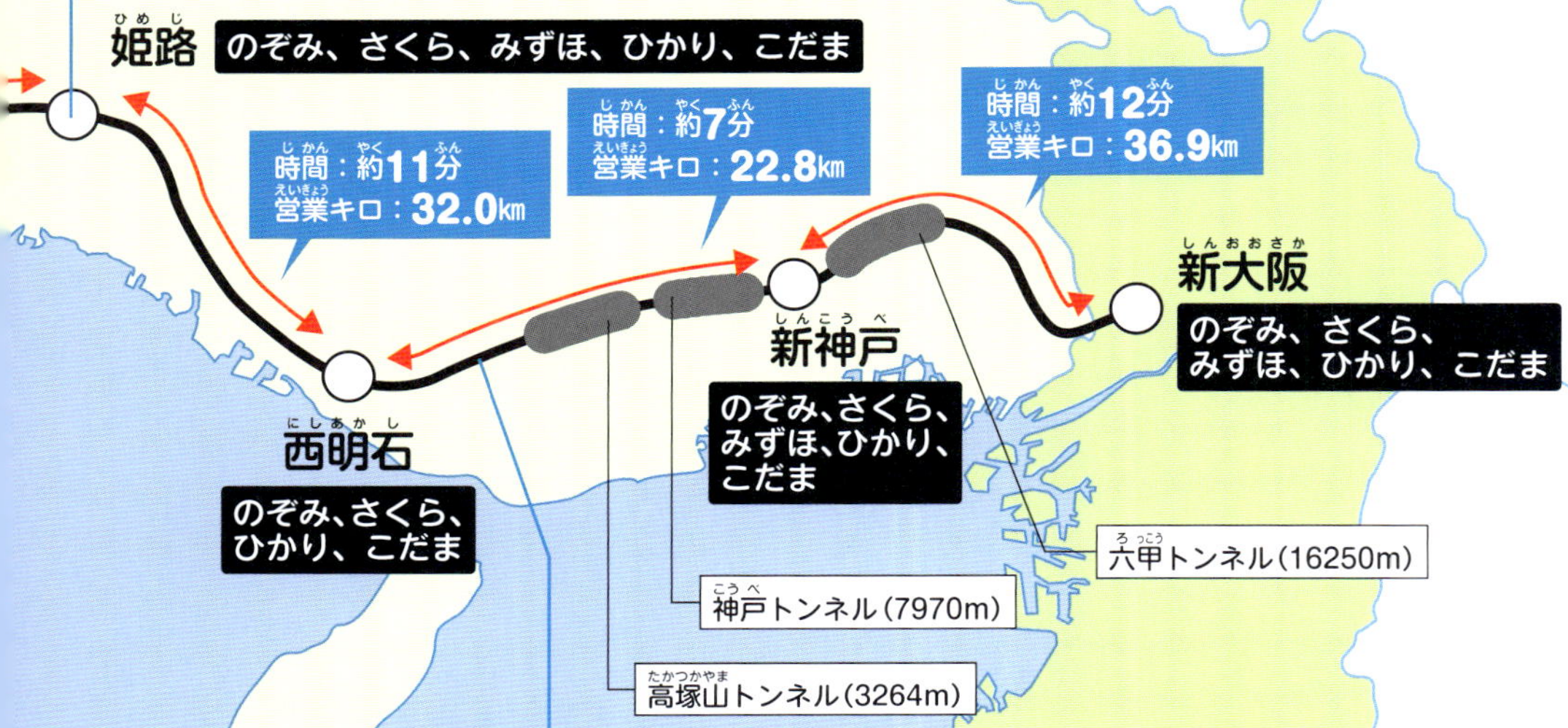

シャッターチャンス！

新神戸駅《しんこうべえき》から西明石駅《にしあかしえき》に着《つ》く直前《ちょくぜん》には、A席側《エーせきがわ》の遠《とお》くに明石海峡大橋《あかしかいきょうおおはし》の立派《りっぱ》な主塔《しゅとう》（橋脚《きょうきゃく》）が見《み》えてくる。距離《きょり》があるため大《おお》きくは見《み》えないものの、それだけにその圧倒的《あっとうてき》なサイズ感《かん》がよくわかる。

［基本《きほん》データ］

運営会社《うんえいがいしゃ》	JR西日本《ジェイアールにしにほん》
走行車両《そうこうしゃりょう》	のぞみ、ひかり、こだま、みずほ、さくら、つばめ
開業日《かいぎょうび》	1975年《ねん》3月《がつ》1日《にち》
駅《えき》の数《かず》	19
起点《きてん》	新大阪駅《しんおおさかえき》
終点《しゅうてん》	博多駅《はかたえき》
最短所要時間《さいたんしょようじかん》	2時間《じかん》24分《ふん》
実《じっ》キロ	553.7㎞
営業《えいぎょう》キロ	622.3㎞
営業最高速度《えいぎょうさいこうそくど》	300㎞／h
1日《にち》あたりの運転本数《うんてんほんすう》	160本《ほん》（下《くだ》り・新大阪駅起点《しんおおさかえききてん》）
1日《にち》あたりの平均通過《へいきんつうか》人員《じんいん》	7万《まん》9433人《にん》（2023年度成績《ねんどせいせき》）

○ 駅《えき》　━ 線路《せんろ》

トンネル（3000m以上《いじょう》のおもなトンネル）

瀬戸内海《せとないかい》の都市《とし》を走《はし》り抜《ぬ》ける！

ココに注目《ちゅうもく》

岡山県《おかやまけん》は桃太郎伝説発祥《ももたろうでんせつはっしょう》の地《ち》とされており、岡山駅《おかやまえき》には桃太郎像《ももたろうぞう》がある。ただし、2025年《ねん》1月《がつ》現在《げんざい》、路《ろ》面電車《めんでんしゃ》の乗《の》り入《い》れ工事《こうじ》のために本来《ほんらい》の位置《いち》から南西《なんせい》に100mほど移設《いせつ》されている。

本州《ほんしゅう》と九州《きゅうしゅう》をつなぐ路線《ろせん》

絶景《ぜっけい》ポイント

徳山駅近辺《とくやまえききんぺん》のA席側《エーせきがわ》には工業地域《こうぎょうちいき》があり、工場《こうじょう》の配管《はいかん》や煙突《えんとつ》が見《み》せる工業地域独特《こうぎょうちいきどくとく》の風景《ふうけい》が楽《たの》しめる。夜《よる》には照明《しょうめい》がつけられ、昼《ひる》とは違《ちが》う雰囲気《ふんいき》を味《あじ》わうこともできる。

シャッターチャンス!

新山口駅《しんやまぐちえき》のそば、D席側《ティーせきがわ》に見《み》える車庫《しゃこ》には、転車台《てんしゃだい》がある。新山口駅《しんやまぐちえき》はSL《エスエル》やまぐち号《ごう》の出発駅《しゅっぱつえき》でもあり、、その蒸気機関車《じょうききかんしゃ》の方向転換《ほうこうてんかん》で実際《じっさい》に使《つか》われている現役《げんえき》の転車台《てんしゃだい》だ。

ココに注目《ちゅうもく》

博多方面《はかたほうめん》に向《む》かう下《くだ》り列車《れっしゃ》は、新下関《しんしものせき》を出《で》ると新関門《しんかんもん》トンネルを抜《ぬ》け九州《きゅうしゅう》に上陸《じょうりく》。トンネルを通《とお》って少《すこ》し経《た》ち、A席側《エーせきがわ》にチャチャタウン小倉《こくら》の観覧車《かんらんしゃ》が見《み》えてきたら九州到着《きゅうしゅうとうちゃく》のサインだ。

ひとくちコラム

山陽新幹線《さんようしんかんせん》は トンネルだらけ！

山陽新幹線《さんようしんかんせん》は、直通《ちょくつう》する東海道新幹線《とうかいどうしんかんせん》に比《くら》べるとトンネルの数《かず》が非常《ひじょう》に多《おお》くなっている。その理由《りゆう》としては、東海道新幹線《とうかいどうしんかんせん》が走《はし》っている区間《くかん》よりも平地《へいち》が少《すく》ないことや、東海道新幹線《とうかいどうしんかんせん》に対《たい》してカーブの数《かず》を少《すく》なくしようとしたことなどが挙《あ》げられる。それでも、西明石駅付近《にしあかしえきふきん》など、瀬戸内海《せとないかい》が見《み》えるポイントもある。トンネルのない走行区間《そうこうくかん》では車窓《しゃそう》に注目《ちゅうもく》してみるのもよいだろう。

JR東日本《ジェイアールひがしにほん》 東北新幹線《とうほくしんかんせん》

東京《とうきょう》〜青森《あおもり》

📷 絶景《ぜっけい》ポイント

盛岡駅《もりおかえき》の近《ちか》くを走行《そうこう》するとき、Ｅ席側《イーせきがわ》では岩手山《いわてさん》を眺《なが》められる。岩手山《いわてさん》は標高《ひょうこう》2038mと岩手県《いわてけん》でいちばん高《たか》い山《やま》で、岩手《いわて》を代表《だいひょう》する風景《ふうけい》のひとつだ。

📷 絶景《ぜっけい》ポイント

くりこま高原《こうげん》から一関駅《いちのせきえき》付《ふ》近《きん》でＥ席側《イーせきがわ》から奥《おく》のほうに見《み》える栗駒山《くりこまやま》は日本百名山《にほんひゃくめいざん》に数《かぞ》えられる山《やま》だ。遠《とお》くにあるので天気《てんき》によっては見《み》えづらいこともある。

東北《とうほく》各地《かくち》を結《むす》ぶ 東日本《ひがしにほん》の基本路線《きほんろせん》！

📷 ココに注目《ちゅうもく》

仙台駅《せんだいえき》は大規模《だいきぼ》な歩行者用《ほこうしゃよう》デッキとオレンジ色《いろ》の駅舎《えきしゃ》が特徴《とくちょう》。駅内外《えきないがい》には宮城県《みやぎけん》や仙台市《せんだいし》の名物《めいぶつ》が並《なら》び、近辺《きんぺん》の観光地《かんこうち》へのアクセスもよい。東北新幹線《とうほくしんかんせん》を代表《だいひょう》する駅《えき》のひとつだ。

［基本《きほん》データ］

運営会社《うんえいがいしゃ》	ＪＲ東日本《ジェイアールひがしにほん》
走行車両《そうこうしゃりょう》	はやぶさ、はやて、やまびこ、なすの、こまち、つばさ
開業日《かいぎょうび》	1982年《ねん》６月《がつ》23日《にち》
駅《えき》の数《かず》	23
起点《きてん》	東京駅《とうきょうえき》
終点《しゅうてん》	新青森駅《しんあおもりえき》
最短所要時間《さいたんしょようじかん》	２時間《じかん》58分《ふん》
実《じっ》キロ	674.9km
営業《えいぎょう》キロ	713.7km
営業最高速度《えいぎょうさいこうそくど》	320km／ h
１日《にち》あたりの運転本数《うんてんほんすう》	122本《ほん》（下《くだ》り・東京駅起点《とうきょうえききてん》）
１日《にち》あたりの平均通過人員《へいきんつうかじんいん》	５万《まん》5156人《にん》（2023年度成績《ねんどせいせき》）

○ 駅《えき》　━ 線路《せんろ》　トンネル（3000m以上《いじょう》）
トンネル（3000m以上《いじょう》のおもなトンネル）

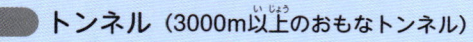

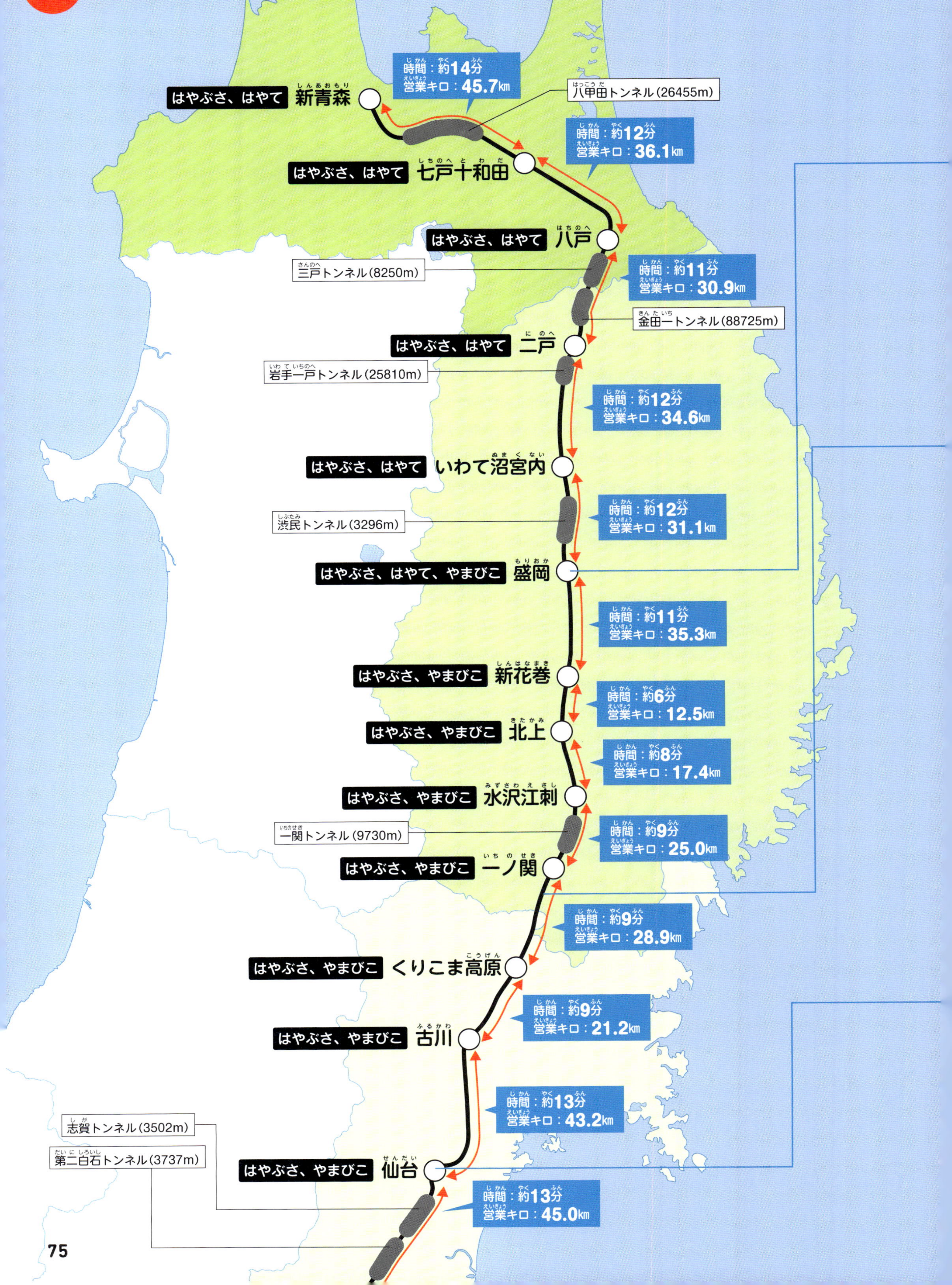

はやぶさ、はやて
新青森《しんあおもり》
時間《じかん》：約《やく》14分《ふん》
営業《えいぎょう》キロ：45.7km
八甲田《はっこうだ》トンネル(26455m)
はやぶさ、はやて
七戸十和田《しちのへとわだ》
時間《じかん》：約《やく》12分《ふん》
営業《えいぎょう》キロ：36.1km
はやぶさ、はやて
八戸《はちのへ》
三戸《さんのへ》トンネル(8250m)
時間《じかん》：約《やく》11分《ふん》
営業《えいぎょう》キロ：30.9km
金田一《きんたいち》トンネル(88725m)
はやぶさ、はやて
二戸《にのへ》
岩手一戸《いわていちのへ》トンネル(25810m)
時間《じかん》：約《やく》12分《ふん》
営業《えいぎょう》キロ：34.6km
はやぶさ、はやて
いわて沼宮内《ぬまくない》
渋民《しぶたみ》トンネル(3296m)
時間《じかん》：約《やく》12分《ふん》
営業《えいぎょう》キロ：31.1km
はやぶさ、はやて、やまびこ
盛岡《もりおか》
時間《じかん》：約《やく》11分《ふん》
営業《えいぎょう》キロ：35.3km
はやぶさ、やまびこ
新花巻《しんはなまき》
時間《じかん》：約《やく》6分《ふん》
営業《えいぎょう》キロ：12.5km
はやぶさ、やまびこ
北上《きたかみ》
時間《じかん》：約《やく》8分《ふん》
営業《えいぎょう》キロ：17.4km
はやぶさ、やまびこ
水沢江刺《みずさわえさし》
一関《いちのせき》トンネル(9730m)
時間《じかん》：約《やく》9分《ふん》
営業《えいぎょう》キロ：25.0km
はやぶさ、やまびこ
一ノ関《いちのせき》
時間《じかん》：約《やく》9分《ふん》
営業《えいぎょう》キロ：28.9km
はやぶさ、やまびこ
くりこま高原《こうげん》
時間《じかん》：約《やく》9分《ふん》
営業《えいぎょう》キロ：21.2km
はやぶさ、やまびこ
古川《ふるかわ》
時間《じかん》：約《やく》13分《ふん》
営業《えいぎょう》キロ：43.2km
志賀《しが》トンネル(3502m)
第二白石《だいにしろいし》トンネル(3737m)
はやぶさ、やまびこ
仙台《せんだい》
時間《じかん》：約《やく》13分《ふん》
営業《えいぎょう》キロ：45.0km

山《やま》々《やま》が連《つら》なる景《け》色《しき》を楽《たの》しもう！

絶景《ぜっけい》ポイント

白石蔵王駅《しろいしざおうえき》から少《すこ》し東京方面《とうきょうほうめん》に行《い》ったところからは、E席側《イーせきがわ》から蔵王連峰《ざおうれんぽう》が見《み》える。中腹左側《ちゅうふくひだりがわ》の「みやぎ蔵王白石《ざおうしろいし》スキー場《じょう》」がわかりやすい目印《めじるし》なので探《さが》してみよう。

絶景《ぜっけい》ポイント

福島駅《ふくしまえき》と郡山駅《こおりやまえき》の間《あいだ》のE席側《イーせきがわ》には、安達太良山《あだたらやま》や吾妻連峰《あづまれんぽう》が見《み》える。途中《とちゅう》の福島《ふくしま》トンネルの前後《ぜんご》で見《み》える山《やま》が切《き》り替《か》わる。東京寄《とうきょうよ》りに見《み》えるのが安達太良山《あだたらやま》、仙台寄《せんだいよ》りに見《み》るのが吾妻連峰《あづまれんぽう》だ。

絶景《ぜっけい》ポイント

宇都宮《うつのみや》―那須塩原間《なすしおばらかん》には、日本百名山《にほんひゃくめいざん》の男体山《なんたいさん》を含《ふく》む日光連山《にっこうれんざん》が見《み》える。やや遠《とお》いので天気次第《てんきしだい》では見《み》えにくいが、うまく行《い》けば鬼怒川《きぬがわ》とのツーショットが撮《と》れる。

ひとくちコラム

一部区間《いちぶくかん》では320km／h！ 日本一《にほんいち》のスピードで走《はし》る

2025年《ねん》１月現在《がつげんざい》、東北新幹線《とうほくしんかんせん》は日本《にほん》で最《もっと》も速《はや》い320km／h運転《うんてん》を行《おこな》っている。実際《じっさい》に320km／hで運転《うんてん》をするのは宇都宮《うつのみや》―盛岡間《もりおかかん》で、乗車《じょうしゃ》してその速《そく》度《ど》を体感《たいかん》するほかにも、駅《えき》のホームを通過《つうか》する列車《れっしゃ》からそのスピードを感《かん》じることもできる。「くりこま高原駅《こうげんえき》」と「新花巻駅《しんはなまきえき》」は待避線《たいひせん》がないため、ホームのすぐそばを新幹線車両《しんかんせんしゃりょう》が高速通過《こうそくつうか》する。安全《あんぜん》には十分《じゅうぶん》に気《き》をつけながら、体感《たいかん》してみよう。

ココに注目《ちゅうもく》

東北新幹線《とうほくしんかんせん》と上越新幹線《じょうえつしんかんせん》は大宮駅《おおみやえき》で分岐《ぶんき》するため、大宮《おおみや》・上野《うえの》・東京駅《とうきょうえき》では新幹線《しんかんせん》が続々《ぞくぞく》と入《にゅう》線《せん》する姿《すがた》が見《み》られる。大宮駅《おおみやえき》の近《ちか》くにある鉄道《てつどう》博物館《はくぶつかん》の屋上《おくじょう》でも新幹線《しんかんせん》の走《はし》る姿《すがた》を楽《たの》しめる。

岩手《いわて》〜秋田《あきた》

秋田新幹線《あきたしんかんせん》

JR東日本《ジェイアールひがしにほん》

雪《ゆき》の降《ふ》る山《やま》を越《こ》える茜色《あかねいろ》の新幹線《しんかんせん》！

ココに注目《ちゅうもく》

大曲《おおまがり》―秋田間《あきたかん》は秋田新幹線《あきたしんかんせん》だけでなく在来線《ざいらいせん》も走《はし》る区間《くかん》になっている。そのため、在来線車両《ざいらいせんしゃりょう》と新幹線車両《しんかんせんしゃりょう》の並走《へいそう》やすれ違《ちが》い、どちらの車両《しゃりょう》も走《はし》れるようにした三線軌条《さんせんきじょう》などが見《み》られる。

シャッターチャンス!

赤渕《あかぶち》（JR東日本《ジェイアールひがしにほん》の田沢湖線《たざわこせん》の駅《えき》）―田沢湖間《たざわこかん》は仙岩峠《せんがんとうげ》と呼《よ》ばれる山岳部《さんがくぶ》を走《はし》るため、新幹線《しんかんせん》からすぐ下《した》を流《なが》れる渓谷《けいこく》を見《み》ることができる。なお、この区間《くかん》は線形《せんけい》や積雪《せきせつ》の問題《もんだい》から、新《あたら》しいトンネルの工事《こうじ》が計画《けいかく》されている。

ココに注目《ちゅうもく》

盛岡駅《もりおかえき》は、秋田新幹線《あきたしんかんせん》の始発駅《しはつえき》であり、ここで東北新幹線《とうほくしんかんせん》との連結《れんけつ》、切《き》り離《はな》し作業《さぎょう》が行《おこな》われる。新幹線《しんかんせん》の連結作業《れんけつさぎょう》は、開業以来続《かいぎょういらいつづ》く東北《とうほく》・秋田《あきた》新幹線《しんかんせん》の名物《めいぶつ》だ。

[基本《きほん》データ]

運営会社《うんえいがいしゃ》	JR東日本《ジェイアールひがしにほん》
走行車両《そうこうしゃりょう》	こまち
開業日《かいぎょうび》	1997年《ねん》3月《がつ》22日《にち》
駅《えき》の数《かず》	5
起点《きてん》	盛岡駅《もりおかえき》
終点《しゅうてん》	秋田駅《あきたえき》
最短所要時間《さいたんしょようじかん》	1時間《じかん》29分《ふん》
実《じっ》キロ	127.3km
営業《えいぎょう》キロ	127.3km
営業最高速度《えいぎょうさいこうそくど》	130km／h
1日《にち》あたりの運転本数《うんてんほんすう》	28本《ほん》（下《くだ》り・盛岡駅起点《もりおかえききてん》）
1日《にち》あたりの平均通過《へいきんつうか》人員《じんいん》	7024人《にん》（2023年度成績《ねんどせいせき》・在来線《ざいらいせん》を含《ふく》む）

○駅《えき》　━ 線路《せんろ》

トンネル（3000m以上《いじょう》のおもなトンネル）

ココに注目《ちゅうもく》

花火大会《はなびたいかい》も有名《ゆうめい》な大曲駅《おおまがりえき》。秋田新幹線《あきたしんかんせん》はこの駅《えき》を境《さかい》に田沢湖線《たざわこせん》と奥羽本線《おううほんせん》が切《き》り替《か》わるため、新幹線《しんかんせん》としては唯一《ゆいいつ》となるスイッチバックを行《おこな》い、それまでとは進行方向《しんこうほうこう》が逆《ぎゃく》になる。

福島《ふくしま》〜山形《やまがた》

JR《ジェイアール》東《ひがし》日本《にほん》 山《や》形《まがた》新《しん》幹《かん》線《せん》

絶景《ぜっけい》ポイント

新庄駅《しんじょうえき》の2階連絡通路《かいれんらくつうろ》からは、日本百名山《にほんひゃくめいざん》のひとつである「鳥海山《ちょうかいさん》」が見《み》える。秋田《あきた》と山形《やまがた》にまたがるそのきれいな裾野《すその》の広《ひろ》がりから「出羽富士《でわふじ》」とも呼《よ》ばれ、親《した》しまれている。

ココに注目《ちゅうもく》

赤湯駅《あかゆえき》付近《ふきん》になると、両側《りょうがわ》の車窓《しゃそう》で、山《やま》の斜面《しゃめん》に「ぶどう畑《ばたけ》」のビニールハウスが見《み》える。山形県《やまがたけん》は全国《ぜんこく》3位《い》のぶどう生産量《せいさんりょう》を誇《ほこ》り、南陽市《なんようし》赤湯《あかゆ》近辺《きんぺん》はとくに栽培《さいばい》が盛《さか》んな地域《ちいき》だ。

ココに注目《ちゅうもく》

福島駅《ふくしまえき》は、東北新幹線《とうほくしんかんせん》と山形新幹線《やまがたしんかんせん》の分岐点《ぶんきてん》。福島駅《ふくしまえき》で行《おこな》われる新幹線車両《しんかんせんしゃりょう》の連結《れんけつ》と切《き》り離《はな》しは見《み》どころ。また、1本《ぽん》しかなかった山形新幹《やまがたしんかん》線用《せんよう》のアプローチ線《せん》の上《のぼ》り用線路《ようせんろ》も建設中《けんせつちゅう》で、2026年度末《ねんどまつ》に完成《かんせい》する予定《よてい》だ。

［基本《きほん》データ］

運営会社《うんえいがいしゃ》	JR東日本《ジェイアールひがしにほん》
走行車両《そうこうしゃりょう》	つばさ
開業日《かいぎょうび》	1992年《ねん》7月《がつ》1日《にち》
駅《えき》の数《かず》	10
起点《きてん》	福島駅《ふくしまえき》
終点《しゅうてん》	新庄駅《しんじょうえき》
最短所要時間《さいたんしょようじかん》	1時間《じかん》46分《ふん》
実《じっ》キロ	148.6km
営業《えいぎょう》キロ	148.6km
営業最高速度《えいぎょうさいこうそくど》	130km／h
1日《にち》あたりの運転本数《うんてんほんすう》	28本《ほん》（下《くだ》り・福島駅起点《ふくしまえききてん》）
1日《にち》あたりの平均通過《へいきんつうか》人員《じんいん》	6684人《にん》（2023年度成績《ねんどせいせき》・在来線《ざいらいせん》を含《ふく》む）

○ 駅《えき》　━ 線路《せんろ》

トンネル（3000m以上《いじょう》のおもなトンネル）

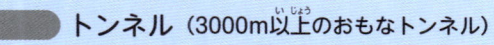

豊《ゆた》かな自然《しぜん》のなかを小《ちい》さな新幹線《しんかんせん》がかけ抜《ぬ》ける！

ひとくちコラム

さまざまな風景《ふうけい》と出会《であ》える旅《たび》

福島駅《ふくしまえき》と新庄駅《しんじょうえき》を結《むす》ぶ山形新幹線《やまがたしんかんせん》は、既《き》存《ぞん》の在来線《ざいらいせん》を活用《かつよう》した新在直通運転《しんざいちょくつううんてん》を行《おこな》う、いわゆるミニ新幹線《しんかんせん》の路線《ろせん》。そんな山形新幹線《やまがたしんかんせん》が走《はし》る路線《ろせん》では、さまざまな風景《ふうけい》を楽《たの》しめる。路線《ろせん》の名前《なまえ》にもなっている山形県《やまがたけん》では稲作《いなさく》のほかにもさくらんぼ、なし、ぶどうといった果物《くだもの》の栽培《さいばい》が盛《さか》んで、車窓《しゃそう》には田《た》んぼや低木《ていぼく》の並《なら》んだ果樹園《かじゅえん》がよく映《うつ》る。また東北地方《とうほくちほう》ということもあり、周囲《しゅうい》を囲《かこ》む雄大《ゆうだい》な山《やま》の姿《すがた》も見《み》どころである。

北海道《ほっかいどう》〜青森《あおもり》

JR北海道《ジェイアールほっかいどう》

北海道《ほっかいどう》新幹線《しんかんせん》

トンネルを通《とお》って北《きた》の大地《だいち》へ！

ひとくちコラム

北海道新幹線《ほっかいどうしんかんせん》の延伸計画《えんしんけいかく》〜札幌《さっぽろ》をめざして〜

2025年《ねん》1月現在《がつげんざい》、北海道新幹線《ほっかいどうしんかんせん》は札幌《さっぽろ》までの延伸工事《えんしんこうじ》を行《おこな》っている。札幌延伸《さっぽろえんしん》が実現《じつげん》すると、北海道最大《ほっかいどうさいだい》の都市《とし》である札幌《さっぽろ》と、東北《とうほく》、関東《かんとう》の主要都市《しゅようとし》との移動《いどう》が便利《べんり》になり、さらに札幌《さっぽろ》—函館間《はこだてかん》という北海道内《ほっかいどうない》の移動《いどう》も早《はや》くなる。また、ＪR北海道《ジェイアールほっかいどう》は東京《とうきょう》—札幌間《さっぽろかん》という長距離移動《ちょうきょりいどう》で利用者数《りようしゃすう》を増《ふ》やすため、新函館北斗《しんはこだてほくと》—札幌間《さっぽろかん》の最高速度《さいこうそくど》を260km／ hから320km／ hに引《ひ》き上《あ》げる改良工事《かいりょうこうじ》を計画《けいかく》している。

絶景《ぜっけい》ポイント

新函館北斗《しんはこだてほくと》の手前《てまえ》からトンネルに入《はい》るまでの間《あいだ》には函館山《はこだてやま》があらわれる。大《おお》きなカーブがあるため、Ａ席側《エーせきがわ》からもＥ席側《イーせきがわ》からも見《み》える。函館山《はこだてやま》から望《のぞ》むきれいな夜景《やけい》は大人気《だいにんき》だ。

ココに注目《ちゅうもく》

Ｅ席側《イーせきがわ》の遠《とお》くに、不思議《ふしぎ》な形《かたち》の山頂《さんちょう》を持《も》った山《やま》が見《み》える。これは標高《ひょうこう》1131mの北海道駒ケ岳《ほっかいどうこまがたけ》だ。Ｅ席側《イーせきがわ》は函館山《はこだてやま》も北海道駒ケ岳《ほっかいどうこまがたけ》も見《み》ることができてお得《とく》。

［基本《きほん》データ］

運営会社《うんえいがいしゃ》	ＪR北海道《ジェイアールほっかいどう》
走行車両《そうこうしゃりょう》	はやぶさ、はやて
開業日《かいぎょうび》	2016年《ねん》3月《がつ》26日《にち》
駅《えき》の数《かず》	4
起点《きてん》	新青森駅《しんあおもりえき》
終点《しゅうてん》	新函館北斗駅《しんはこだてほくとえき》
最短所要時間《さいたんしょようじかん》	57分《ふん》
実《じっ》キロ	148.8km
営業《えいぎょう》キロ	148.8km
営業最高速度《えいぎょうさいこうそくど》	260km／ h
1日《にち》あたりの運転本数《うんてんほんすう》	15本《ほん》（下《くだ》り・新青森駅起点《しんあおもりえききてん》）
1日《にち》あたりの平均通過《へいきんつうか》人員《じんいん》	4391人《にん》（2023年度成績《ねんどせいせき》）

○ 駅《えき》　━ 線路《せんろ》

トンネル（3000m以上《いじょう》のおもなトンネル）

ひとくちコラム

ついに新幹線《しんかんせん》は北海道《ほっかいどう》へ

北海道新幹線《ほっかいどうしんかんせん》は新青森《しんあおもり》—新函館北斗《しんはこだてほくと》を結《むす》ぶ路線《ろせん》で、開業《かいぎょう》は2016年《ねん》。東北新幹線《とうほくしんかんせん》と直通運転《ちょくつううんてん》を行《おこな》っている。営業最高速度《えいぎょうさいこうそくど》は260㎞／hだが、青函《せいかん》トンネル内《ない》は貨物列車《かもつれっしゃ》も通《とお》るため、安全《あんぜん》を考慮《こうりょ》して原則《げんそく》160㎞／hに抑《おさ》えて走《はし》る。ただし、2020年度以降《ねんどいこう》、混雑期《こんざつき》に限《かぎ》り、貨物列車《かもつれっしゃ》と新幹線列車《しんかんせんれっしゃ》の走行時間《そうこうじかん》を分《わ》けて青函《せいかん》トンネル内《ない》でも高速走行《こうそくそうこう》を開始《かいし》。2024年《ねん》のゴールデンウィークには青函《せいかん》トンネル内《ない》でも最高《さいこう》260㎞／hで走《はし》るダイヤが組《く》まれた。

ココに注目《ちゅうもく》

青函《せいかん》トンネルは、本州《ほんしゅう》と北海道《ほっかいどう》を結《むす》ぶ世界《せかい》でいちばん長《なが》い海底鉄道《かいていてつどう》トンネル。前後《ぜんご》にもトンネルがあるのでわかりづらいが、青函《せいかん》トンネルに入《はい》ったときはアナウンスが流《なが》れる。

埼玉《さいたま》～新潟《にいがた》

JR東日本《ジェイアールひがしにほん》

上越新幹線《じょうえつしんかんせん》

太平洋《たいへいよう》と日本海《にほんかい》をつないで走《はし》る！

絶景《ぜっけい》ポイント

新潟駅《にいがたえき》の近《ちか》くのA席側《エーせきがわ》では、大《おお》きなスタジアムが見《み》える。「デンカビッグスワンスタジアム」は、収容人数約《しゅうようにんずうやく》４万《まん》2300人《にん》の、日本海側最大級《にほんかいがわさいだいきゅう》のスタジアムだ。

ココに注目《ちゅうもく》

ガーラ湯沢駅《ゆざわえき》は、新幹線唯一《しんかんせんゆいいつ》の「臨時駅《りんじえき》」。ガーラ湯沢《ゆざわ》スキー場《じょう》に直結《ちょっけつ》しており、冬季《とうき》のみ営業《えいぎょう》される。列車《れっしゃ》は越後湯沢駅《えちごゆざわえき》を出《で》ると上越新幹線《じょうえつしんかんせん》から分岐《ぶんき》し、約《やく》３分《ふん》かけて支線《しせん》を走《はし》りこの駅《えき》へと向《む》かう。営業《えいぎょう》キロは1.8㎞。

絶景《ぜっけい》ポイント

大宮駅《おおみやえき》で東北新幹線《とうほくしんかんせん》と分岐《ぶんき》すると、上越新幹線《じょうえつしんかんせん》は埼玉県《さいたまけん》の熊谷駅《くまがやえき》へと向《む》かう。その途中《とちゅう》ではE《イー》席側《せきがわ》に富士山《ふじさん》が見《み》られる。

［基本《きほん》データ］

運営会社《うんえいがいしゃ》	ＪＲ東日本《ジェイアールひがしにほん》
走行車両《そうこうしゃりょう》	とき、たにがわ、かがやき、はくたか、あさま
開業日《かいぎょうび》	1982年《ねん》11月《がつ》15日《にち》
駅《えき》の数《かず》	10
起点《きてん》	大宮駅《おおみやえき》
終点《しゅうてん》	新潟駅《にいがたえき》
最短所要時間《さいたんしょようじかん》	1時間《じかん》７分《ふん》
実《じっ》キロ	269.5㎞
営業《えいぎょう》キロ	303.6㎞
営業最高速度《えいぎょうさいこうそくど》	275㎞／ h
１日《にち》あたりの運転本数《うんてんほんすう》	56本《ほん》（下《くだ》り・東京駅起点《とうきょうえききてん》）
１日《にち》あたりの平均通過《へいきんつうか》人員《じんいん》	４万《まん》1191人《にん》（2023年度成績《ねんどせいせき》）

○ 駅《えき》　━ 線路《せんろ》

トンネル（3000m以上《いじょう》のおもなトンネル）

とき 新潟《にいがた》
時間《じかん》：約《やく》12分《ふん》
営業《えいぎょう》キロ：40.1km
とき 燕三条《つばめさんじょう》
時間《じかん》：約《やく》9分《ふん》
営業《えいぎょう》キロ：23.2km
とき 長岡《ながおか》
魚沼《うおぬま》トンネル(8625m)
時間《じかん》：約《やく》11分《ふん》
営業《えいぎょう》キロ：41.7km
浦佐《うらさ》トンネル(6087m)
とき 浦佐《うらさ》
塩沢《しおさわ》トンネル(11217m)
時間《じかん》：約《やく》10分《ふん》
営業《えいぎょう》キロ：29.7km
石打《いしうち》トンネル(3109m)
湯沢《ゆざわ》トンネル(4480m)
ガーラ湯沢《ゆざわ》 たにがわ
越後湯沢《えちごゆざわ》
とき、たにがわ
大清水《おおしみず》トンネル(22221m)
時間《じかん》：約《やく》12分《ふん》
営業《えいぎょう》キロ：47.6km
月夜野《つきよの》トンネル(7295m)
とき、たにがわ 上毛高原《じょうもうこうげん》
中山《なかやま》トンネル(14857m)
時間《じかん》：約《やく》15分《ふん》
営業《えいぎょう》キロ：46.6km
榛名《はるな》トンネル(15350m)
時間《じかん》：約《やく》8分《ふん》
営業《えいぎょう》キロ：19.0km
とき、たにがわ 高崎《たかさき》
時間《じかん》：約《やく》9分《ふん》
営業《えいぎょう》キロ：21.3km
とき、たにがわ 本庄早稲田《ほんじょうわせだ》
時間《じかん》：約《やく》12分《ふん》
営業《えいぎょう》キロ：34.4km
とき、たにがわ 熊谷《くまがや》
とき、たにがわ 大宮《おおみや》
東京《とうきょう》―大宮《おおみや》は東北新幹線《とうほくしんかんせん》との直通運転《ちょくつううんてん》を行《おこな》っている
時間《じかん》：約《やく》18分《ふん》
営業《えいぎょう》キロ：26.7km
上野《うえの》
時間《じかん》：約《やく》5分《ふん》
営業《えいぎょう》キロ：3.6km
東京《とうきょう》

東京《とうきょう》〜福井《ふくい》

北陸新幹線《ほくりくしんかんせん》

ＪＲ東日本《ジェイアールひがしにほん》、ＪＲ西日本《ジェイアールにしにほん》

北陸《ほくりく》を横断《おうだん》！

ココに注目《ちゅうもく》

長野駅《ながのえき》から金沢方面《かなざわほうめん》へ少《すこ》し進《すす》んだところには、在来線《ざいらいせん》の「長野総合車両《ながのそうごうしゃりょう》センター」と新幹線《しんかんせん》の「長野新幹線車両《ながのしんかんせんしゃりょう》センター」がある。総合《そうごう》車両《しゃりょう》センターはＡ席側《エーせきがわ》、新幹線車両《しんかんせんしゃりょう》センターはＥ席側《イーせきがわ》だ。

ココに注目《ちゅうもく》

高崎駅《たかさきえき》の前後《ぜんご》からＥ席側《イーせきがわ》に見《み》える不思議《ふしぎ》な山頂《さんちょう》を持《も》つ山《やま》は、「妙義山《みょうぎさん》」だ。上毛三山《じょうもうさんざん》のひとつに数《かぞ》えられ、その岩山《いわやま》の形《かたち》から日本三大奇勝《にほんさんだいきしょう》のひとつにもされている。

［基本《きほん》データ］

運営会社《うんえいがいしゃ》	ＪＲ東日本《ジェイアールひがしにほん》、ＪＲ西日本《ジェイアールにしにほん》
走行車両《そうこうしゃりょう》	かがやき、はくたか、あさま、つるぎ
開業日《かいぎょうび》	1997年《ねん》10月《がつ》１日《にち》
駅《えき》の数《かず》	19
起点《きてん》	高崎駅《たかさきえき》
終点《しゅうてん》	敦賀駅《つるがえき》
最短所要時間《さいたんしょようじかん》	２時間《じかん》43分《ふん》
実《じっ》キロ	470.6km
営業《えいぎょう》キロ	470.6km
営業最高速度《えいぎょうさいこうそくど》	260km／h
１日《にち》あたりの運転本数《うんてんほんすう》	66本《ほん》（下《くだ》り・上野駅起点《うえのえききてん》）
１日《にち》あたりの平均通過人員《へいきんつうかじんいん》	２万《まん》8193人《にん》（2023年度成績《ねんどせいせき》）

○ 駅《えき》　━ 線路《せんろ》

トンネル（3000m以上《いじょう》のおもなトンネル）

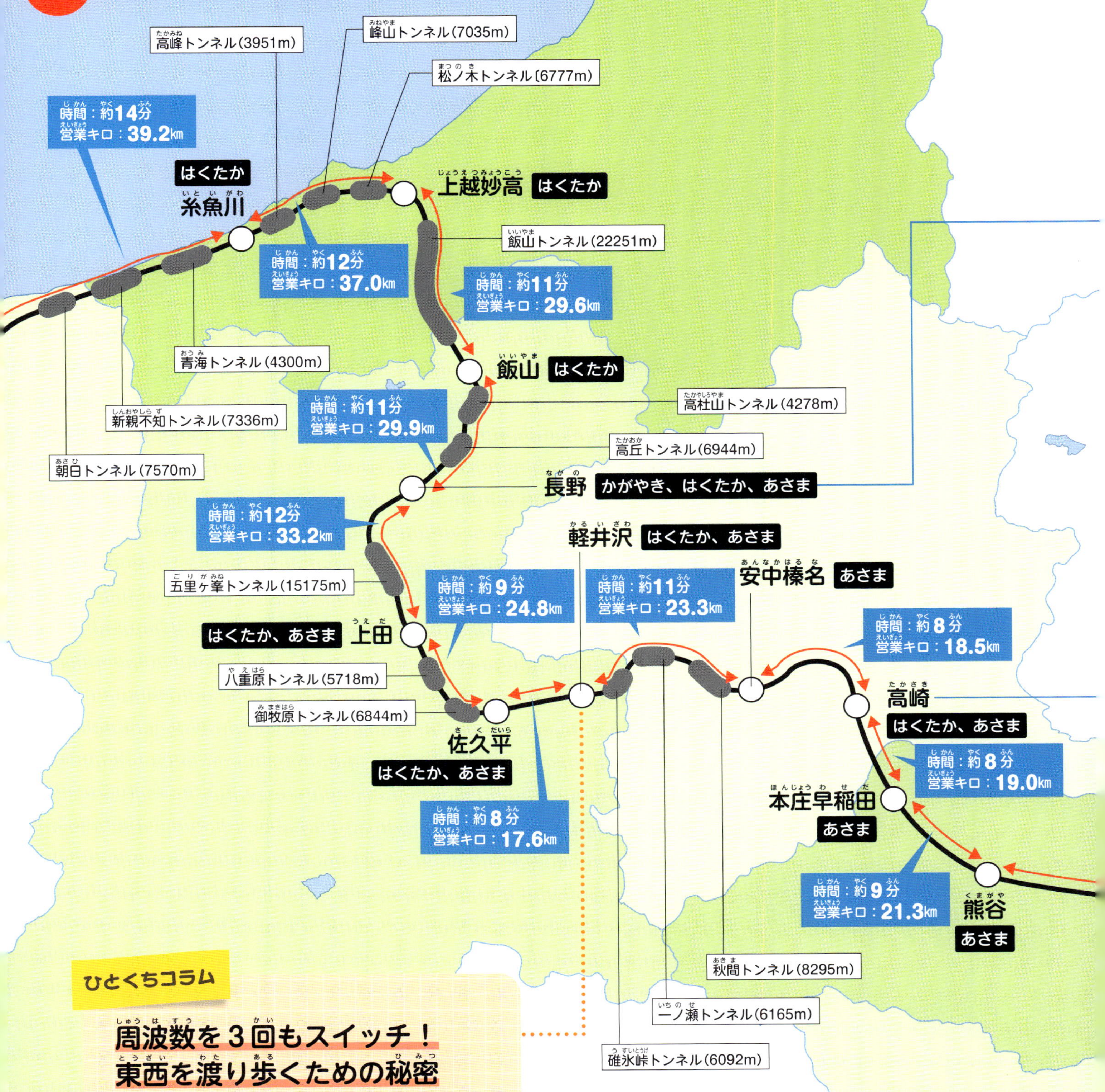

ひとくちコラム

周波数《しゅうはすう》を3回《かい》もスイッチ！ 東西《とうざい》を渡《わた》り歩《ある》くための秘密《ひみつ》

北陸新幹線《ほくりくしんかんせん》は、上越妙高駅《じょうえつみょうこうえき》を境《さかい》に東京側《とうきょうがわ》がＪＲ東日本《ジェイアールひがしにほん》、大阪側《おおさかがわ》がＪＲ西日本《ジェイアールにしにほん》の管轄《かんかつ》になっている。ひとつの路線《ろせん》を２つの会社《かいしゃ》で管理《かんり》する唯一《ゆいいつ》の新幹線《しんかんせん》だ。東西《とうざい》では電源周波数《でんげんしゅうはすう》が異《こと》なり、一般的《いっぱんてき》に東日本《ひがしにほん》は50ヘルツ、西日本《にしにほん》は60ヘルツで運行《うんこう》される。北陸《ほくりく》新幹線《しんかんせん》はこの周波数《しゅうはすう》が切《き》り替《か》わる境界付近《きょうかいふきん》を走《はし》る都合上《つごうじょう》、軽井沢《かるいざわ》―糸魚川《いといがわ》あたりで３回《かい》、周波数切《しゅうはすうき》りかえのスイッチを行《おこな》う。この作業《さぎょう》は、東西《とうざい》を渡《わた》って走《はし》るための重要《じゅうよう》な任務《にんむ》だ。

ひとくちコラム

駅名《えきめい》を観光資源《かんこうしげん》へ 北陸新幹線《ほくりくしんかんせん》の温泉駅《おんせんえき》

北陸新幹線《ほくりくしんかんせん》の路線図《ろせんず》を見《み》てみると、黒部宇奈月温泉駅《くろべうなづきおんせんえき》、加賀温《かがおん》泉駅《せんえき》、芦原温泉駅《あわらおんせんえき》と「温泉《おんせん》」がついた駅《えき》が３つもあることに気《き》づく。2025年《ねん》１月現在《がつげんざい》、「温泉《おんせん》」とついた新幹線駅《しんかんせんえき》は上記《じょうき》の３駅《えき》を含《ふく》む計《けい》６駅《えき》。日本政策投資銀行北陸支店《にほんせいさくとうしぎんこうほくりくしてん》が「各県《かくけん》の温泉地《おんせんち》が新幹線《しんかんせん》でつながる「温泉《おんせん》」こそ、北陸《ほくりく》が一体感《いったいかん》を持《も》って打《う》ち出《だ》すことができる地域資源《ちいきしげん》である」というレポートを出《だ》すなど、駅名《えきめい》を利用《りよう》した観光《かんこう》の活性化《かっせいか》が期待《きたい》されている。

ココに注目《ちゅうもく》

2024年《ねん》３月《がつ》の延伸《えんしん》にて、北陸新幹線《ほくりくしんかんせん》の暫定的《ざんていてき》な終点《しゅうてん》となった敦賀駅《つるがえき》。駅付近《えきふきん》のＡ席側《エーせきがわ》からは、敦賀湾《つるがわん》を囲《かこ》む街並《まちな》みを眺《なが》められる。

シャッターチャンス！

2015年《ねん》の３月《がつ》、北陸新幹《ほくりくしんかん》線《せん》の延伸《えんしん》によって「金沢《かなざわ》駅《えき》」は新幹線駅《しんかんせんえき》になった。鼓門《つづみもん》・もてなしドームなど駅《えき》そのものもユニークながら、市内《しない》の観光地《かんこうち》も近《ちか》くに集中《しゅうちゅう》している。

絶景《ぜっけい》ポイント

小松《こまつ》―加賀温泉間《かがおんせんかん》の途中《とちゅう》、E席側《イーせきがわ》のそばに見《み》える湖《みずうみ》は「木場潟《きばがた》」だ。空気《くうき》の澄《す》んだ晴《は》れの日《ひ》にはその木場《きば》潟《がた》の奥《おく》に霊峰《れいほう》と名高《なだか》い白山《はくさん》が壮大《そうだい》にそびえ立《た》つ景色《けしき》が楽《たの》しめる。

東《とう》西《ざい》をまたにかけて
広《ひろ》い範《はん》囲《い》で活《かつ》躍《やく》を見《み》せる！

九州新幹線《きゅうしゅうしんかんせん》

福岡《ふくおか》〜鹿児島《かごしま》

西九州新幹線《にしきゅうしゅうしんかんせん》

佐賀《さが》〜長崎《ながさき》

ＪＲ九州《ジェイアールきゅうしゅう》

ココに注目《ちゅうもく》

博多駅《はかたえき》を過《す》ぎて少《すこ》しのところで、Ａ席側《エーせきがわ》に大《おお》きな新幹線《しんかんせん》の車両基地《しゃりょうきち》が見《み》えてくる。この「博多《はかた》総合車両所《そうごうしゃりょうしょ》」はＪＲ西日本《ジェイアールにしにほん》の新幹線車両基地《しんかんせんしゃりょうきち》で、ＪＲ西日本《ジェイアールにしにほん》が所有《しょゆう》する新幹線《しんかんせん》が並《なら》ぶ様子《ようす》が見《み》られる。

［西九州新幹線基本《にしきゅうしゅうしんかんせんきほん》データ］

運営会社《うんえいがいしゃ》	ＪＲ九州《ジェイアールきゅうしゅう》
走行車両《そうこうしゃりょう》	かもめ
開業日《かいぎょうび》	2022年《ねん》９月《がつ》23日《にち》
駅《えき》の数《かず》	5
起点《きてん》	長崎駅《ながさきえき》
終点《しゅうてん》	武雄温泉駅《たけおおんせんえき》
最短所要時間《さいたんしょようじかん》	23分《ふん》
実《じっ》キロ	66.0km
営業《えいぎょう》キロ	69.6km
営業最高速度《えいぎょうさいこうそくど》	260km／h
１日《にち》あたりの運転本数《うんてんほんすう》	27本《ほん》（上《のぼ》り・長崎駅起点《ながさきえききてん》）
１日《にち》あたりの平均通過《へいきんつうか》人員《じんいん》	6329人《にん》（2023年度成績《ねんどせいせき》）

［九州新幹線基本《きゅうしゅうしんかんせんきほん》データ］

運営会社《うんえいがいしゃ》	ＪＲ九州《ジェイアールきゅうしゅう》
走行車両《そうこうしゃりょう》	みずほ、さくら、つばめ
開業日《かいぎょうび》	2004年《ねん》３月《がつ》13日《にち》
駅《えき》の数《かず》	12
起点《きてん》	博多駅《はかたえき》
終点《しゅうてん》	鹿児島中央駅《かごしまちゅうおうえき》
最短所要時間《さいたんしょようじかん》	１時間《じかん》16分《ふん》
実《じっ》キロ	256.8km
営業《えいぎょう》キロ	288.9km
営業最高速度《えいぎょうさいこうそくど》	260km／h
１日《にち》あたりの運転本数《うんてんほんすう》	56本《ほん》（下《くだ》り・博多駅起点《はかたえききてん》）
１日《にち》あたりの平均通過《へいきんつうか》人員《じんいん》	１万《まん》7004人《にん》（2023年度成績《ねんどせいせき》）

○駅《えき》　━ 線路《せんろ》　トンネル（3000m以上《いじょう》）

トンネル（3000m以上《いじょう》のおもなトンネル）

九《きゅう》州《しゅう》の南《なん》北《ぼく》を結《むす》ぶ！

ひとくちコラム

どうなる？ つながる？
九州新幹線《きゅうしゅうしんかんせん》と西九州新幹線《にしきゅうしゅうしんかんせん》

2022年《ねん》に開業《かいぎょう》した西九州新幹線《にしきゅうしゅうしんかんせん》は長崎《ながさき》―武雄温泉《たけおおんせん》間《かん》で運行《うんこう》している。もともとの計画《けいかく》では九州新幹線《きゅうしゅうしんかんせん》とつながるはずだったが、工事《こうじ》のめどが立《た》たず、長《なが》らく「離《はな》れ小島《こじま》」の状態《じょうたい》が続《つづ》いている。2025年《ねん》1月現在《がつげんざい》、長崎自動車道《ながさきじどうしゃどう》沿《ぞ》いを走《はし》り新鳥栖《しんとす》と武雄温泉《たけおおんせん》を結《むす》ぶ「北《きた》ルート」、佐賀駅《さがえき》を通《とお》って新鳥栖《しんとす》と武雄《たけお》温泉《おんせん》を結《むす》ぶ「中央《ちゅうおう》ルート」、佐賀空港《さがくうこう》を経由《けいゆ》し筑後《ちくご》船小屋《ふなごや》と武雄温泉《たけおおんせん》を結《むす》ぶ「南《みなみ》ルート」の3案《あん》があり、関係者間《かんけいしゃかん》で協議《きょうぎ》が行《おこな》われている。

東京《とうきょう》～愛知《あいち》

JR東海《ジェイアールとうかい》

リニア中《ちゅう》央《おう》新《しん》幹《かん》線《せん》（予《よ》定《てい》）

ひとくちコラム

トンネル工事《こうじ》の推進《すいしん》と環境《かんきょう》保《ほ》護《ご》の両立《りょうりつ》

リニア中央新幹線《ちゅうおうしんかんせん》の長《なが》さは285.6kmで、このうち86%が地下《ちか》深《ふか》くを通《とお》るトンネル区間《くかん》になるといわれている。静岡県域《しずおかけんいき》でも「南《みなみ》アルプストンネル（仮称《かしょう》）」が通過《つうか》する予定《よてい》だが、この区間《くかん》は大井川水系《おおいがわすいけい》の源流域《げんりゅういき》と重《かさ》なるため、静岡県《しずおかけん》からは大井川《おおいがわ》の水資源《みずしげん》への影響《えいきょう》などの環境《かんきょう》に関《かん》する心配《しんぱい》の声《こえ》が上《あ》がった。2024年《ねん》６月《がつ》に掘削工事《くっさくこうじ》が容認《ようにん》された際《さい》には、「健全《けんぜん》な水循環《みずじゅんかん》の回復措置《かいふくそち》」をとることなどの条件《じょうけん》がつけられた。

［基本《きほん》データ］

運営会社《うんえいがいしゃ》	ＪＲ東海《ジェイアールとうかい》
走行車両《そうこうしゃりょう》	リニアモーターカー
開業日《かいぎょうび》	未定《みてい》
駅《えき》の数《かず》	6
起点《きてん》	品川駅《しながわえき》
終点《しゅうてん》	名古屋駅《なごやえき》
最短所要時間《さいたんしょようじかん》	約《やく》40分《ふん》
実《じっ》キロ	285.6km
営業《えいぎょう》キロ	285.6km
営業最高速度《えいぎょうさいこうそくど》	500km／ h
１日《にち》あたりの運転本数《うんてんほんすう》	未定
１日《にち》あたりの平均通過《へいきんつうか》人員《じんいん》	—

○ 駅《えき》　━ 線路《せんろ》

「夢《ゆめ》の超特急《ちょうとっきゅう》」で さらなる高速輸送《こうそくゆそう》が実現《じつげん》？

ココに注目《ちゅうもく》

品川《しながわ》―名古屋《なごや》を結《むす》ぶリニア中央新幹線《ちゅうおうしんかんせん》。当初《とうしょ》は2027年完成予定《ねんかんせいよてい》だったが、工事《こうじ》の遅《おく》れなどにより、2034年以降《ねんいこう》の開業《かいぎょう》になる見通《みとお》し。開業後《かいぎょうご》は50年間《ねんかん》で約《やく》10.7兆円《ちょうえん》という大《おお》きな経済効果《けいざいこうか》を生《う》むとされていて、今後《こんご》の展開《てんかい》に注目《ちゅうもく》だ。

長野県飯田市《ながのけんいいだし》

2024年《ねん》8月《がつ》、資材運搬用《しざいうんぱんよう》のモノレールが衝突《しょうとつ》し火災《かさい》が発生《はっせい》。工事《こうじ》が一時中断《いちじちゅうだん》

岐阜県瑞浪市《ぎふけんみずなみし》

2024年《ねん》8月以降《がついこう》、工事地域《こうじちいき》周辺《しゅうへん》で地盤沈下《じばんちんか》が確認《かくにん》されている。工事《こうじ》が一時中断《いちじちゅうだん》

岐阜県多治見市《ぎふけんたじみし》

2024年《ねん》7月《がつ》、工事中《こうじちゅう》に岩《いわ》が崩《くず》れて作業員《さぎょういん》があごの骨《ほね》を折《お》るなどのけがを負《お》う。工《こう》事《じ》が一時中断《いちじちゅうだん》

第《だい》3章《しょう》

新《しん》幹《かん》線《せん》の駅《えき》のひみつ

新幹線《しんかんせん》に乗《の》るときに必《かなら》ず利用《りよう》するのが「駅《えき》」。
小《ちい》さな駅《えき》から大《おお》きな駅《えき》まで、その規模《きぼ》はさまざまだ。
乗降客数《じょうこうきゃくすう》や乗《の》り入《い》れる路線《ろせん》の数《かず》・種類《しゅるい》もそれぞれ異《こと》なる。各駅《かくえき》の情報《じょうほう》を見比《みくら》べてみよう。

乗客《じょうきゃく》の数《かず》で見《み》る

乗降客数《じょうこうきゃくすう》ベスト10

利用者《りようしゃ》が多《おお》い駅《えき》はどこだろう？

利用者《りようしゃ》の数《かず》を駅《えき》ごとに比《くら》べてみよう！

1位 乗降客数 東京駅《とうきょうえき》 31万《まん》3099人《にん》

新幹線網《しんかんせんもう》の最大《さいだい》の拠点《きょてん》！

東京駅《とうきょうえき》は、東京都千代田区《とうきょうとちよだく》にある14面《めん》28線《せん》を有《ゆう》する大《だい》ターミナル駅《えき》だ。東海道新幹線《とうかいどうしんかんせん》と東北新幹線《とうほくしんかんせん》の起点《きてん》で、新幹線網《しんかんせんもう》における最大《さいだい》の拠点《きょてん》となっている。また、東海道本線《とうかいどうほんせん》や東北本線《とうほくほんせん》などの起点駅《きてんえき》でもあり、1日《にち》あたりの発着本数《はっちゃくほんすう》は約《やく》3000本《ほん》という多《おお》さを誇《ほこ》る。プラットホームの数《かず》は日本一多《にほんいちおお》く、面積《めんせき》は約《やく》4万《まん》6800平方《へいほう》メートル。

ポイント

有名《ゆうめい》な建築家《けんちくか》である辰野金吾《たつのきんご》らが設計《せっけい》！

赤《あか》レンガがトレードマーク

赤《あか》レンガづくりが有名《ゆうめい》な丸《まる》の内口駅舎《うちぐちえきしゃ》は1914年《ねん》に竣工《しゅんこう》した。この駅舎《えきしゃ》は2003年《ねん》に国《くに》の重要文化財《じゅうようぶんかざい》に指定《してい》されており、「関東《かんとう》の駅百選《えきひゃくせん》」にも認定《にんてい》されている。重要文化財指定《じゅうようぶんかざいしてい》の駅建築物《えきけんちくぶつ》は東京駅《とうきょうえき》と福岡県北九州市《ふくおかけんきたきゅうしゅうし》の門司港駅《もじこうえき》のみだ。なお東北新幹線《とうほくしんかんせん》ホームは1面《めん》2線《せん》であったが、1997年《ねん》に2面《めん》4線《せん》になった。

多《おお》くの人《ひと》がつどう日本《にほん》の中枢《ちゅうすう》・東京駅《とうきょうえき》

全国《ぜんこく》で1日数十万人《にちすうじゅうまんにん》が利用《りよう》する新幹線《しんかんせん》。

乗降客数《じょうこうきゃくすう》がいちばん多《おお》いのは東京駅《とうきょうえき》だ。東海道《とうかいどう》新幹線《しんかんせん》の乗降客《じょうこうきゃく》だけで18万人《まんにん》もいる。東北新幹《とうほくしんかん》線《せん》の乗降客《じょうこうきゃく》13万人《まんにん》と合《あ》わせると、じつに31万人《まんにん》もの人《ひと》が新幹線《しんかんせん》に乗《の》るために東京駅《とうきょうえき》を行《い》き交《か》っているわけだ。

31万人《まんにん》というと三重県《みえけん》四日市市《よっかいちし》の人口《じんこう》と同《おな》じくらいであり、いかに多《おお》くの人《ひと》が新幹線《しんかんせん》を利用《りよう》しているかがわかる。

乗降客《じょうこうきゃく》の数《かぞ》え方《かた》が会社《かいしゃ》ごとに違《ちが》う

乗降客数《じょうこうきゃくすう》が上位《じょうい》にくる駅《えき》は在来線《ざいらいせん》も複数乗《ふくすうの》り入《い》れていることが多《おお》いので、さらに多《おお》くの人《ひと》が行《い》き交《か》っている。

鉄道会社《てつどうがいしゃ》によって乗降《じょうこう》客数《きゃくすう》の出《だ》し方《かた》が異《こと》なるので、その点《てん》は注意《ちゅうい》してほしい。博多駅《はかたえき》は在来線《ざいらいせん》の乗客《じょうきゃく》も含《ふく》むため、新幹線《しんかんせん》の乗降客《じょうこうきゃく》だけに絞《しぼ》ると新《しん》大阪駅《おおさかえき》のほうが多《おお》い。

2位 乗降客数 博多駅《はかたえき》 25万《まん》5406人《にん》※

九州《きゅうしゅう》の玄関口《げんかんぐち》！ 在来線《ざいらいせん》利用者《りようしゃ》も多《おお》い駅《えき》

博多駅《はかたえき》は1889年《ねん》12月《がつ》に開業《かいぎょう》した福岡県福岡市博多区《ふくおかけんふくおかしはかたく》にある、8面《めん》16線《せん》の一大《いちだい》ターミナル駅《えき》。おもに九州新幹線《きゅうしゅうしんかんせん》や在来線《ざいらいせん》を利用《りよう》する人《ひと》が多《おお》く、山陽新幹線《さんようしんかんせん》を利用《りよう》する人《ひと》は少《すく》ない。

駅《えき》にはＪＲ博多《ジェイアールはかた》シティアミュプラザ博多《はかた》という駅《えき》ビルが併設《へいせつ》され、大《おお》きくにぎわっている。博多駅《はかたえき》の１・２番線《ばんせん》のりばと５・６番線《ばんせん》のりばには、ホーム上《じょう》にしては珍《めずら》しくとんこつラーメンを出《だ》すラーメン屋《や》がある。

※ランキングの人数《にんずう》には在来線《ざいらいせん》も含《ふく》む。山陽新幹線《さんようしんかんせん》は乗車人員《じょうしゃじんいん》×２で算出《さんしゅつ》

3位 乗降客数 新大阪駅《しんおおさかえき》 15万《まん》8539人《にん》※

延伸《えんしん》や新《あたら》しい新幹線《しんかんせん》の登場《とうじょう》で より利用者《りようしゃ》が増《ふ》える可能性《かのうせい》あり！

新大阪駅《しんおおさかえき》は1964年《ねん》10月《がつ》１日《にち》の新幹線開通《しんかんせんかいつう》と同時《どうじ》に開業《かいぎょう》した、大阪府大阪市淀川区《おおさかふおおさかしよどがわく》にある10面《めん》18線《せん》のターミナル駅《えき》。ＪＲ《ジェイアール》のほか、大阪《おおさか》メトロの御堂筋線《みどうすじせん》も乗《の》り入《い》れている。東海道新幹線《とうかいどうしんかんせん》の終点《しゅうてん》および山陽新幹線《さんようしんかんせん》の起点《きてん》とし、九州新幹線《きゅうしゅうしんかんせん》も乗《の》り入《い》れてきて、営業列車《えいぎょうれっしゃ》は全列車《ぜんれっしゃ》が停車《ていしゃ》する。さらに、現在建設中《げんざいけんせつちゅう》の北陸新幹線《ほくりくしんかんせん》とリニア中央新幹線《ちゅうおうしんかんせん》も当駅《とうえき》が終着《しゅうちゃく》になる予定《よてい》であり、乗《の》り入《い》れが始《はじ》まったらさらに利用者数《りようしゃすう》が多《おお》くなると予想《よそう》される。

※ランキングの人数《にんずう》は東海道新幹線《とうかいどうしんかんせん》の乗降客数《じょうこうきゃくすう》のみ

4位 乗降客数 名古屋駅《なごやえき》 13万《まん》2912人《にん》

ポイント
「名駅《めいえき》」という名前《なまえ》で親《した》しまれているよ！

背《せ》の高《たか》い駅《えき》ビルも有名《ゆうめい》な 中部地方《ちゅうぶちほう》における鉄道網《てつどうもう》の拠点《きょてん》

名古屋駅《なごやえき》は1886年《ねん》５月《がつ》１日《にち》に開業《かいぎょう》した愛知県名古屋市中村区《あいちけんなごやしなかむらく》にある８面《めん》16線《せん》を有《ゆう》するターミナル駅《えき》。名古屋駅《なごやえき》といえば、ＪＲ《ジェイアール》セントラルタワーズだろう。名古屋駅《なごやえき》に併設《へいせつ》されている超高層《ちょうこうそう》の駅《えき》ビルで、２つのビルをあわせてＪＲ《ジェイアール》セントラルタワーズと呼《よ》ぶ。見上《みあ》げないと全貌《ぜんぼう》が把握《はあく》できないほどで、その高《たか》さは245mにもなる。また、駅《えき》のホーム上《じょう》には名古屋名物《なごやめいぶつ》のきしめんが食《た》べられる立《た》ち食《ぐ》いの店《みせ》がある。在来線《ざいらいせん》だけでなく新幹線《しんかんせん》のホームにもあるので要《よう》チェックだ。

5位 ★★★ 乗降客数

広島駅《ひろしまえき》

12万《まん》6430人《にん》※

繁華街《はんかがい》からは距離《きょり》があるものの駅周辺《えきしゅうへん》の開発《かいはつ》にも期待《きたい》

広島駅《ひろしまえき》は1894年《ねん》６月《がつ》10日《にち》に開業《かいぎょう》した広島市南区松原町《ひろしましみなみくまつばらちょう》にある６面《めん》14線《せん》を有《ゆう》する駅《えき》。山陽新幹線《さんようしんかんせん》のすべての営業列車《えいぎょうれっしゃ》が停車《ていしゃ》し、乗車《じょうしゃ》人員数《じんいんすう》は中国《ちゅうごく》・四国地方《しこくちほう》で第《だい》１位《い》、ＪＲ西日本管内《ジェイアールにしにほんかんない》では第《だい》７位《い》と、山陽本線《さんようほんせん》の駅《えき》のなかでは最《もっと》も利用者数《りようしゃすう》が多《おお》い。

広島市《ひろしまし》の繁華街《はんかがい》からはやや離《はな》れた位置《いち》にあるため、路面電車《ろめんでんしゃ》やバスに乗《の》りかえる必要《ひつよう》がある。一方《いっぽう》で近年《きんねん》は駅《えき》の南北《なんぼく》にて市街地再《しがいちさい》開発事業《かいはつじぎょう》や進展《しんてん》している。

※ランキングの人数《にんずう》には在来線《ざいらいせん》も含《ふく》む。山陽新幹線《さんようしんかんせん》は乗車人員《じょうしゃじんいん》×２で算出《さんしゅつ》

6位 ★★★ 乗降客数

岡山駅《おかやまえき》

9万《まん》7964人《にん》※

中国《ちゅうごく》・四国地方《しこくちほう》の交通《こうつう》を広範囲《こうはんい》で支《ささ》える

岡山駅《おかやまえき》は1891年《ねん》３月《がつ》18日《にち》に開業《かいぎょう》した岡山市北区駅元町《おかやましきたくえきもとまち》にある６面《めん》14線《せん》を有《ゆう》する駅《えき》。東海道《とうかいどう》・山陽新幹線全列車《さんようしんかんせんぜんれっしゃ》および四国《しこく》・山陰各《さんいんかく》方面《ほうめん》の列車《れっしゃ》が停車《ていしゃ》する。四国《しこく》・山陰各方面《さんいんかくほうめん》への広域旅客輸送《こういきりょかくゆそう》の中《ちゅう》心駅《しんえき》としての役割《やくわり》を担《にな》っており、中国《ちゅうごく》・四国地方随一《しこくちほうずいいち》の鉄道交通《てつどうこうつう》の要衝《ようしょう》となっている。なお市内中心部《しないちゅうしんぶ》へのアクセスは路面電車《ろめんでんしゃ》の岡山電気軌道《おかやまでんききどう》や路線《ろせん》バスが担《にな》う。

駅《えき》ナカ商業施設《しょうぎょうしせつ》には「サンステーションテラス岡山《おかやま》」がある。

※ランキングの人数《にんずう》には在来線《ざいらいせん》も含《ふく》む。山陽新幹線《さんようしんかんせん》は乗車人員《じょうしゃじんいん》×２で算出《さんしゅつ》

7位 ★★★ 乗降客数

姫路駅《ひめじえき》

9万《まん》1574人《にん》※

ポイント

兵庫県最大《ひょうごけんさいだい》の駅舎《えきしゃ》と駅《えき》ビルを持《も》つ！

兵庫県内最大規模《ひょうごけんないさいだいきぼ》！在来線《ざいらいせん》と新幹線《しんかんせん》が乗《の》り入《い》れ

姫路駅《ひめじえき》は1888年《ねん》12月《がつ》23日《にち》に開業《かいぎょう》した姫路市駅前町《ひめじしえきまえちょう》にある５面《めん》９線《せん》を有《ゆう》する駅《えき》。姫路市《ひめじし》の中心駅《ちゅうしんえき》として、在来線《ざいらいせん》３路線《ろせん》と新幹線《しんかんせん》が乗《の》り入《い》れるターミナルとなっている。

駅《えき》の北西部《ほくせいぶ》には山陽電気鉄道本線《さんようでんきてつどうほんせん》の終点《しゅうてん》である山陽姫路駅《さんようひめじえき》が近接《きんせつ》している。初代《しょだい》の姫路駅《ひめじえき》ビルは1959年《ねん》11月《がつ》に竣工《しゅんこう》したものである。商業部分《しょうぎょうぶぶん》は姫路駅《ひめじえき》デパートとして開業《かいぎょう》し、1983年《ねん》のリニューアル後《ご》は「FESTA《フェスタ》」と改《あらた》められた。

※ランキングの人数《にんずう》には在来線《ざいらいせん》も含《ふく》む。山陽新幹線《さんようしんかんせん》は乗車人員《じょうしゃじんいん》×２で算出《さんしゅつ》

8位 乗降客数 京都駅《きょうとえき》 7万《まん》5976人《にん》

日本一長《にほんいちなが》いホームがある！ 観光都市《かんこうとし》・京都《きょうと》の玄関口《げんかんぐち》

京都駅《きょうとえき》は1877年《ねん》2月《がつ》5日《にち》に開業《かいぎょう》した京都府京都市下京区《きょうとふきょうとししもぎょうく》にある10面《めん》18線《せん》を有《ゆう》するターミナル駅《えき》。

日本一長《にほんいちなが》い全長《ぜんちょう》558m《メートル》のホームがあることで知《し》られる駅《えき》だが、じつは0番《ばん》のりばと30番《ばん》のりばのホームが同《おな》じであり、これが長《なが》いホームのからくりとなっている。

有名《ゆうめい》な京都駅烏丸口《きょうとえきからすまぐち》の駅舎《えきしゃ》は、1997年《ねん》に完成した4代目《だいめ》の駅舎《えきしゃ》である。また、原広司氏《はらひろしし》が設計《せっけい》を手《て》がけた駅《えき》ビルもあり、これは「京都駅《きょうとえき》ビル」と呼《よ》ばれる。

9位 乗降客数 品川駅《しながわえき》 7万《まん》1078人《にん》

日々《ひび》たくさんの ビジネスパーソンが行《い》き交《か》う

品川駅《しながわえき》は1872年《ねん》6月《がつ》12日《にち》に開業《かいぎょう》した東京都港区《とうきょうとみなとく》にある10面《めん》18線《せん》を有《ゆう》するターミナル駅《えき》。「品川《しながわ》」を名乗《なの》ってはいるものの、駅《えき》の所在地《しょざいち》は品川区《しながわく》ではなく港区《みなとく》である。

品川駅《しながわえき》は上野東京《うえのとうきょう》ライン開業《かいぎょう》などによって何度《なんど》も改修工事《かいしゅうこうじ》が行《おこな》われてきた。駅東側《えきひがしがわ》の港南口《こうなんぐち》は企業《きぎょう》の工場《こうじょう》や倉庫《そうこ》などが立《た》ち並《なら》んでいたような場所《ばしょ》だったが、1998年《ねん》に大規模《だいきぼ》な複合商業《ふくごうしょうぎょう》ビル群《ぐん》が開業《かいぎょう》。2003年《ねん》に東海道新幹線《とうかいどうしんかんせん》の品川駅《しながわえき》が開業《かいぎょう》し再開発《さいかいはつ》により超高層《ちょうこうそう》ビル街《がい》へと発展《はってん》した。

ポイント
改修工事《かいしゅうこうじ》と再開発《さいかいはつ》で進化《しんか》を重《かさ》ねてきたよ

10位 乗降客数 新横浜駅《しんよこはまえき》 6万《まん》8047人《にん》

周辺地域《しゅうへんちいき》の発展《はってん》とともに 歴史《れきし》をきざんできた駅《えき》

新横浜駅《しんよこはまえき》は1964年《ねん》10月《がつ》1日《にち》に開業《かいぎょう》した神奈川県横浜市港北区《かながわけんよこはましこうほくく》にある3面《めん》6線《せん》を有《ゆう》する駅《えき》。

開業当時《かいぎょうとうじ》、周辺《しゅうへん》は田園地帯《でんえんちたい》であったうえ、横浜線《よこはません》は単線《たんせん》で列車本数《れっしゃほんすう》も少《すく》なく、新幹線《しんかんせん》もこだましか停車《ていしゃ》しなかった。しかし、周辺《しゅうへん》の発展《はってん》は目覚《めざ》ましく、横浜線《よこはません》も複線化《ふくせんか》され、1985年《ねん》には横浜市営《よこはましえい》地下鉄《ちかてつ》の駅《えき》も開業《かいぎょう》して、横浜市中心部《よこはましちゅうしんぶ》へ行《い》きやすくなった。2008年《ねん》からは新幹線《しんかんせん》の全列車《ぜんれっしゃ》が停車《ていしゃ》するようになった。

2023年《ねん》には相鉄新横浜線《そうてつしんよこはません》・東急新横浜線《とうきゅうしんよこはません》の駅《えき》が開業《かいぎょう》した。

乗客《じょうきゃく》の数《かず》で見《み》る

乗降客数《じょうこうきゃくすう》が少《すく》ない駅《えき》10

利用者《りようしゃ》が少《すく》ない駅《えき》はどこだろう？

新幹線単独駅《しんかんせんたんどくえき》は利用者《りようしゃ》が少《すく》ない

多《おお》くの乗客《じょうきゃく》を乗《の》せて走《はし》る新幹線《しんかんせん》。1日《にち》に数万人《すうまんにん》の乗客《じょうきゃく》が乗《の》り降《お》りする駅《えき》もあれば、数十人《すうじゅうにん》しか乗《の》り降《お》りしない駅《えき》もある。

乗降客《じょうこうきゃく》が少《すく》ない駅《えき》は、多《おお》くが在来線《ざいらいせん》が乗《の》り入《い》れていない「新幹線単独《しんかんせんたんどく》駅《えき》」である。新幹線《しんかんせん》はおおよそ在来線《ざいらいせん》と並《なら》んで走《はし》っているが、新幹線用《しんかんせんよう》の土地《とち》を確保《かくほ》できなかったり、より速《はや》く到着《とうちゃく》するためのルートをとるためであったり、もしくは地《じ》元《もと》の要望《ようぼう》などもあって、新幹線単独駅《しんかんせんたんどくえき》ができる。

周囲《しゅうい》もとても閑散《かんさん》としている

こうした駅《えき》は比較的《ひかくてき》、近年《きんねん》できたものが多《おお》く、駅舎《えきしゃ》は立派《りっぱ》なものが多《おお》い。観光地《かんこうち》の近《ちか》くに新幹《しんかん》線《せん》駅《えき》ができるケースがあって、観光客《かんこうきゃく》にはありがたいが、駅《えき》の周囲《しゅうい》は閑散《かんさん》としていることも多《おお》い。訪《おとず》れる際《さい》には、周囲《しゅうい》に何《なに》があるか調《しら》べることをおすすめしたい。

1位 ★★★ 乗降客数

奥津軽《おくつがる》いまべつ駅《えき》 42人《にん》※

本州《ほんしゅう》から北海道《ほっかいどう》へ出発《しゅっぱつ》！

奥津軽《おくつがる》いまべつ駅《えき》は1988年《ねん》２月《がつ》13日《にち》に開業《かいぎょう》した、青森県東津軽《あおもりけんひがしつがる》郡今別町《ぐんいまべつまち》にある２面《めん》２線《せん》の駅《えき》。本《ほん》州最北端《しゅうさいほくたん》の新幹線停車駅《しんかんせんていしゃえき》であり、ＪＲ北海道《ジェイアールほっかいどう》が管轄《かんかつ》する旅客駅《りょかくえき》としては唯一北海道外《ゆいいつほっかいどうがい》に所在《しょざい》する。ＪＲ東日本津軽線《ジェイアールひがしにほんつがるせん》の津軽二股駅《つがるふたまたえき》と隣接《りんせつ》していて、津軽二股駅《つがるふたまたえき》付近《ふきん》から連絡通路《れんらくつうろ》が整備《せいび》されている。

※ランキングの人数《にんずう》には在来線《ざいらいせん》も含《ふく》む

ポイント
本州《ほんしゅう》の新幹線駅《しんかんせんえき》で最《もっと》も北海道《ほっかいどう》に近《ちか》いよ

もともとは在来線《ざいらいせん》の駅《えき》だった

奥津軽《おくつがる》いまべつ駅《えき》はもともと「津軽今《つがるいま》別駅《べつえき》」という津軽海峡線《つがるかいきょうせん》の駅《えき》だった。2015年《ねん》６月《がつ》に奥津軽《おくつがる》いまべつ駅建築工《えきけんちくこう》事《じ》が竣工《しゅんこう》すると、同年《どうねん》８月《がつ》10日《にち》には工《こう》事《じ》に伴《ともな》い津軽今別駅《つがるいまべつえき》が営業休止《えいぎょうきゅうし》され、同《どう》月中《げっちゅう》に仮設《かせつ》ホームも撤去《てっきょ》された。翌《よく》３月《がつ》26日《にち》に海峡線津軽今別駅《かいきょうせんつがるいまべつえき》が廃止《はいし》され、同一地点《どういつちてん》に奥津軽《おくつがる》いまべつ駅《えき》が開業《かいぎょう》。

地域《ちいき》の交通《こうつう》を支《ささ》える大切《たいせつ》な駅《えき》も多数《たすう》！

2位 乗降客数 木古内駅《きこないえき》 68人《にん》※

貨物列車《かもつれっしゃ》も乗《の》り入《い》れる新幹線駅《しんかんせんえき》

木古内駅《きこないえき》は1930年《ねん》10月《がつ》25日《にち》に開業《かいぎょう》した上磯郡木古内町《かみいそぐんきこないちょう》にある３面《めん》４線《せん》の駅《えき》。木古内町《きこないちょう》の中心駅《ちゅうしんえき》であり、北海道新幹線《ほっかいどうしんかんせん》「はやぶさ」「はやて」合計《ごうけい》13往復《おうふく》のうち、８往復《おうふく》16本《ほん》が停車《ていしゃ》する。

在来線《ざいらいせん》は道南《どうなん》いさりび鉄道線《てつどうせん》、新幹線《しんかんせん》は北海道新幹線《ほっかいどうしんかんせん》を所属線《しょぞくせん》としており、これらに海峡線《かいきょうせん》を加《くわ》えた３路線《ろせん》が乗《の》り入《い》れる。しかし、海峡線《かいきょうせん》においては定期営業列車《ていきえいぎょうれっしゃ》が廃止《はいし》されており、貨物列車《かもつれっしゃ》だけが乗《の》り入《い》れる。

※ランキングの人数《にんずう》には在来線《ざいらいせん》も含《ふく》む

3位 乗降客数 いわて沼宮内駅《ぬまくないえき》 144人《にん》

東北新幹線《とうほくしんかんせん》の延伸《えんしん》で新幹線《しんかんせん》が停車《ていしゃ》するように

いわて沼宮内駅《ぬまくないえき》は1891年《ねん》９月《がつ》１日《にち》に開業《かいぎょう》した岩手郡岩手町大字江《いわてぐんいわてまちおおあざえ》刈内《かりない》にある４面《めん》５線《せん》の駅《えき》。

1891年《ねん》９月《がつ》１日《にち》、日本鉄道《にほんてつどう》の「沼宮内駅《ぬまくないえき》」として開業《かいぎょう》した。当初《とうしょ》は普通列車《ふつうれっしゃ》のみが停車《ていしゃ》していたが、2002年《ねん》12月《がつ》１日《にち》に東北新幹線《とうほくしんかんせん》が八戸駅《はちのへえき》まで延伸開業《えんしんかいぎょう》したことに伴《ともな》い、新幹線《しんかんせん》の停車駅《ていしゃえき》となった。岩手町《いわてまち》の代表駅《だいひょうえき》であることを強調《きょうちょう》するために、いわて沼宮内駅《ぬまくないえき》に改称《かいしょう》された。現駅舎《げんえきしゃ》には岩手町《いわてまち》の施設《しせつ》である岩手広域交流《いわてこういきこうりゅう》センター「プラザあい」が併設《へいせつ》されている。

4位 乗降客数 嬉野温泉駅《うれしのおんせんえき》 460人《にん》

市内唯一《しないゆいいつ》の駅《えき》！ 地方《ちほう》の交通《こうつう》を支《ささ》える

嬉野温泉駅《うれしのおんせんえき》は2022年《ねん》９月《がつ》23日《にち》に開業《かいぎょう》した嬉野市嬉野町《うれしのしうれしのまち》にある２面《めん》２線《せん》の駅《えき》。嬉野市唯一《うれしのしゆいいつ》の鉄道駅《てつどうえき》であり、ＪＲ《ジェイアール》の駅《えき》としては同市《どうし》でははじめてとなる。また嬉野市《うれしのし》としてはじつに91年《ねん》ぶりに営業《えいぎょう》する鉄道駅《てつどうえき》であった。

西九州新幹線《にしきゅうしゅうしんかんせん》の停車駅《ていしゃえき》のなかでは唯一《ゆいいつ》の新幹線単独駅《しんかんせんたんどくえき》である。隣接《りんせつ》して道《みち》の駅《えき》うれしのまるくも整備《せいび》される。嬉野温泉街《うれしのおんせんがい》からは北東《ほくとう》に約《やく》1.5㎞、嬉野《うれしの》バスセンター（嬉野温泉《うれしのおんせん》バスセンター）からは約《やく》2.2㎞離《はな》れている。

5位 乗降客数 安中榛名駅《あんなかはるなえき》 500人《にん》

ポイント
新幹線駅直結型《しんかんせんえきちょっけつがた》の
ニュータウンは日本初《にほんはつ》！

駅前《えきまえ》には ニュータウンが広《ひろ》がる

安中榛名《あんなかはるな》駅《えき》は1997年《ねん》10月《がつ》1日《にち》に開業《かいぎょう》した群馬県安中市《ぐんまけんあんなかし》にある2面《めん》2線《せん》の駅《えき》。駅周辺開発《えきしゅうへんかいはつ》の遅《おく》れなどから利用《りよう》は伸《の》び悩《なや》み、開業当時《かいぎょうとうじ》の1日平均乗降人員《にちへいきんじょうこうじんいん》は523人《にん》。当時全国《とうじぜんこく》の新幹線駅《しんかんせんえき》で最低《さいてい》の乗降人員《じょうこうじんいん》とされていた白石蔵王駅《しろいしざおうえき》を下回《したまわ》る結果《けっか》となった。

その後《ご》も駅前《えきまえ》にはコンビニ1軒《けん》しかない状況《じょうきょう》が続《つづ》いたが、2003年《ねん》10月《がつ》にJR東日本《ジェイアールひがしにほん》を主体《しゅたい》に開発《かいはつ》が行《おこな》われた「びゅうヴェルジェ安中榛名《あんなかはるな》」の名称《めいしょう》で約《やく》600区画《くかく》の分譲《ぶんじょう》を開始《かいし》し、2016年《ねん》6月末《がつまつ》に完売《かんばい》した。なお荻野屋運営《おぎのやうんえい》の売店《ばいてん》で峠《とうげ》の釜《かま》めしが販売《はんばい》されている。

6位 乗降客数 田沢湖駅《たざわこえき》 562人《にん》※

駅《えき》のなかで バラエティ豊《ゆた》かな展示《てんじ》を行《おこな》う

田沢湖駅《たざわこえき》は1923年《ねん》8月《がつ》31日《にち》に開業《かいぎょう》した秋田県仙北市《あきたけんせんぼくし》にある2面《めん》3線《せん》の駅《えき》。1階《かい》には駅事務室《えきじむしつ》、観光《かんこう》センター「フォレイク」、キオスク兼待合室《けんまちあいしつ》、2階《かい》には田沢湖《たざわこ》の玉川《たまがわ》ダムを紹介《しょうかい》したパネルが展示《てんじ》されている部屋《へや》、展望室《てんぼうしつ》などさまざまな施設《しせつ》がある。

なお2016年《ねん》には田沢湖線《たざわこせん》が全線開通《ぜんせんかいつう》して50周年《しゅうねん》を迎《むか》えた。その記念《きねん》として、同年《どうねん》10月《がつ》20日《にち》より列車到着時《れっしゃとうちゃくじ》のアナウンスに「おもてなしメロディー」として『生保内節《おぼねぶし》』が使《つか》われている。

※ランキングの人数《にんずう》には在来線《ざいらいせん》も含《ふく》む

7位 乗降客数 新玉名駅《しんたまなえき》 866人《にん》※

新幹線初《しんかんせんはつ》の ホーム無人化《むじんか》が実施《じっし》

新玉名駅《しんたまなえき》は2011年《ねん》3月《がつ》12日《にち》に開業《かいぎょう》した熊本県玉名市玉名《くまもとけんたまなしたまな》にある2面《めん》2線《せん》の駅《えき》。鹿児島本線《かごしまほんせん》の玉名駅《たまなえき》から4㎞離《はな》れた場所《ばしょ》にある新幹線《しんかんせん》単独駅《たんどくえき》のため、玉名駅《たまなえき》への移動《いどう》にはタクシーかバスが必要《ひつよう》。2016年《ねん》に新幹線駅《しんかんせんえき》では初《はつ》となるホーム無人化《むじんか》が実施《じっし》された。

2007年《ねん》に発表《はっぴょう》された駅舎《えきしゃ》デザインは2階建《かいだ》ての鉄筋《てっきん》コンクリートの駅舎《えきしゃ》は木立《こだち》や蔵《くら》をイメージしたもので、市側《しがわ》がかねてより要望《ようぼう》していた温《あたた》かみのある「森《もり》のなかの駅《えき》」をコンセプトとしている。

※ランキングの人数《にんずう》には在来線《ざいらいせん》も含《ふく》む

8位
★★★
乗降客数

新水俣駅《しんみなまたえき》※ 876人《にん》

新幹線駅《しんかんせんえき》として開業《かいぎょう》
駅舎《えきしゃ》のデザインが美《うつく》しい

新水俣駅《しんみなまたえき》は2004年《ねん》3月《がつ》13日《にち》に開業《かいぎょう》した熊本県水俣市《くまもとけんみなまたし》にある2面《めん》3線《せん》の駅《えき》。九州新幹線《きゅうしゅうしんかんせん》の新八代《しんやつしろ》―鹿児島中央間《かごしまちゅうおうかん》の開業《かいぎょう》に伴《ともな》い、新幹《しんかん》線駅《せんえき》として新設《しんせつ》された。九州新幹線《きゅうしゅうしんかんせん》のほかには肥薩《ひさつ》おれんじ鉄道《てつどう》も乗《の》り入《い》れる。

駅舎《えきしゃ》は建築家《けんちくか》の渡辺誠《わたなべまこと》と西部交通建築事務所《せいぶこうつうけんちくじむしょ》が手《て》がけ、文化的資《ぶんかてきし》産《さん》を創造《そうぞう》する熊本県《くまもとけん》のプロジェクト「くまもとアートポリス」で第《だい》9回推進賞《かいすいしんしょう》を受賞《じゅしょう》した。

※ランキングの人数《にんずう》には在来線《ざいらいせん》も含《ふく》む

9位
★★★
乗降客数

角館駅《かくのだてえき》※ 900人《にん》※

3路線《ろせん》が乗《の》り入《い》れる
東北《とうほく》の駅百選《えきひゃくせん》に選《えら》ばれた駅《えき》

角館駅《かくのだてえき》は1997年《ねん》3月《がつ》22日《にち》に開業《かいぎょう》した秋田県仙北市《あきたけんせんぼくし》にある2面《めん》3線《せん》の駅《えき》。秋田新幹線《あきたしんかんせん》、田沢湖線《たざわこせん》、秋田内陸縦貫鉄道《あきたないりくじゅうかんてつどう》の3路線《ろせん》が乗《の》り入《い》れており、秋田内陸縦貫鉄道《あきたないりくじゅうかんてつどう》では角館駅《かくのだてえき》が終点《しゅうてん》になっている。

武家屋敷《ぶけやしき》をイメージしてつくられた駅舎《えきしゃ》が特徴的《とくちょうてき》で、2002年《ねん》に「鉄道《てつどう》の日《ひ》」を記念《きねん》して選定《せんてい》された「東北《とうほく》の駅百選《えきひゃくせん》」のひとつでもある。江戸時代《えどじだい》に栄《さか》えた城下町《じょうかまち》で「みちのくの小京都《しょうきょうと》」と呼《よ》ばれる角館《かくのだて》にぴったりの駅舎《えきしゃ》だ。

※ランキングの人数《にんずう》には在来線《ざいらいせん》も含《ふく》む

ポイント
趣《おもむき》のある駅舎《えきしゃ》がトレードマーク

10位
★★★
乗降客数

雫石駅《しずくいしえき》※ 904人《にん》※

秋田新幹線《あきたしんかんせん》のなかで唯一《ゆいいつ》
町《まち》にある駅《えき》

雫石駅《しずくいしえき》は1997年《ねん》3月《がつ》22日《にち》に開業《かいぎょう》した岩手県岩手郡雫石町《いわてけんいわてぐんしずくいしちょう》にある2面《めん》3線《せん》の駅《えき》。盛岡駅《もりおかえき》で東北新幹線《とうほくしんかんせん》と分岐《ぶんき》する秋田新幹線《あきたしんかんせん》だが、その秋田新幹線《あきたしんかんせん》が盛岡駅《もりおかえき》を出《で》て最初《さいしょ》に到着《とうちゃく》するのがこの雫石駅《しずくいしえき》だ。一部《いちぶ》のこまちが停車《ていしゃ》する。秋田新幹線《あきたしんかんせん》のなかで唯一《ゆいいつ》「町《まち》」にある駅《えき》でもある。

秋田新幹線《あきたしんかんせん》のほかに田沢湖線《たざわこせん》も乗《の》り入《い》れており、盛岡方面《もりおかほうめん》から来《く》る普通列車《ふつうれっしゃ》のおよそ半数《はんすう》がこの駅《えき》で折《お》り返《かえ》しになる。

※ランキングの人数《にんずう》には在来線《ざいらいせん》も含《ふく》む

乗客《じょうきゃく》の数《かず》で見《み》る

新幹線《しんかんせん》全駅《ぜんえき》データ

駅《えき》ごとの情報《じょうほう》を比《くら》べてみよう！

新幹線駅《しんかんせんえき》は合計《ごうけい》で114駅《えき》ある

新幹線《しんかんせん》のすべての路線《ろせん》を合計《ごうけい》すると3446㎞にもなる。

その路線《ろせん》に合計《ごうけい》で114もの新幹線駅《しんかんせんえき》がある。およそ30㎞にひとつの駅《えき》がある計算《けいさん》だ。

新幹線駅《しんかんせんえき》のなかでも乗《じょう》降客数《こうきゃくすう》が多《おお》い駅《えき》はその地《ち》方《ほう》の中心的《ちゅうしんてき》な存在《そんざい》だ。周《まわ》りは高《たか》いビルが立《た》ち並《なら》び、栄《さか》えている。

また、JR《ジェイアール》各社《かくしゃ》や私鉄《してつ》の多《おお》くの在来線《ざいらいせん》が接続《せつぞく》しており、交通《こうつう》の要《かなめ》でもある。その地域《ちいき》のおみやげ

	発車《はっしゃ》メロディー	乗《の》り入《い》れ路線《ろせん》	停車《ていしゃ》する種別《しゅべつ》	始点《してん》（東京《とうきょう》）からの営業《えいぎょう》キロ
	ひかりチャイム	東北新幹線《とうほくしんかんせん》、山形新幹線《やまがたしんかんせん》、秋田新幹線《あきたしんかんせん》、上越新幹線《じょうえつしんかんせん》、北陸新幹線《ほくりくしんかんせん》、中央本線《ちゅうおうほんせん》、山手線《やまのてせん》 、京浜東北線《けいひんとうほくせん》、東海《とうかい》道本線《どうほんせん》、東北本線《とうほくほんせん》、高崎線《たかさきせん》、常磐線《じょうばんせん》 、横須賀線《よこすかせん》、総《そう》武本線《ぶほんせん》、京葉線《けいようせん》、東京《とうきょう》メトロ 丸ノ内線《まるのうちせん》	のぞみ、ひかり、こだま	0㎞
	ベル	山手線《やまのてせん》、京浜東北線《けいひんとうほくせん》、東海道本線《とうかいどうほんせん》、横須賀線《よこすかせん》、京急《けいきゅう》本線《ほんせん》	のぞみ、ひかり、こだま	6.8㎞
	ベル	横浜線《よこはません》、相鉄新横浜線《そうてつしんよこはません》、東急新横浜線《とうきゅうしんよこはません》、横浜市営地《よこはましえいち》下鉄《かてつ》ブルーライン	のぞみ、ひかり、こだま	28.8㎞
	ベル	東海道本線《とうかいどうほんせん》、小田急小田原線《おだきゅうおだわらせん》、箱根登山鉄道《はこねとざんてつどう》、伊豆《いず》箱根鉄道大雄山線《はこねてつどうだいゆうざんせん》	ひかり、こだま	83.9㎞
	ベル	東海道本線《とうかいどうほんせん》、伊東線《いとうせん》	ひかり、こだま	104.6㎞
	ベル	東海道本線《とうかいどうほんせん》、伊豆箱根鉄道駿豆線《いずはこねてつどうすんずせん》	ひかり、こだま	120.7㎞
	ベル	—	こだま	146.2㎞
	ベル	東海道本線《とうかいどうほんせん》、静岡鉄道静岡清水線《しずおかてつどうしずおかしみずせん》	ひかり、こだま	180.2㎞
	ベル	東海道本線《とうかいどうほんせん》、天竜浜名湖鉄道天竜浜名湖線《てんりゅうはまなこてつどうてんりゅうはまなこせん》	こだま	229.3㎞
	ベル	東海道本線《とうかいどうほんせん》、遠州鉄道線《えんしゅうてつどうせん》	ひかり、こだま	257.1㎞
	ベル	東海道本線《とうかいどうほんせん》、飯田線《いいだせん》、名古屋鉄道名古屋本線《なごやてつどうなごやほんせん》、豊橋《とよはし》鉄道東田本線《てつどうあずまだほんせん》・渥美線《あつみせん》	ひかり、こだま	293.6㎞
	ベル	東海道本線《とうかいどうほんせん》	こだま	336.3㎞
	ベル	東海道本線《とうかいどうほんせん》、中央本線《ちゅうおうほんせん》、関西本線《かんさいほんせん》、近畿日本鉄道名《きんきにほんてつどうな》古屋線《ごやせん》、名古屋臨海高速鉄道《なごやりんかいこうそくてつどう》あおなみ線《せん》、名古屋市《なごやし》営地下鉄東山線《えいちかてつひがしやません》・桜通線《さくらどおりせん》、名古屋鉄道名古屋本線《なごやてつどうなごやほんせん》	のぞみ、ひかり、こだま	366.0㎞
	ベル	名古屋鉄道羽島線《なごやてつどうはしません》	ひかり、こだま	396.3㎞
	ベル	東海道本線《とうかいどうほんせん》、北陸本線《ほくりくほんせん》、近江鉄道本線《おうみてつどうほんせん》	ひかり、こだま	445.9㎞
	ベル	東海道本線《とうかいどうほんせん》、湖西線《こさいせん》、山陰本線《さんいんほんせん》、奈良線《ならせん》、近畿日本《きんきにほん》鉄道京都線《てつどうきょうとせん》、京都市営地下鉄烏山線《きょうとしえいちかてつからすやません》	のぞみ、ひかり、こだま	513.6㎞
	ベル	山陽新幹線《さんようしんかんせん》、東海道本線《とうかいどうほんせん》、おおさか東線《ひがしせん》、大阪市高《おおさかしこう》速電気軌道御堂筋線《そくでんききどうみどうすじせん》	のぞみ、さくら、みずほ、ひかり、こだま	552.6㎞

などを売《う》っていて、多《おお》くの人《ひと》で賑《にぎ》わっている。

一方《いっぽう》で、全国各地《ぜんこくかくち》にはりめぐらされている新幹線《しんかんせん》だけに、ときには周《まわ》りになにもない閑散《かんさん》としている駅《えき》もある。

こうした駅《えき》は、新幹線《しんかんせん》の歴史《れきし》のなかでも後期《こうき》に走《はし》り始《はじ》めた路線《ろせん》に多《おお》い。

路線別《ろせんべつ》 駅《えき》の数早見表《かずはやみひょう》

東海道新幹線《とうかいどうしんかんせん》	17	北海道新幹線《ほっかいどうしんかんせん》	4
山陽新幹線《さんようしんかんせん》	19	上越新幹線《じょうえつしんかんせん》	10
東北新幹線《とうほくしんかんせん》	23	北陸新幹線《ほくりくしんかんせん》	19
秋田新幹線《あきたしんかんせん》	5	九州新幹線《きゅうしゅうしんかんせん》	12
山形新幹線《やまがたしんかんせん》	10	西九州新幹線《にしきゅうしゅうしんかんせん》	5

東海道新幹線《とうかいどうしんかんせん》

駅名《えきめい》	乗車人員《じょうしゃじんいん》	乗降客数《じょうこうきゃくすう》	構造《こうぞう》	開業年月《かいぎょうねんげつ》	所在地《しょざいち》	所属支社《しょぞくししゃ》
東京《とうきょう》	91494	182987	島式《しましき》3面《めん》6線《せん》	1964年《ねん》10月《がつ》1日《にち》	東京都《とうきょうと》千代田区《ちよだく》	新幹線鉄道事業本部《しんかんせんてつどうじぎょうほんぶ》
品川《しながわ》	35539	71078	島式《しましき》2面《めん》4線《せん》	2003年《ねん》10月《がつ》1日《にち》	東京都《とうきょうと》港区《みなとく》	新幹線鉄道事業本部《しんかんせんてつどうじぎょうほんぶ》
新横浜《しんよこはま》	34024	68047	島式《しましき》2面《めん》4線《せん》	1964年《ねん》10月《がつ》1日《にち》	神奈川県《かながわけん》横浜市《よこはまし》港北区《こうほくく》	新幹線鉄道事業本部《しんかんせんてつどうじぎょうほんぶ》
小田原《おだわら》	10465	20930	相対式《そうたいしき》2面《めん》4線《せん》(真《ま》ん中《なか》2線《せん》通過線《つうかせん》)	1964年《ねん》10月《がつ》1日《にち》	神奈川県《かながわけん》小田原市《おだわらし》	新幹線鉄道事業本部《しんかんせんてつどうじぎょうほんぶ》
熱海《あたみ》	4863	9726	相対式《そうたいしき》2面《めん》2線《せん》	1964年《ねん》10月《がつ》1日《にち》	静岡県《しずおかけん》熱海市《あたみし》	新幹線鉄道事業本部《しんかんせんてつどうじぎょうほんぶ》
三島《みしま》	13501	27001	島式《しましき》1面《めん》4線《せん》(外側《そとがわ》2線《せん》通過線《つうかせん》)	1969年《ねん》4月《がつ》25日《にち》	静岡県《しずおかけん》三島市《みしまし》	新幹線鉄道事業本部《しんかんせんてつどうじぎょうほんぶ》、静岡支社《しずおかししゃ》(駅運転《えきうんてん》・営業業務《えいぎょうぎょうむ》のみ担当《たんとう》)
新富士《しんふじ》	4146	8292	相対式《そうたいしき》2面《めん》4線《せん》(真《ま》ん中《なか》2線《せん》通過線《つうかせん》)	1988年《ねん》3月《がつ》13日《にち》	静岡県《しずおかけん》富士市《ふじし》	新幹線鉄道事業本部《しんかんせんてつどうじぎょうほんぶ》
静岡《しずおか》	19495	38989	相対式《そうたいしき》2面《めん》4線《せん》(真ん中2線通《せんつう》過線《かせん》)	1964年《ねん》10月《がつ》1日《にち》	静岡県《しずおかけん》静岡市《しずおかし》葵区《あおいく》	新幹線鉄道事業本部《しんかんせんてつどうじぎょうほんぶ》、静岡支社《しずおかししゃ》(駅運転《えきうんてん》・営業業務《えいぎょうぎょうむ》のみ担当《たんとう》)
掛川《かけがわ》	3963	7926	相対式《そうたいしき》2面《めん》4線《せん》(真《ま》ん中《なか》2線《せん》通過線《つうかせん》)	1988年《ねん》3月《がつ》13日《にち》	静岡県《しずおかけん》掛川市《かけがわし》	新幹線鉄道事業本部《しんかんせんてつどうじぎょうほんぶ》、静岡支社《しずおかししゃ》(駅運転《えきうんてん》・営業業務《えいぎょうぎょうむ》のみ担当《たんとう》)
浜松《はままつ》	12463	24925	相対式《そうたいしき》2面《めん》4線《せん》(真《ま》ん中《なか》2線《せん》通過線《つうかせん》)	1964年《ねん》10月《がつ》1日《にち》	静岡県《しずおかけん》浜松市《はままつし》中央区《ちゅうおうく》	新幹線鉄道事業本部《しんかんせんてつどうじぎょうほんぶ》、静岡支社《しずおかししゃ》(駅運転《えきうんてん》・営業業務《えいぎょうぎょうむ》のみ担当《たんとう》)
豊橋《とよはし》	7066	14132	2面《めん》5線《せん》(真《ま》ん中《なか》2線通過線《せんつうかせん》、東京方面《とうきょうほうめん》：島式《しましき》1面《めん》2線《せん》)	1964年《ねん》10月《がつ》1日《にち》	愛知県《あいちけん》豊橋市《とよはしし》	新幹線鉄道事業本部《しんかんせんてつどうじぎょうほんぶ》、東海鉄道事業本部《とうかいてつどうじぎょうほんぶ》(駅運転《えきうんてん》・営業業務《えいぎょうぎょうむ》のみ担当《たんとう》)
三河安城《みかわあんじょう》	1716	3432	相対式《そうたいしき》2面《めん》4線《せん》(真《ま》ん中《なか》2線《せん》通過線《つうかせん》)	1988年《ねん》3月《がつ》13日《にち》	愛知県《あいちけん》安城市《あんじょうし》	新幹線鉄道事業本部《しんかんせんてつどうじぎょうほんぶ》
名古屋《なごや》	66456	132912	島式《しましき》2面《めん》4線《せん》	1964年《ねん》10月《がつ》1日《にち》	愛知県《あいちけん》名古屋市《なごやし》中村区《なかむらく》	新幹線鉄道事業本部《しんかんせんてつどうじぎょうほんぶ》、東海鉄道事業本部《とうかいてつどうじぎょうほんぶ》(駅運転《えきうんてん》・営業業務《えいぎょうぎょうむ》のみ担当《たんとう》)
岐阜羽島《ぎふはしま》	2821	5641	島式《しましき》2面《めん》6線《せん》(真《ま》ん中《なか》2線通《せんつう》過線《かせん》)	1964年《ねん》10月《がつ》1日《にち》	岐阜県《ぎふけん》羽島市《はしまし》	新幹線鉄道事業本部《しんかんせんてつどうじぎょうほんぶ》
米原《まいばら》	6040	12080	2面《めん》5線《せん》(真《ま》ん中《なか》2線通過線《せんつうかせん》、東京方面《とうきょうほうめん》：島式《しましき》1面《めん》2線《せん》)	1964年《ねん》10月《がつ》1日《にち》	滋賀県《しがけん》米原市《まいばらし》	新幹線鉄道事業本部《しんかんせんてつどうじぎょうほんぶ》
京都《きょうと》	37988	75976	島式《しましき》2面《めん》4線《せん》	1964年《ねん》10月《がつ》1日《にち》	京都府《きょうとふ》京都市《きょうとし》下京区《しもぎょうく》	鉄道関西支社《てつどうかんさいししゃ》
新大阪《しんおおさか》	79270	158539	5面《めん》8線《せん》(山陽新幹線《さんようしんかんせん》と共用《きょうよう》)	1964年《ねん》10月《がつ》1日《にち》	大阪府《おおさかふ》大阪市《おおさかし》淀川区《よどがわく》	鉄道関西支社《てつどうかんさいししゃ》

	発車《はっしゃ》 メロディー	乗《の》り入《い》れ路線《ろせん》	停車《ていしゃ》する種別《しゅべつ》	東京《とうきょう》 からの営業《えいぎょう》キロ
	ベル	東海道新幹線《とうかいどうしんかんせん》、東海道本線《とうかいどうほんせん》、おおさか東線《ひがしせん》、大阪市高速電気軌道御堂筋《おおさかしこうそくでんききどうみどうすじ》線《せん》	のぞみ、さくら、みずほ、ひかり、こだま	552.6㎞
	銀河鉄道《ぎんがてつどう》999、スマイル2023（2024／7／01～9／30）	神戸市営地下鉄西神《こうべしえいちかてつせいしん》・山手線《やまてせん》・北神線《ほくしんせん》、神戸布引《こうべぬのびき》ロープウェイ	のぞみ、さくら、みずほ、ひかり、こだま	589.5㎞
	ベル	山陽本線《さんようほんせん》	ひかり、こだま	612.3㎞
	ベル	山陽本線《さんようほんせん》、播但線《ばんたんせん》、姫新線《きしんせん》、山陽電鉄山陽本線《さんようでんてつさんようほんせん》	のぞみ、さくら、みずほ、ひかり、こだま	644.3㎞
	ベル	山陽本線《さんようほんせん》、赤穂線《あこうせん》	ひかり、こだま	665.0㎞
	銀河鉄道《ぎんがてつどう》999	山陽本線《さんようほんせん》、赤穂線《あこうせん》、伯備線《はくびせん》、宇野線《うのせん》、瀬戸大橋線《せとおおはしせん》、津山線《つやません》、吉備線《きびせん》、岡《おか》山電気鉄道東山本線《やまでんききどうひがしやまほんせん》・清輝橋線《せいきばしせん》	のぞみ、さくら、みずほ、ひかり、こだま	732.9㎞
	ベル	山陽本線《さんようほんせん》	ひかり、こだま	758.1㎞
	ベル	山陽本線《さんようほんせん》、福塩線《ふくえんせん》	のぞみ、さくら、みずほ、ひかり、こだま	791.2㎞
	ベル	—	ひかり、こだま	811.3㎞
	ベル	山陽本線《さんようほんせん》、呉線《くれせん》	ひかり、こだま	822.8㎞
	ベル	—	ひかり・こだま	862.4㎞
	銀河鉄道《ぎんがてつどう》999	山陽本線《さんようほんせん》、呉線《くれせん》、可部線《かべせん》、芸備線《げいびせん》、広島電鉄本線《ひろしまでんてつほんせん》	のぞみ、さくら、みずほ、ひかり、こだま	894.2㎞
	ベル	錦川鉄道錦川清流線《にしきがわてつどうにしきがわせいりゅうせん》	ひかり、こだま	935.6㎞
	ベル	山陽本線《さんようほんせん》、岩徳線《がんとくせん》	のぞみ、さくら、みずほ、ひかり、こだま	982.7㎞
	ベル	山陽本線《さんようほんせん》、山口線《やまぐちせん》、宇部線《うべせん》	のぞみ、さくら、みずほ、ひかり、こだま	1027.0㎞
	ベル	山陽本線《さんようほんせん》、美祢線《みねせん》	こだま	1062.1㎞
	ベル	山陽本線《さんようほんせん》	さくら、ひかり、こだま、つばめ	1088.7㎞
	銀河鉄道《ぎんがてつどう》999	山陽本線《さんようほんせん》、鹿児島本線《かごしません》、日豊線《にっぽうせん》、日田彦山線《ひたひこさんせん》、北九州高速鉄道小倉線《きたきゅうしゅうこうそくてつどうこくらせん》	のぞみ、さくら、みずほ、ひかり、こだま、つばめ	1107.7㎞
	銀河鉄道《ぎんがてつどう》999	九州新幹線《きゅうしゅうしんかんせん》、鹿児島本線《かごしまほんせん》、篠栗線《ささぐりせん》、博多南線《はかたみなみせん》、福岡市営地下鉄空港線《ふくおか》・七隈線《ななくません》	のぞみ、さくら、みずほ、ひかり、こだま、つばめ	1174.9㎞

三原駅《みはらえき》

西明石駅《にしあかしえき》

山陽新幹線《さんようしんかんせん》 ※人数《にんずう》には在来線《ざいらいせん》を含《ふく》む

駅名《えきめい》	乗車人員《じょうしゃじんいん》	乗降客数《じょうこうきゃくすう》	構造《こうぞう》	開業年月《かいぎょうねんげつ》	所在地《しょざいち》	所属支社《しょぞくししゃ》
新大阪《しんおおさか》	—	—	5面《めん》8線《せん》（東海道新幹線《とうかいどうしんかんせん》と兼用《けんよう》）	1964年《ねん》10月《がつ》1日《にち》	大阪府《おおさかふ》大阪市《おおさかし》淀川区《よどがわく》	鉄道関西支社《てつどうかんさいししゃ》
新神戸《しんこうべ》	8277	—	相対式《そうたいしき》2面《めん》2線《せん》	1972年《ねん》3月《がつ》15日《にち》	兵庫県《ひょうごけん》神戸市《こうべし》中央区《ちゅうおうく》	山陽新幹線統括本部《さんようしんかんせんとうかつほんぶ》、近畿統括本部《きんきとうかつほんぶ》（駅運転《えきうんてん》・営業業務《えいぎょうぎょうむ》のみ担当《たんとう》）
西明石《にしあかし》	28548	—	相対式《そうたいしき》2面《めん》4線《せん》（真《ま》ん中《なか》2線通過線《せんつうかせん》）	1972年《ねん》3月《がつ》15日《にち》	兵庫県《ひょうごけん》明石市《あかしし》	山陽新幹線統括本部《さんようしんかんせんとうかつほんぶ》、近畿統括本部《きんきとうかつほんぶ》（駅運転《えきうんてん》・営業業務《えいぎょうぎょうむ》のみ担当《たんとう》）
姫路《ひめじ》	45787	—	2面《めん》5線《せん》（真《ま》ん中《なか》2線通過線《せんつうかせん》、東京方面《とうきょうほうめん》：島式《しましき》1面《めん》2線《せん》）	1972年《ねん》3月《がつ》15日《にち》	兵庫県《ひょうごけん》姫路市《ひめじし》	山陽新幹線統括本部《さんようしんかんせんとうかつほんぶ》、近畿統括本部《きんきとうかつほんぶ》（駅運転《えきうんてん》・営業業務《えいぎょうぎょうむ》のみ担当《たんとう》）
相生《あいおい》	3853	—	相対式《そうたいしき》2面《めん》4線《せん》（真《ま》ん中《なか》2線通過線《せんつうかせん》）	1972年《ねん》3月《がつ》15日《にち》	兵庫県《ひょうごけん》相生市《あいおいし》	山陽新幹線統括本部《さんようしんかんせんとうかつほんぶ》、近畿統括本部《きんきとうかつほんぶ》（駅運転《えきうんてん》・営業業務《えいぎょうぎょうむ》のみ担当《たんとう》）
岡山《おかやま》	48982	—	島式《しましき》2面《めん》4線《せん》	1972年《ねん》3月《がつ》15日《にち》	岡山県《おかやまけん》岡山市《おかやまし》北区《きたく》	山陽新幹線統括本部《さんようしんかんせんとうかつほんぶ》、中国統括本部《ちゅうごくとうかつほんぶ》（駅業務《えきぎょうむ》のみ担当《たんとう》）
新倉敷《しんくらしき》	5783	—	相対式《そうたいしき》2面《めん》4線《せん》（真《ま》ん中《なか》2線通過線《せんつうかせん》）	1975年《ねん》3月《がつ》10日《にち》	岡山県《おかやまけん》倉敷市《くらしきし》	山陽新幹線統括本部《さんようしんかんせんとうかつほんぶ》、中国統括本部《ちゅうごくとうかつほんぶ》（駅業務《えきぎょうむ》のみ担当《たんとう》）
福山《ふくやま》	17454	—	相対式《そうたいしき》2面《めん》4線《せん》（真《ま》ん中《なか》2線通過線《せんつうかせん》）	1975年《ねん》3月《がつ》10日《にち》	岡山県《おかやまけん》福山市《ふくやまし》	山陽新幹線統括本部《さんようしんかんせんとうかつほんぶ》、中国統括本部《ちゅうごくとうかつほんぶ》（駅業務《えきぎょうむ》のみ担当《たんとう》）
新尾道《しんおのみち》	903	—	相対式《そうたいしき》2面《めん》4線《せん》（真《ま》ん中《なか》2線通過線《せんつうかせん》）	1988年《ねん》3月《がつ》13日《にち》	広島県《ひろしまけん》尾道市《おのみちし》	山陽新幹線統括本部《さんようしんかんせんとうかつほんぶ》、中国統括本部《ちゅうごくとうかつほんぶ》（駅業務《えきぎょうむ》のみ担当《たんとう》）
三原《みはら》	5050	—	相対式《そうたいしき》2面《めん》4線《せん》（真《ま》ん中《なか》2線通過線《せんつうかせん》）	1975年《ねん》3月《がつ》10日《にち》	広島県《ひろしまけん》三原市《みはらし》	山陽新幹線統括本部《さんようしんかんせんとうかつほんぶ》、中国統括本部《ちゅうごくとうかつほんぶ》（駅業務《えきぎょうむ》のみ担当《たんとう》）
東広島《ひがしひろしま》	1124	—	相対式《そうたいしき》2面《めん》4線《せん》（真《ま》ん中《なか》2線通過線《せんつうかせん》）	1988年《ねん》3月《がつ》13日《にち》	広島県《ひろしまけん》東広島市《ひがしひろしまし》	山陽新幹線統括本部《さんようしんかんせんとうかつほんぶ》、中国統括本部《ちゅうごくとうかつほんぶ》（駅業務《えきぎょうむ》のみ担当《たんとう》）
広島《ひろしま》	63215	—	島式《しましき》2面《めん》4線《せん》	1975年《ねん》3月《がつ》10日《にち》	広島県《ひろしまけん》広島市《ひろしまし》南区《みなみく》	山陽新幹線統括本部《さんようしんかんせんとうかつほんぶ》、中国統括本部《ちゅうごくとうかつほんぶ》（駅業務《えきぎょうむ》のみ担当《たんとう》）
新岩国《しんいわくに》	300	—	2面《めん》5線《せん》（真《ま》ん中《なか》2線通過線《せんつうかせん》、東京方面《とうきょうほうめん》：島式《しましき》1面《めん》2線《せん》）	1975年《ねん》3月《がつ》10日《にち》	山口県《やまぐちけん》岩国市《いわくにし》	山陽新幹線統括本部《さんようしんかんせんとうかつほんぶ》、中国統括本部《ちゅうごくとうかつほんぶ》（駅業務《えきぎょうむ》のみ担当《たんとう》）
徳山《とくやま》	2288	—	相対式《そうたいしき》2面《めん》4線《せん》（真《ま》ん中《なか》2線通過線《せんつうかせん》）	1975年《ねん》3月《がつ》10日《にち》	山口県《やまぐちけん》周南市《しゅうなんし》	山陽新幹線統括本部《さんようしんかんせんとうかつほんぶ》、中国統括本部《ちゅうごくとうかつほんぶ》（駅業務《えきぎょうむ》のみ担当《たんとう》）
新山口《しんやまぐち》	2354	—	相対式《そうたいしき》2面《めん》4線《せん》（真《ま》ん中《なか》2線通過線《せんつうかせん》）	1975年《ねん》3月《がつ》10日《にち》	山口県《やまぐちけん》山口市《やまぐちし》	山陽新幹線統括本部《さんようしんかんせんとうかつほんぶ》、中国統括本部《ちゅうごくとうかつほんぶ》（駅業務《えきぎょうむ》のみ担当《たんとう》）
厚狭《あさ》	482	—	相対式《そうたいしき》2面《めん》4線《せん》（真《ま》ん中《なか》2線通過線《せんつうかせん》）	1999年《ねん》3月《がつ》13日《にち》	山口県《やまぐちけん》山陽小野田市《さんようおのだし》	山陽新幹線統括本部《さんようしんかんせんとうかつほんぶ》、中国統括本部《ちゅうごくとうかつほんぶ》（駅業務《えきぎょうむ》のみ担当《たんとう》）
新下関《しんしものせき》	1579	—	2面《めん》5線《せん》（真《ま》ん中《なか》2線通過線《せんつうかせん》、東京方面《とうきょうほうめん》：島式《しましき》1面《めん》2線《せん》）	1975年《ねん》3月《がつ》10日《にち》	山口県《やまぐちけん》下関市《しものせきし》	山陽新幹線統括本部《さんようしんかんせんとうかつほんぶ》、中国統括本部《ちゅうごくとうかつほんぶ》（駅業務《えきぎょうむ》のみ担当《たんとう》）
小倉《こくら》	12121	—	島式《しましき》2面《めん》4線《せん》	1975年《ねん》3月《がつ》10日《にち》	福岡県《ふくおかけん》北九州市《きたきゅうしゅうし》小倉北区《こくらきたく》	山陽新幹線統括本部《さんようしんかんせんとうかつほんぶ》、中国統括本部《ちゅうごくとうかつほんぶ》（駅業務《えきぎょうむ》のみ担当《たんとう》）
博多《はかた》	19320	—	島式《しましき》3面《めん》6線《せん》	1975年《ねん》3月《がつ》10日《にち》	福岡県《ふくおかけん》福岡市《ふくおかし》博多区《はかたく》	山陽新幹線統括本部《さんようしんかんせんとうかつほんぶ》、中国統括本部《ちゅうごくとうかつほんぶ》（駅業務《えきぎょうむ》のみ担当《たんとう》）

新山口駅《しんやまぐちえき》

徳山駅《とくやまえき》

	発車《はっしゃ》メロディー	乗《の》り入《い》れ路線《ろせん》	停車《ていしゃ》する種別《しゅべつ》	始点《してん》(東京《とうきょう》)からの営業《えいぎょう》キロ
	ベル	東海道新幹線《とうかいどうしんかんせん》、中央本線《ちゅうおうほんせん》、山手線《やまのてせん》、京浜東北線《けいひんとうほくせん》、東海道本線《とうかいどうほんせん》、東北本《とうほくほん》線《せん》、高崎線《たかさきせん》、常磐線《じょうばんせん》、横須賀線《よこすかせん》、総武本線《そうぶほんせん》、京葉線《けいようせん》、東京《とうきょう》メトロ丸ノ内《まるのうち》線《せん》・東西線《とうざいせん》	なすの、やまびこ、つばさ、こまち、はやぶさ	0km
	ベル	山手線《やまのてせん》、京浜快速線《けいひんとうほくせん》、宇都宮線《うつのみやせん》、高崎線《たかさきせん》、常磐線《じょうばんせん》、東京《とうきょう》メトロ銀座線《ぎんざせん》・日比谷線《ひびやせん》、京成電鉄本線《けいせいでんてつほんせん》	なすの、やまびこ、つばさ、こまち、はやぶさ	3.6km
	ベル	上越新幹線《じょうえつしんかんせん》、北陸新幹線《ほくりくしんかんせん》、京浜東北線《けいひんとうほくせん》、高崎線《たかさきせん》、宇都宮線《うつのみやせん》、湘南新宿《しょうなんしんじゅく》ライン、埼京線《さいきょうせん》、川越線《かわごえせん》、東武鉄道野田線《とうぶてつどうのだせん》、埼玉新都市交通伊奈線《さいたましんとしこうつういなせん》	なすの、やまびこ、つばさ、こまち、はやぶさ	30.3km
	ベル	宇都宮《うつのみや》線、水戸線《みとせん》、両毛線《りょうもうせん》	なすの、やまびこ、つばさ	80.6km
	ベル	宇都宮《うつのみや》線、日光線《にっこうせん》、宇都宮《うつのみや》ライトレール	なすの、やまびこ、つばさ	109.5km
	ベル	宇都宮《うつのみや》線	なすの、やまびこ、つばさ	157.8km
	ベル	東北本線《とうほくほんせん》	なすの、やまびこ、つばさ	185.4km
	キセキ	東北本線《とうほくほんせん》、水郡線《すいぐんせん》、磐越東線《ばんえつとうせん》、磐越西線《ばんえつさいせん》	なすの、やまびこ、つばさ	226.7km
	栄冠《えいかん》は君《きみ》に輝《かがや》く	山形新幹線《やまがたしんかんせん》、東北本線《とうほくほんせん》、奥羽本線《おううほんせん》、阿武隈急行阿武隈急行線《あぶくまきゅうこうあぶくまきゅうこうせん》、福島交通《ふくしまこうつう》飯坂線《いいざかせん》	やまびこ、つばさ	272.8km
	白石市民歌《しろいししみんか》、白石音《しろいしおん》頭《ど》	—	やまびこ	306.8km
	青葉城恋唄《あおばじょうこいうた》	東北本線《とうほくほんせん》、仙石線《せんせきせん》、仙山線《せんざんせん》、常磐線《じょうばんせん》、仙台空港《せんだいくうこう》アクセス線《せん》、仙台市営地《せんだいしえいち》下鉄東西線《かてつとうざいせん》・南北線《なんぼくせん》	やまびこ、こまち、はやぶさ	351.8km
	ベル	陸羽東線《りくうとうせん》	やまびこ、こまち、はやぶさ	395.0km
	Water《ウォーター》 Crown《クラウン》	—	やまびこ、こまち、はやぶさ	416.2km
	夕暮《ゆうぐ》れ時《どき》は寂《さび》しそう	東北本線《とうほくほんせん》、大船渡線《おおふなとせん》	やまびこ、こまち、はやぶさ	445.1km
	君《きみ》は天然色《てんねんしょく》	—	やまびこ、こまち、はやぶさ	470.1km
	風《かぜ》と共《とも》に、See《シー》 You《ユー》 Again《アゲイン》	東北本線《とうほくほんせん》、北上線《きたかみせん》	やまびこ、こまち、はやぶさ	487.5km
	星《ほし》めぐりの歌《うた》	釜石線《かまいしせん》	やまびこ、こまち、はやぶさ	500.0km
	ダイジョウブ	秋田新幹線《あきたしんかんせん》、東北本線《とうほくほんせん》、山田線《やまだせん》、花輪線《はなわせん》、田沢湖線《たざわこせん》、IGR《アイジーアール》いわて銀河《ぎんが》鉄道《てつどう》いわて銀河鉄道線《ぎんがてつどうせん》	やまびこ、こまち、はやぶさ、はやて	535.3km
	風《かぜ》と共《とも》に、See《シー》 You《ユー》 Again《アゲイン》	IGR《アイジーアール》いわて銀河鉄道《ぎんがてつどう》いわて銀河鉄道線《ぎんがてつどうせん》	はやて、はやぶさ	566.4km
	風《かぜ》と共《とも》に、See《シー》 You《ユー》 Again《アゲイン》	IGR《アイジーアール》いわて銀河鉄道《ぎんがてつどう》いわて銀河鉄道線《ぎんがてつどうせん》	はやて、はやぶさ	601.0km
	八戸小唄《はちのへこうた》	八戸線《はちのへせん》、青《あお》い森鉄道《もりてつどう》青《あお》い森鉄道線《もりてつどうせん》	はやて、はやぶさ	631.9km
	風《かぜ》と共《とも》に、See《シー》 You《ユー》 Again《アゲイン》	—	はやて、はやぶさ	668.0km
	青森《あおもり》ねぶた囃子《はやし》	北海道新幹線《ほっかいどうしんかんせん》、奥羽本線《おううほんせん》	はやて、はやぶさ	713.7km

東北新幹線《とうほくしんかんせん》

※東京《とうきょう》―大宮《おおみや》の人数《にんずう》は東北《とうほく》・上越《じょうえつ》・北陸《ほくりく》の合計《ごうけい》

駅名《えきめい》	乗車人員《じょうしゃじんいん》	乗降客数《じょうこうきゃくすう》	構造《こうぞう》	開業年月《かいぎょうねんげつ》	所在地《しょざいち》	所属支社《しょぞくししゃ》
東京《とうきょう》	65056	130112	島式《しましき》2面《めん》4線《せん》	1991年《ねん》6月《がつ》20日《にち》	東京都千代田区《とうきょうとちよだく》	新幹線統括本部《しんかんせんとうかつほんぶ》、首都圏本部《しゅとけんほんぶ》(駅《えき》運転《うんてん》・営業業務《えいぎょうぎょうむ》のみ担当《たんとう》)
上野《うえの》	11559	23118	島式《しましき》2面《めん》4線《せん》	1985年《ねん》3月《がつ》14日《にち》	東京都台東区《とうきょうとたいとうく》	新幹線統括本部《しんかんせんとうかつほんぶ》、首都圏本部《しゅとけんほんぶ》(駅《えき》運転《うんてん》・営業業務《えいぎょうぎょうむ》のみ担当《たんとう》)
大宮《おおみや》	30291	60582	島式《しましき》3面《めん》6線《せん》	1982年《ねん》6月《がつ》23日《にち》	埼玉県《さいたまけん》さいたま市大宮区《しおおみやく》	新幹線統括本部《しんかんせんとうかつほんぶ》、大宮支社《おおみやししゃ》(駅運転《えきうんてん》・営業業務《えいぎょうぎょうむ》のみ担当《たんとう》)
小山《おやま》	4023	8046	2面《めん》5線《せん》(真《ま》ん中《なか》2線通過線《せんつうかせん》、東京方面《とうきょうほうめん》：島式《しましき》1面《めん》2線《せん》)	1982年《ねん》6月《がつ》23日《にち》	栃木県小山市《とちぎけんおやまし》	新幹線統括本部《しんかんせんとうかつほんぶ》、大宮支社《おおみやししゃ》(駅運転《えきうんてん》・営業業務《えいぎょうぎょうむ》のみ担当《たんとう》)
宇都宮《うつのみや》	11954	23908	相対式《そうたいしき》2面《めん》4線《せん》(真《ま》ん中《なか》2線《せん》通過線《つうかせん》)	1982年《ねん》6月《がつ》23日《にち》	栃木県宇都宮市《とちぎけんうつのみやし》	新幹線統括本部《しんかんせんとうかつほんぶ》、大宮支社《おおみやししゃ》(駅運転《えきうんてん》・営業業務《えいぎょうぎょうむ》のみ担当《たんとう》)
那須塩原《なすしおばら》	3094	6188	2面《めん》5線《せん》(真《ま》ん中《なか》2線通過線《せんつうかせん》、東京方面《とうきょうほうめん》：島式《しましき》1面《めん》2線《せん》)	1982年《ねん》6月《がつ》23日《にち》	栃木県那須塩原市《とちぎけんなすしおばらし》	新幹線統括本部《しんかんせんとうかつほんぶ》、大宮支社《おおみやししゃ》(駅運転《えきうんてん》・営業業務《えいぎょうぎょうむ》のみ担当《たんとう》)
新白河《しんしらかわ》	1868	3736	相対式《そうたいしき》2面《めん》4線《せん》(真《ま》ん中《なか》2線《せん》通過線《つうかせん》)	1982年《ねん》6月《がつ》23日《にち》	福島県西白河郡西郷村《ふくしまけんにししらかわぐんにしごうむら》	新幹線統括本部《しんかんせんとうかつほんぶ》、東北本部《とうほくほんぶ》(駅運転《えきうんてん》・営業業務《えいぎょうぎょうむ》のみ担当《たんとう》)
郡山《こおりやま》	8067	16134	2面《めん》5線《せん》(真《ま》ん中《なか》2線通過線《せんつうかせん》、東京方面《とうきょうほうめん》：島式《しましき》1面《めん》2線《せん》)	1982年《ねん》6月《がつ》23日《にち》	福島県郡山市《ふくしまけんこおりやまし》	新幹線統括本部《しんかんせんとうかつほんぶ》、東北本部《とうほくほんぶ》(駅運転《えきうんてん》・営業業務《えいぎょうぎょうむ》のみ担当《たんとう》)
福島《ふくしま》	6728	13456	島式《しましき》2面《めん》6線《せん》(真《ま》ん中《なか》2線通過線《せんつうかせん》)	1982年《ねん》6月《がつ》23日《にち》	福島県福島市《ふくしまけんふくしまし》	新幹線統括本部《しんかんせんとうかつほんぶ》、東北本部《とうほくほんぶ》(駅運転《えきうんてん》・営業業務《えいぎょうぎょうむ》のみ担当《たんとう》)
白石蔵王《しろいしざおう》	832	1664	2面《めん》5線《せん》(真《ま》ん中《なか》2線通過線《せんつうかせん》、東京方面《とうきょうほうめん》：島式《しましき》1面《めん》2線《せん》)	1982年《ねん》6月《がつ》23日《にち》	宮城県白石市《みやぎけんしろいしし》	新幹線統括本部《しんかんせんとうかつほんぶ》、東北本部《とうほくほんぶ》(駅運転《えきうんてん》・営業業務《えいぎょうぎょうむ》のみ担当《たんとう》)
仙台《せんだい》	24730	49460	島式《しましき》2面《めん》4線《せん》	1982年《ねん》6月《がつ》23日《にち》	宮城県仙台市青葉区《みやぎけんせんだいしあおばく》	新幹線統括本部《しんかんせんとうかつほんぶ》、東北本部《とうほくほんぶ》(駅運転《えきうんてん》・営業業務《えいぎょうぎょうむ》のみ担当《たんとう》)
古川《ふるかわ》	2625	5250	相対式《そうたいしき》2面《めん》4線《せん》(真《ま》ん中《なか》2線《せん》通過線《つうかせん》)	1982年《ねん》6月《がつ》23日《にち》	宮城県大崎市《みやぎけんおおさきし》	新幹線統括本部《しんかんせんとうかつほんぶ》、東北本部《とうほくほんぶ》(駅運転《えきうんてん》・営業業務《えいぎょうぎょうむ》のみ担当《たんとう》)
くりこま高原《こうげん》	880	1760	相対式《そうたいしき》2面《めん》2線《せん》	1990年《ねん》3月《がつ》10日《にち》	宮城県栗原市《みやぎけんくりはらし》	新幹線統括本部《しんかんせんとうかつほんぶ》、東北本部《とうほくほんぶ》(駅運転《えきうんてん》・営業業務《えいぎょうぎょうむ》のみ担当《たんとう》)
一ノ関《いちのせき》	2024	4048	相対式《そうたいしき》2面《めん》4線《せん》(真《ま》ん中《なか》2線《せん》通過線《つうかせん》)	1982年《ねん》6月《がつ》23日《にち》	岩手県一関市《いわてけんいちのせきし》	新幹線統括本部《しんかんせんとうかつほんぶ》、盛岡支社《もりおかししゃ》(駅運転《えきうんてん》・営業業務《えいぎょうぎょうむ》のみ担当《たんとう》)
水沢江刺《みずさわえさし》	872	1744	相対式《そうたいしき》2面《めん》2線《せん》	1985年《ねん》3月《がつ》14日《にち》	岩手県奥州市《いわてけんおうしゅうし》	新幹線統括本部《しんかんせんとうかつほんぶ》、盛岡支社《もりおかししゃ》(駅運転《えきうんてん》・営業業務《えいぎょうぎょうむ》のみ担当《たんとう》)
北上《きたかみ》	1373	2746	2面《めん》5線《せん》(真《ま》ん中《なか》2線通過線《せんつうかせん》、東京方面《とうきょうほうめん》：島式《しましき》1面《めん》2線《せん》)	1982年《ねん》6月《がつ》23日《にち》	岩手県北上市《いわてけんきたかみし》	新幹線統括本部《しんかんせんとうかつほんぶ》、盛岡支社《もりおかししゃ》(駅運転《えきうんてん》・営業業務《えいぎょうぎょうむ》のみ担当《たんとう》)
新花巻《しんはなまき》	713	1426	相対式《そうたいしき》2面《めん》2線《せん》	1985年《ねん》3月《がつ》14日《にち》	岩手県花巻市《いわてけんはなまきし》	新幹線統括本部《しんかんせんとうかつほんぶ》、盛岡支社《もりおかししゃ》(駅運転《えきうんてん》・営業業務《えいぎょうぎょうむ》のみ担当《たんとう》)
盛岡《もりおか》	7226	14452	島式《しましき》2面《めん》4線《せん》	1982年《ねん》6月《がつ》23日《にち》	岩手県盛岡市《いわてけんもりおかし》	新幹線統括本部《しんかんせんとうかつほんぶ》、盛岡支社《もりおかししゃ》(駅運転《えきうんてん》・営業業務《えいぎょうぎょうむ》のみ担当《たんとう》)
いわて沼宮内《ぬまくない》	72	144	相対式《そうたいしき》2面《めん》2線《せん》	2002年《ねん》12月《がつ》1日《にち》	岩手県岩手郡岩手町《いわてけんいわてぐんいわてまち》	新幹線統括本部《しんかんせんとうかつほんぶ》、盛岡支社《もりおかししゃ》(駅運転《えきうんてん》・営業業務《えいぎょうぎょうむ》のみ担当《たんとう》)
二戸《にのへ》	708	1416	相対式《そうたいしき》2面《めん》2線《せん》	2002年《ねん》12月《がつ》1日《にち》	岩手県二戸市《いわてけんにのへし》	新幹線統括本部《しんかんせんとうかつほんぶ》、盛岡支社《もりおかししゃ》(駅運転《えきうんてん》・営業業務《えいぎょうぎょうむ》のみ担当《たんとう》)
八戸《はちのへ》	3202	6404	島式《しましき》2面《めん》4線《せん》	2002年《ねん》12月《がつ》1日《にち》	青森県八戸市《あおもりけんはちのへし》	新幹線統括本部《しんかんせんとうかつほんぶ》、盛岡支社《もりおかししゃ》(駅運転《えきうんてん》・営業業務《えいぎょうぎょうむ》のみ担当《たんとう》)
七戸十和田《しちのへとわだ》	685	1370	相対式《そうたいしき》2面《めん》2線《せん》	2010年《ねん》12月《がつ》4日《にち》	青森県上北郡七戸町《あおもりけんかみきたぐんしちのへまち》	新幹線統括本部《しんかんせんとうかつほんぶ》、盛岡支社《もりおかししゃ》(駅運転《えきうんてん》・営業業務《えいぎょうぎょうむ》のみ担当《たんとう》)
新青森《しんあおもり》	4636	9272	島式《しましき》2面《めん》4線《せん》	2010年《ねん》12月《がつ》4日《にち》	青森県青森市《あおもりけんあおもりし》	新幹線統括本部《しんかんせんとうかつほんぶ》、盛岡支社《もりおかししゃ》(駅運転《えきうんてん》・営業業務《えいぎょうぎょうむ》のみ担当《たんとう》)

	発車《はっしゃ》メロディー	乗《の》り入《い》れ路線《ろせん》	停車《ていしゃ》する種別《しゅべつ》	東京《とうきょう》からの営業《えいぎょう》キロ
	ダイジョウブ	東北新幹線《とうほくしんかんせん》、東北本線《とうほくほんせん》、山田線《やまだせん》、花輪線《はなわせん》、田沢湖線《たざわこせん》、IGR《アイジーアール》いわて銀河《ぎんが》鉄道《てつどう》いわて銀河鉄道線《ぎんがてつどうせん》	こまち	535.3km
	—	田沢湖線《たざわこせん》	こまち	551.3km
	—	田沢湖線《たざわこせん》	こまち	575.4km
	—	田沢湖線《たざわこせん》、秋田内陸縦貫鉄道秋田内陸線《あきたないりくじゅうかんてつどうあきたないりくせん》	こまち	594.1km
	夢《ゆめ》の空《そら》	田沢湖線《たざわこせん》、奥羽本線《おううほんせん》	こまち	610.9km
	明日《あした》はきっといい日《ひ》になる	奥羽本線《おううほんせん》、羽越本線《うえつほんせん》、男鹿線《おがせん》	こまち	662.6km

	発車《はっしゃ》メロディー	乗《の》り入《い》れ路線《ろせん》	停車《ていしゃ》する種別《しゅべつ》	東京《とうきょう》からの営業《えいぎょう》キロ
	栄冠《えいかん》は君《きみ》に輝《かがや》く	山形新幹線《やまがたしんかんせん》、東北本線《とうほくほんせん》、奥羽本線《おううほんせん》、阿武隈急行阿武隈急行線《あぶくまきゅうこうあぶくまきゅうこうせん》、福島交通《ふくしまこうつう》飯坂線《いいざかせん》	やまびこ、つばさ	272.8km
	—	奥羽本線《おううほんせん》、米坂線《よねさかせん》	つばさ	312.9km
	—	奥羽本線《おううほんせん》	つばさ	322.7km
	—	奥羽本線《おううほんせん》、山形鉄道《やまがたてつどう》フラワー長井線《ながいせん》	つばさ	328.9km
	—	奥羽本線《おううほんせん》	つばさ	347.8km
	花笠音頭《はながさおんど》	奥羽本線《おううほんせん》、仙山線《せんざんせん》、左沢線《あてらざわせん》	つばさ	359.9km
	—	奥羽本線《おううほんせん》	つばさ	373.2km
	—	奥羽本線《おううほんせん》	つばさ	380.9km
	—	奥羽本線《おううほんせん》	つばさ	386.3km
	—	奥羽本線《おううほんせん》	つばさ	399.7km
	新庄《しんじょう》まつり囃子《はやし》	奥羽本線《おううほんせん》、陸羽東線《りくうとうせん》、陸羽西線《りくうさいせん》	つばさ	421.4km

大石田駅《おおいしだえき》

新庄駅《しんじょうえき》

秋田新幹線《あきたしんかんせん》

※人数《にんずう》には在来線《ざいらいせん》を含《ふく》む

駅名《えきめい》	乗車人員《じょうしゃじんいん》	乗降客数《じょうこうきゃくすう》	構造《こうぞう》	開業年月《かいぎょうねんげつ》	所在地《しょざいち》	所属支社《しょぞくししゃ》
盛岡《もりおか》	7226	14452	島式《しましき》2面《めん》4線《せん》	1982年《ねん》6月《がつ》23日《にち》	岩手県《いわてけん》盛岡市《もりおかし》	新幹線《しんかんせん》統括《とうかつ》本部《ほんぶ》、盛岡支社《もりおかししゃ》(駅運《えきうん》転《てん》・営業業務《えいぎょうぎょうむ》のみ担当《たんとう》)
雫石《しずくいし》	452	904	島式《しましき》2面《めん》3線《せん》	1997年《ねん》3月《がつ》22日《にち》	岩手県《いわてけん》岩手郡《いわてぐん》雫石町《しずくいしちょう》	盛岡支社《もりおかししゃ》
田沢湖《たざわこ》	281	562	島式《しましき》2面《めん》3線《せん》	1997年《ねん》3月《がつ》22日《にち》	秋田県《あきたけん》仙北市《せんぼくし》	秋田支社《あきたししゃ》
角館《かくのだて》	450	900	島式《しましき》2面《めん》3線《せん》	1997年《ねん》3月《がつ》22日《にち》	秋田県《あきたけん》仙北市《せんぼくし》	秋田支社《あきたししゃ》
大曲《おおまがり》	1822	3644	島式《しましき》1面《めん》2線《せん》	1997年《ねん》3月《がつ》22日《にち》	秋田県《あきたけん》大仙市《だいせんし》	秋田支社《あきたししゃ》
秋田《あきた》	9830	19660	島式《しましき》1面《めん》2線《せん》	1997年《ねん》3月《がつ》22日《にち》	秋田県《あきたけん》秋田市《あきたし》	秋田支社《あきたししゃ》

山形新幹線《やまがたしんかんせん》

※人数《にんずう》には在来線《ざいらいせん》を含《ふく》む

駅名《えきめい》	乗車人員《じょうしゃじんいん》	乗降客数《じょうこうきゃくすう》	構造《こうぞう》	開業年月《かいぎょうねんげつ》	所在地《しょざいち》	所属支社《しょぞくししゃ》
福島《ふくしま》	6728	13456	島式《しましき》2面《めん》6線《せん》(真《ま》ん中《なか》2線通《せんつう》過線《かせん》)	1982年《ねん》6月《がつ》23日《にち》	福島県《ふくしまけん》福島市《ふくしまし》	新幹線《しんかんせん》統括《とうかつ》本部《ほんぶ》、東北本部《とうほくほんぶ》(駅運《えきうん》転《てん》・営業業務《えいぎょうぎょうむ》のみ担当《たんとう》)
米沢《よねざわ》	1844	3688	島式《しましき》2面《めん》3線《せん》	1992年《ねん》7月《がつ》1日《にち》	山形県《やまがたけん》米沢市《よねざわし》	東北本部《とうほくほんぶ》
高畠《たかはた》	649	1298	相対式《そうたいしき》2面《めん》2線《せん》	1992年《ねん》7月《がつ》1日《にち》	山形県《やまがたけん》東置賜郡《ひがしおきたまぐん》高畠町《たかはたまち》	東北本部《とうほくほんぶ》
赤湯《あかゆ》	1099	2198	3面《めん》3線《せん》	1992年《ねん》7月《がつ》1日《にち》	山形県《やまがたけん》南陽市《なんようし》	東北本部《とうほくほんぶ》
かみのやま温泉《おんせん》	1197	2394	島式《しましき》2面《めん》3線《せん》	1992年《ねん》7月《がつ》1日《にち》	山形県《やまがたけん》上山市《かみのやまし》	東北本部《とうほくほんぶ》
山形《やまがた》	9652	19304	島式《しましき》1面《めん》2線《せん》	1992年《ねん》7月《がつ》1日《にち》	山形県《やまがたけん》山形市《やまがたし》	東北本部《とうほくほんぶ》
天童《てんどう》	1237	2474	島式《しましき》2面《めん》3線《せん》	1999年《ねん》12月《がつ》4日《にち》	山形県《やまがたけん》天童市《てんどうし》	東北本部《とうほくほんぶ》
さくらんぼ東根《ひがしね》	1362	2724	相対式《そうたいしき》2面《めん》2線《せん》	1999年《ねん》12月《がつ》4日《にち》	山形県《やまがたけん》東根市《ひがしねし》	東北本部《とうほくほんぶ》
村山《むらやま》	730	1460	島式《しましき》2面《めん》3線《せん》	1999年《ねん》12月《がつ》4日《にち》	山形県《やまがたけん》村山市《むらやまし》	東北本部《とうほくほんぶ》
大石田《おおいしだ》	614	1228	2面《めん》2線《せん》	1999年《ねん》12月《がつ》4日《にち》	山形県《やまがたけん》北村山郡《きたむらやまぐん》大石田《おおいしだ》町《まち》	東北本部《とうほくほんぶ》
新庄《しんじょう》	1058	2116	2面《めん》2線《せん》	1999年《ねん》12月《がつ》4日《にち》	山形県《やまがたけん》新庄市《しんじょうし》	東北本部《とうほくほんぶ》

大曲駅《おおまがりえき》

米沢駅《よねざわえき》

	発車《はっしゃ》 メロディー	乗《の》り入《い》れ路線《ろせん》	停車《ていしゃ》する種別《しゅべつ》	東京《とうきょう》 からの営業《えいぎょう》キロ
	青森《あおもり》ねぶた囃子《はやし》	東北新幹線《とうほくしんかんせん》、奥羽本線《おううほんせん》	はやて、はやぶさ	713.7㎞
	ベル	津軽線《つがるせん》	はやて、はやぶさ	752.2㎞
	ベル	道南《どうなん》いさりび鉄道道南《てつどうどうなん》いさりび鉄道線《てつどうせん》	はやて、はやぶさ	827.0㎞
	ベル	函館本線《はこだてほんせん》	はやて、はやぶさ	862.5㎞

	発車《はっしゃ》 メロディー	乗《の》り入《い》れ路線《ろせん》	停車《ていしゃ》する種別《しゅべつ》	始点《してん》（東京《とうきょう》） からの営業《えいぎょう》キロ
	ベル	東海道新幹線《とうかいどうしんかんせん》、中央本線《ちゅうおうほんせん》、山手線《やまのてせん》、京浜東北線《けいひんとうほくせん》、東海道本線《とうかいどうほんせん》、東北本《とうほくほん》線《せん》、高崎線《たかさきせん》、常磐線《じょうばんせん》、横須賀線《よこすかせん》、総武本線《そうぶほんせん》、京葉線《けいようせん》、東京《とうきょう》メトロ丸ノ内《まるのうち》線《せん》	とき、たにがわ	0㎞
	ベル	山手線《やまのてせん》、京浜東北線《けいひんとうほくせん》、宇都宮線《うつのみやせん》、高崎線《たかさきせん》、常磐線《じょうばんせん》、東京《とうきょう》メトロ銀座線《ぎんざせん》・日比谷線《ひびやせん》、京成電鉄本線《けいせいでんてつほんせん》	とき、たにがわ	3.6㎞
	ベル	東北新幹線《とうほくしんかんせん》、京浜東北線《けいひんとうほくせん》、高崎線《たかさきせん》、宇都宮線《うつのみやせん》、湘南新宿《しょうなんしんじゅく》ライン、埼京《さいきょう》線《せん》、川越線《かわごえせん》、東武鉄道野田線《とうぶてつどうのだせん》、埼玉新都市交通伊奈線《さいたましんとしこうつういなせん》	とき、たにがわ	30.3㎞
	ベル	高崎線《たかさきせん》、秩父鉄道秩父本線《ちちぶてつどうちちぶほんせん》	とき、たにがわ	64.7㎞
	ベル	—	とき、たにがわ	86.0㎞
	さらば青春《せいしゅん》の光《ひかり》、Great messenger《グレートメッセンジャー》	北陸新幹線《ほくりくしんかんせん》、高崎線《たかさきせん》、上越線《じょうえつせん》、信越本線《しんえつほんせん》、両毛線《りょうもうせん》、八高線《はちこうせん》、吾妻線《あがつません》、上《じょう》信電鉄上信線《しんでんてつじょうしんせん》	とき、たにがわ	105.0㎞
	ベル	—	とき、たにがわ	151.6㎞
	ベル	ガーラ湯沢支線《ゆざわしせん》（上越新幹線《じょうえつしんかんせん》）、北越急行《ほくえつきゅうこう》ほくほく線《せん》	とき、たにがわ	199.2㎞
	ベル	—	たにがわ	201.0㎞
	ベル	上越線《じょうえつせん》	とき	228.9㎞
	ベル	信越本線《しんえつほんせん》、上越線《じょうえつせん》	とき	270.6㎞
	ベル	弥彦線《やひこせん》	とき	293.8㎞
	ベル	信越本線《しんえつほんせん》、白新線《はくしんせん》、越後線《えちごせん》	とき	333.9㎞

浦佐駅《うらさえき》

燕三条駅《つばめさんじょうえき》

北海道新幹線《ほっかいどうしんかんせん》

駅名《えきめい》	乗車人員《じょうしゃじんいん》	乗降客数《じょうこうきゃくすう》	構造《こうぞう》	開業年月《かいぎょうねんげつ》	所在地《しょざいち》	所属支社《しょぞくししゃ》
新青森《しんあおもり》	4636	9272	島式《しましき》2面《めん》4線《せん》	2010年《ねん》12月《がつ》4日《にち》	青森県青森市《あおもりけんあおもりし》	新幹線統括本部《しんかんせんとうかつほんぶ》、盛岡支社《もりおかししゃ》(駅運《えきうん》転《てん》・営業業務《えいぎょうぎょうむ》のみ担当《たんとう》)
奥津軽《おくつがる》いまべつ	21	42	相対式《そうたいしき》2面《めん》3線《せん》(下《くだ》り通過《つうか》線《せん》)	2016年《ねん》3月《がつ》26日《にち》	青森県東津軽郡今別町《あおもりけんひがしつがるぐんいまべつまち》	函館支社《はこだてししゃ》
木古内《きこない》	34	68	相対式《そうたいしき》2面《めん》3線《せん》(上《のぼ》り通過《つうか》線《せん》)	2016年《ねん》3月《がつ》26日《にち》	北海道上磯郡木古内町《ほっかいどうかみいそぐんきこないちょう》	函館支社《はこだてししゃ》
新函館北斗《しんはこだてほくと》	640	1280	相対式《そうたいしき》2面《めん》2線《せん》	2016年《ねん》3月《がつ》26日《にち》	北海道北斗市《ほっかいどうほくとし》	函館支社《はこだてししゃ》

上越新幹線《じょうえつしんかんせん》

※東京《とうきょう》—大宮《おおみや》の人数《にんずう》は東北《とうほく》・上越《じょうえつ》・北陸《ほくりく》の合計《ごうけい》、熊谷《くまがや》—高崎《たかさき》の人数《にんずう》は上越《じょうえつ》・北陸《ほくりく》の合計《ごうけい》

駅名《えきめい》	乗車人員《じょうしゃじんいん》	乗降客数《じょうこうきゃくすう》	構造《こうぞう》	開業年月《かいぎょうねんげつ》	所在地《しょざいち》	所属支社《しょぞくししゃ》
東京《とうきょう》	65056	130112	島式《しましき》2面《めん》4線《せん》	1991年《ねん》6月《がつ》20日《にち》	東京都千代田区《とうきょうとちよだく》	新幹線統括本部《しんかんせんとうかつほんぶ》、首都圏本部《しゅとけんほんぶ》(駅《えき》運転《うんてん》・営業業務《えいぎょうぎょうむ》のみ担当《たんとう》)
上野《うえの》	11559	23118	島式《しましき》2面《めん》4線《せん》	1985年《ねん》3月《がつ》14日《にち》	東京都台東区《とうきょうとたいとうく》	新幹線統括本部《しんかんせんとうかつほんぶ》、首都圏本部《しゅとけんほんぶ》(駅《えき》運転《うんてん》・営業業務《えいぎょうぎょうむ》のみ担当《たんとう》)
大宮《おおみや》	30291	60582	島式《しましき》3面《めん》6線《せん》	1982年《ねん》6月《がつ》23日《にち》	埼玉県《さいたまけん》さいたま市大宮《しおおみや》区《く》	新幹線統括本部《しんかんせんとうかつほんぶ》、大宮支社《おおみやししゃ》(駅運《えきうん》転《てん》・営業業務《えいぎょうぎょうむ》のみ担当《たんとう》)
熊谷《くまがや》	3510	7020	2面《めん》5線《せん》(真《ま》ん中《なか》2線通過《せんつうか》線《せん》、東京方面《とうきょうほうめん》：島式《しましき》1面《めん》2線《せん》)	2004年《ねん》3月《がつ》13日《にち》	埼玉県熊谷市《さいたまけんくまがやし》	新幹線統括本部《しんかんせんとうかつほんぶ》、高崎支社《たかさきししゃ》(駅運《えきうん》転《てん》・営業業務《えいぎょうぎょうむ》のみ担当《たんとう》)
本庄早稲田《ほんじょうわせだ》	1929	3858	相対式《そうたいしき》2面《めん》4線《せん》(真《ま》ん中《なか》2線通過線《せんつうかせん》)	1982年《ねん》11月《がつ》15日《にち》	埼玉県本庄市《さいたまけんほんじょうし》	新幹線統括本部《しんかんせんとうかつほんぶ》、高崎支社《たかさきししゃ》(駅運《えきうん》転《てん》・営業業務《えいぎょうぎょうむ》のみ担当《たんとう》)
高崎《たかさき》	12942	25884	島式《しましき》2面《めん》6線《せん》(真《ま》ん中《なか》2線《せん》通過線《つうかせん》)	1982年《ねん》11月《がつ》15日《にち》	群馬県高崎市《ぐんまけんたかさきし》	新幹線統括本部《しんかんせんとうかつほんぶ》、高崎支社《たかさきししゃ》(駅運《えきうん》転《てん》・営業業務《えいぎょうぎょうむ》のみ担当《たんとう》)
上毛高原《じょうもうこうげん》	676	1352	相対式《そうたいしき》2面《めん》4線《せん》(真《ま》ん中《なか》2線通過線《せんつうかせん》)	1982年《ねん》11月《がつ》15日《にち》	群馬県利根郡《ぐんまけんとねぐん》みなかみ町《まち》	新幹線統括本部《しんかんせんとうかつほんぶ》、高崎支社《たかさきししゃ》(駅運《えきうん》転《てん》・営業業務《えいぎょうぎょうむ》のみ担当《たんとう》)
越後湯沢《えちごゆざわ》	3099	6198	島式《しましき》2面《めん》6線《せん》(真《ま》ん中《なか》2線《せん》通過線《つうかせん》)	1982年《ねん》11月《がつ》15日《にち》	新潟県南魚沼郡湯沢町《にいがたけんみなみうおぬまぐんゆざわまち》	新幹線統括本部《しんかんせんとうかつほんぶ》、新潟支社《にいがたししゃ》(駅運《えきうん》転《てん》・営業業務《えいぎょうぎょうむ》のみ担当《たんとう》)
ガーラ湯沢《ゆざわ》	—	—	島式《しましき》1面《めん》2線《せん》	1990年《ねん》12月《がつ》20日《にち》	新潟県南魚沼郡湯沢町《にいがたけんみなみうおぬまぐんゆざわまち》	新幹線統括本部《しんかんせんとうかつほんぶ》、新潟支社《にいがたししゃ》(駅運《えきうん》転《てん》・営業業務《えいぎょうぎょうむ》のみ担当《たんとう》)
浦佐《うらさ》	692	1384	相対式《そうたいしき》2面《めん》4線《せん》(真《ま》ん中《なか》2線通過線《せんつうかせん》)	1982年《ねん》11月《がつ》15日《にち》	新潟県南魚沼市《にいがたけんみなみうおぬまし》	新幹線統括本部《しんかんせんとうかつほんぶ》、新潟支社《にいがたししゃ》(駅運《えきうん》転《てん》・営業業務《えいぎょうぎょうむ》のみ担当《たんとう》)
長岡《ながおか》	4158	8316	相対式《そうたいしき》2面《めん》4線《せん》(真《ま》ん中《なか》2線通過線《せんつうかせん》)	1982年《ねん》11月《がつ》15日《にち》	新潟県長岡市《にいがたけんながおかし》	新幹線統括本部《しんかんせんとうかつほんぶ》、新潟支社《にいがたししゃ》(駅運《えきうん》転《てん》・営業業務《えいぎょうぎょうむ》のみ担当《たんとう》)
燕三条《つばめさんじょう》	1659	3318	2面《めん》5線《せん》(真《ま》ん中《なか》2線通過《せんつうか》線《せん》、東京方面《とうきょうほうめん》：島式《しましき》1面《めん》2線《せん》)	1982年《ねん》11月《がつ》15日《にち》	新潟県三条市《にいがたけんさんじょうし》	新幹線統括本部《しんかんせんとうかつほんぶ》、新潟支社《にいがたししゃ》(駅運《えきうん》転《てん》・営業業務《えいぎょうぎょうむ》のみ担当《たんとう》)
新潟《にいがた》	8908	17816	島式《しましき》2面《めん》4線《せん》	1982年《ねん》11月《がつ》15日《にち》	新潟県新潟市中央区《にいがたけんにいがたしちゅうおうく》	新幹線統括本部《しんかんせんとうかつほんぶ》、新潟支社《にいがたししゃ》(駅運《えきうん》転《てん》・営業業務《えいぎょうぎょうむ》のみ担当《たんとう》)

新函館北斗駅《しんはこだてほくとえき》

越後湯沢駅《えちごゆざわえき》

	発車《はっしゃ》 メロディー	乗《の》り入《い》れ路線《ろせん》	停車《ていしゃ》する種別《しゅべつ》	始点《してん》（東京《とうきょう》） からの営業《えいぎょう》キロ
	ベル	東海道新幹線中央本線《とうかいどうしんかんせんちゅうおうほんせん》、山手線《やまのてせん》、京浜東北線《けいひんとうほくせん》、東海道本線《とうかいどうほんせん》、東北本線《とうほくほんせん》、高崎線《たかさきせん》、常磐線《じょうばんせん》、横須賀線《よこすかせん》、総武本線《そうぶほんせん》、京葉線《けいようせん》、東京《とうきょう》メトロ丸ノ内線《まるのうちせん》	あさま、はくたか、かがやき	0㎞
	ベル	山手線《やまのてせん》、京浜東北線《けいひんとうほくせん》、宇都宮線《うつのみやせん》、高崎線《たかさきせん》、常磐線《じょうばんせん》、東京《とうきょう》メトロ銀座線《ぎんざせん》・日比谷線《ひびやせん》、京成電鉄本線《けいせいでんてつほんせん》	あさま、はくたか、かがやき	3.6㎞
	ベル	東北新幹線《とうほくしんかんせん》、京浜東北線《けいひんとうほくせん》、高崎線《たかさきせん》、宇都宮線《うつのみやせん》、湘南新宿《しょうなんしんじゅく》ライン、埼京《さいきょう》線《せん》、川越線《かわごえせん》、東武鉄道野田線《とうぶてつどうのだせん》、埼玉新都市交通伊奈線《さいたましんとしこうつういなせん》	あさま、はくたか、かがやき	30.3㎞
	ベル	高崎線《たかさきせん》、秩父鉄道秩父本線《ちちぶてつどうちちぶほんせん》	あさま	64.7㎞
	ベル	—	あさま	86㎞
	さらば青春《せいしゅん》の光《ひかり》、Great messenger《グレートメッセンジャー》	上越新幹線《じょうえつしんかんせん》、高崎線《たかさきせん》、上越線《じょうえつせん》、信越本線《しんえつほんせん》、両毛線《りょうもうせん》、八高線《はちこうせん》、吾妻線《あがつません》、上《じょう》信電鉄上信線《しんでんてつじょうしんせん》	あさま、はくたか	105.0㎞
	曲名不詳《きょくめいふしょう》	—	あさま	123.5㎞
	JR《ジェイアール》-SH《エスエイチ》1-3	しなの鉄道《てつどう》しなの鉄道線《てつどうせん》	あさま、はくたか	146.8㎞
	JR《ジェイアール》-SH《エスエイチ》1-3	小海線《こうみせん》	あさま、はくたか	164.4㎞
	JR《ジェイアール》-SH《エスエイチ》1-1	しなの鉄道《てつどう》しなの鉄道線《てつどうせん》、上田電鉄別所線《うえだでんてつべっしょせん》	あさま、はくたか	189.2㎞
	信濃《しなの》の国《くに》	信越本線《しんえつほんせん》、篠ノ井線《しののいせん》、飯山線《いいやません》、長野電鉄長野線《ながのでんてつながのせん》、しなの鉄道《てつどう》しなの鉄道《てつどう》線《せん》・北《きた》しなの線《せん》	あさま、はくたか、かがやき	222.4㎞
	故郷《ふるさと》	飯山線《いいやません》	はくたか	252.3㎞
	夏《なつ》は来《き》ぬ	えちごトキめき鉄道妙高《てつどうみょうこう》はねうまライン	はくたか	281.9㎞
	春《はる》よ来《こ》い	大糸線《おおいとせん》、えちごトキめき鉄道日本海《てつどうにほんかい》ひすいライン	はくたか	318.9㎞
	煌《きらめき》〜水《みず》の都《みやこ》から〜	富山地方鉄道本線《とやまちほうてつどうほんせん》	はくたか	358.1㎞
	オリジナル曲《きょく》	高山本線《たかやまほんせん》、富山地方鉄道本線《とやまちほうてつどうほんせん》、立山線《たてやません》、不二越線《ふじこしせん》、上滝線《かみだきせん》、富山港線《とやまこうせん》、あいの風《かぜ》とやま鉄道《てつどう》あいの風《かぜ》とやま鉄道線《てつどうせん》	はくたか、かがやき、つるぎ	391.9㎞
	オリジナル曲《きょく》	城端線《じょうはなせん》	はくたか、つるぎ	410.8㎞
	オリジナル曲《きょく》	七尾線《ななおせん》、IR《アイアール》いしかわ鉄道《てつどう》IR《アイアール》いしかわ鉄道線《てつどうせん》、北陸鉄道浅野川線《ほくりくてつどうあさのがわせん》	はくたか、かがやき、つるぎ	450.5㎞
	陸《りく》の翼《つばさ》	IR《アイアール》いしかわ鉄道《てつどう》IR《アイアール》いしかわ鉄道線《てつどうせん》	はくたか、かがやき、つるぎ	477.6㎞
	みやびがや	IR《アイアール》いしかわ鉄道《てつどう》IR《アイアール》いしかわ鉄道線《てつどうせん》	はくたか、かがやき、つるぎ	492.1㎞
	オリジナル曲《きょく》	ハピラインふくいハピラインふくい線《せん》	はくたか、かがやき、つるぎ	508.4㎞
	Symphonic《シンフォニック》「悠久《ゆうきゅう》の一乗谷《いちじょうだに》」	越美北線《えつみほくせん》、福井鉄道福武線《ふくいてつどうふくぶせん》、ハピラインふくいハピラインふくい線《せん》、えちぜん鉄道勝山永平寺線《てつどうかつやまえいへいじせん》・三国芦原線《みくにあわらせん》	はくたか、かがやき、つるぎ	526.4㎞
	オリジナル曲《きょく》	—	はくたか、かがやき、つるぎ	545.4㎞
	来《こ》い来《こ》い敦賀《つるが》	北陸本線《ほくりくほんせん》、湖西線《こさいせん》、小浜線《おばません》、ハピラインふくいハピラインふくい線《せん》	はくたか、かがやき、つるぎ	575.6㎞

北陸新幹線《ほくりくしんかんせん》

※東京《とうきょう》—大宮《おおみや》の人数《にんずう》は東北《とうほく》・上越《じょうえつ》・北陸《ほくりく》の合計《ごうけい》、熊谷《くまがや》—高崎《たかさき》の人数《にんずう》は上越《じょうえつ》・北陸《ほくりく》の合計《ごうけい》

駅名《えきめい》	乗車人員《じょうしゃじんいん》	乗降客数《じょうこうきゃくすう》	構造《こうぞう》	開業年月《かいぎょうねんげつ》	所在地《しょざいち》	所属支社《しょぞくししゃ》
東京《とうきょう》	65056	130112	島式《しましき》2面《めん》4線《せん》	1991年《ねん》6月《がつ》20日《にち》	東京都千代田区《とうきょうとちよだく》	新幹線統括本部《しんかんせんとうかつほんぶ》、首都圏本部《しゅとけんほんぶ》(駅《えき》運転《うんてん》・営業業務《えいぎょうぎょうむ》のみ担当《たんとう》)
上野《うえの》	11559	23118	島式《しましき》2面《めん》4線《せん》	1985年《ねん》3月《がつ》14日《にち》	東京都台東区《とうきょうとたいとうく》	新幹線統括本部《しんかんせんとうかつほんぶ》、首都圏本部《しゅとけんほんぶ》(駅《えき》運転《うんてん》・営業業務《えいぎょうぎょうむ》のみ担当《たんとう》)
大宮《おおみや》	30291	60582	島式《しましき》3面《めん》6線《せん》	1982年《ねん》6月《がつ》23日《にち》	埼玉県《さいたまけん》さいたま市大宮区《しおおみやく》	新幹線統括本部《しんかんせんとうかつほんぶ》、大宮支社《おおみやししゃ》(駅運転《えきうんてん》・営業業務《えいぎょうぎょうむ》のみ担当《たんとう》)
熊谷《くまがや》	3510	7020	2面《めん》5線《せん》(真《ま》ん中《なか》2線通過線《せんつうかせん》、東京方面《とうきょうほうめん》：島式《しましき》1面《めん》2線《せん》)	1982年《ねん》11月《がつ》15日《にち》	埼玉県熊谷市《さいたまけんくまがやし》	新幹線統括本部《しんかんせんとうかつほんぶ》、高崎支社《たかさきししゃ》(駅運転《えきうんてん》・営業業務《えいぎょうぎょうむ》のみ担当《たんとう》)
本庄早稲田《ほんじょうわせだ》	1929	3858	相対式《そうたいしき》2面《めん》4線《せん》(真《ま》ん中《なか》2線《せん》通過線《つうかせん》)	1982年《ねん》11月《がつ》15日《にち》	埼玉県本庄市《さいたまけんほんじょうし》	新幹線統括本部《しんかんせんとうかつほんぶ》、高崎支社《たかさきししゃ》(駅運転《えきうんてん》・営業業務《えいぎょうぎょうむ》のみ担当《たんとう》)
高崎《たかさき》	12942	25884	島式《しましき》2面《めん》6線《せん》(真《ま》ん中《なか》2線通過線《せんつうかせん》)	1982年《ねん》11月《がつ》15日《にち》	群馬県高崎市《ぐんまけんたかさきし》	新幹線統括本部《しんかんせんとうかつほんぶ》、高崎支社《たかさきししゃ》(駅運転《えきうんてん》・営業業務《えいぎょうぎょうむ》のみ担当《たんとう》)
安中榛名《あんなかはるな》	250	500	相対式《そうたいしき》2面《めん》2線《せん》	1997年《ねん》10月《がつ》1日《にち》	群馬県安中市《ぐんまけんあんなかし》	新幹線統括本部《しんかんせんとうかつほんぶ》、高崎支社《たかさきししゃ》(駅運転《えきうんてん》・営業業務《えいぎょうぎょうむ》のみ担当《たんとう》)
軽井沢《かるいざわ》	4302	8604	島式《しましき》2面《めん》4線《せん》	1997年《ねん》10月《がつ》1日《にち》	長野県北佐久郡軽井沢町《ながのけんきたさくぐんかるいざわまち》	新幹線統括本部《しんかんせんとうかつほんぶ》、長野支社《ながのししゃ》(駅運転《えきうんてん》・営業業務《えいぎょうぎょうむ》のみ担当《たんとう》)
佐久平《さくだいら》	2702	5404	相対式《そうたいしき》2面《めん》2線《せん》	1997年《ねん》10月《がつ》1日《にち》	長野県佐久市《ながのけんさくし》	新幹線統括本部《しんかんせんとうかつほんぶ》、長野支社《ながのししゃ》(駅運転《えきうんてん》・営業業務《えいぎょうぎょうむ》のみ担当《たんとう》)
上田《うえだ》	2571	5142	相対式《そうたいしき》2面《めん》2線《せん》	1997年《ねん》10月《がつ》1日《にち》	長野県上田市《ながのけんうえだし》	新幹線統括本部《しんかんせんとうかつほんぶ》、長野支社《ながのししゃ》(駅運転《えきうんてん》・営業業務《えいぎょうぎょうむ》のみ担当《たんとう》)
長野《ながの》	7412	14824	島式《しましき》2面《めん》4線《せん》	1997年《ねん》10月《がつ》1日《にち》	長野県長野市《ながのけんながのし》	新幹線統括本部《しんかんせんとうかつほんぶ》、長野支社《ながのししゃ》(駅運転《えきうんてん》・営業業務《えいぎょうぎょうむ》のみ担当《たんとう》)
飯山《いいやま》	617	1234	相対式《そうたいしき》2面《めん》2線《せん》	2015年《ねん》3月《がつ》14日《にち》	長野県飯山市《ながのけんいいやまし》	新幹線統括本部《しんかんせんとうかつほんぶ》、長野支社《ながのししゃ》(駅運転《えきうんてん》・営業業務《えいぎょうぎょうむ》のみ担当《たんとう》)
上越妙高《じょうえつみょうこう》	1993	3986	島式《しましき》2面《めん》4線《せん》	2015年《ねん》3月《がつ》14日《にち》	新潟県上越市《にいがたけんじょうえつし》	新幹線統括本部《しんかんせんとうかつほんぶ》、新潟支社《にいがたししゃ》(駅運転《えきうんてん》・営業業務《えいぎょうぎょうむ》のみ担当《たんとう》)
糸魚川《いといがわ》	469	—	相対式《そうたいしき》2面《めん》2線《せん》	2015年《ねん》3月《がつ》14日《にち》	新潟県糸魚川市《にいがたけんいといがわし》	金沢支社《かなざわししゃ》
黒部宇奈月温泉《くろべうなづきおんせん》	793	1586	相対式《そうたいしき》2面《めん》2線《せん》	2015年《ねん》3月《がつ》14日《にち》	富山県黒部市《とやまけんくろべし》	金沢支社《かなざわししゃ》
富山《とやま》	7751	15503	島式《しましき》2面《めん》4線《せん》	2015年《ねん》3月《がつ》14日《にち》	富山県富山市《とやまけんとやまし》	金沢支社《かなざわししゃ》
新高岡《しんたかおか》	2011	4022	相対式《そうたいしき》2面《めん》2線《せん》	2015年《ねん》3月《がつ》14日《にち》	富山県高岡市《とやまけんたかおかし》	金沢支社《かなざわししゃ》
金沢《かなざわ》	19689	39379	島式《しましき》2面《めん》4線《せん》	2015年《ねん》3月《がつ》14日《にち》	石川県金沢市《いしかわけんかなざわし》	金沢支社《かなざわししゃ》
小松《こまつ》	—	—	相対式《そうたいしき》2面《めん》2線《せん》	2024年《ねん》3月《がつ》16日《にち》	石川県小松市《いしかわけんこまつし》	金沢支社《かなざわししゃ》
加賀温泉《かがおんせん》	—	—	相対式《そうたいしき》2面《めん》4線《せん》(真《ま》ん中《なか》2線《せん》通過線《つうかせん》)	2024年《ねん》3月《がつ》16日《にち》	石川県加賀市《いしかわけんかがし》	金沢支社《かなざわししゃ》
芦原温泉《あわらおんせん》	—	—	相対式《そうたいしき》2面《めん》2線《せん》	2024年《ねん》3月《がつ》16日《にち》	福井県《ふくいけん》あわら市《し》	金沢支社《かなざわししゃ》
福井《ふくい》	—	—	島式《しましき》1面《めん》2線《せん》	2024年《ねん》3月《がつ》16日《にち》	福井県福井市《ふくいけんふくいし》	金沢支社《かなざわししゃ》
越前《えちぜん》たけふ	—	—	相対式《そうたいしき》2面《めん》4線《せん》(真《ま》ん中《なか》2線《せん》通過線《つうかせん》)	2024年《ねん》3月《がつ》16日《にち》	福井県越前市《ふくいけんえちぜんし》	金沢支社《かなざわししゃ》
敦賀《つるが》	—	—	島式《しましき》2面《めん》4線《せん》	2024年《ねん》3月《がつ》16日《にち》	福井県敦賀市《ふくいけんつるがし》	金沢支社《かなざわししゃ》

	発車《はっしゃ》 メロディー	乗《の》り入《い》れ路線《ろせん》	停車《ていしゃ》する種別《しゅべつ》	東京《とうきょう》 からの営業《えいぎょう》キロ
	銀河鉄道《ぎんがてつどう》999	山陽新幹線《さんようしゅうしんかん》、鹿児島本線《かごしまほんせん》、篠栗線《ささぐりせん》、博多南線《はかたみなみせん》、福岡市《ふくおかし》営地下鉄空港線《えいちかてつくうこうせん》・七隈線《ななくません》	さくら、みずほ、つばめ	1174.9㎞
	〈さくら〉をテーマに作曲《さっきょく》した「The《ザ》 Jouney《ジャーニー》」をアレンジしたメロディー	長崎本線《ながさきほんせん》	みずほ、つばめ	1203.5㎞
	〈さくら〉をテーマに作曲《さっきょく》した「The《ザ》 Jouney《ジャーニー》」をアレンジしたメロディー	鹿児島本線《かごしまほんせん》、久大本線《きゅうだいほんせん》	さくら、みずほ、つばめ	1210.6㎞
	〈さくら〉をテーマに作曲《さっきょく》した「The《ザ》 Jouney《ジャーニー》」をアレンジしたメロディー	鹿児島本線《かごしまほんせん》	みずほ、つばめ	1226.4㎞
	〈さくら〉をテーマに作曲《さっきょく》した「The《ザ》 Jouney《ジャーニー》」をアレンジしたメロディー	—	みずほ、つばめ	1244.2㎞
	〈さくら〉をテーマに作曲《さっきょく》した「The《ザ》 Jouney《ジャーニー》」をアレンジしたメロディー	—	みずほ、つばめ	1265.3㎞
	熊本県《くまもとけん》の民謡《みんよう》「おてもやん」をアレンジしたメロディー	鹿児島本線《かごしまほんせん》、豊肥本線《ほうひほんせん》、三角線《みすみせん》、熊本市交通局幹線《くまもとしこうつうきょくかんせん》、田崎線《たざきせん》	さくら、みずほ、つばめ	1293.3㎞
	〈さくら〉をテーマに作曲《さっきょく》した「The《ザ》 Jouney《ジャーニー》」をアレンジしたメロディー	鹿児島本線《かごしまほんせん》	みずほ、つばめ	1326.2㎞
	〈さくら〉をテーマに作曲《さっきょく》した「The《ザ》 Jouney《ジャーニー》」をアレンジしたメロディー	肥薩《ひさつ》おれんじ鉄道《てつどう》肥薩《ひさつ》おれんじ鉄道線《てつどうせん》	みずほ、つばめ	1369.0㎞
	〈さくら〉をテーマに作曲《さっきょく》した「The《ザ》 Jouney《ジャーニー》」をアレンジしたメロディー	肥薩《ひさつ》おれんじ鉄道《てつどう》肥薩《ひさつ》おれんじ鉄道線《てつどうせん》	みずほ、つばめ	1385.0㎞
	〈さくら〉をテーマに作曲《さっきょく》した「The《ザ》 Jouney《ジャーニー》」をアレンジしたメロディー	鹿児島本線《かごしまほんせん》、肥薩《ひさつ》おれんじ鉄道《てつどう》肥薩《ひさつ》おれんじ鉄道線《てつどうせん》	さくら、みずほ、つばめ	1417.7㎞
	鹿児島県《かごしまけん》の民謡《みんよう》「おはら節《ぶし》」をアレンジしたメロディー	鹿児島本線《かごしまほんせん》、日豊本線《にっぽうほんせん》、指宿枕崎線《いぶすきまくらざきせん》、鹿児島市交通局《かごしましこうつうきょく》第二期線《だいにきせん》・唐湊線《とそせん》	さくら、みずほ、つばめ	1463.8㎞

	発車《はっしゃ》 メロディー	乗《の》り入《い》れ路線《ろせん》	停車《ていしゃ》する種別《しゅべつ》	始点《してん》（武雄温泉《たけおおんせん》） からの営業《えいぎょう》キロ
	オリジナル曲《きょく》	佐世保線《させほせん》	かもめ	0㎞
	オリジナル曲《きょく》	—	かもめ	10.9㎞
	オリジナル曲《きょく》	大村線《おおむらせん》	かもめ	32.2㎞
	オリジナル曲《きょく》	長崎本線《ながさきほんせん》、大村線《おおむらせん》、島原鉄道島原鉄道線《しまばらてつどうしまばらてつどうせん》	かもめ	44.7㎞
	オリジナル曲《きょく》	長崎本線《ながさきほんせん》、長崎電気軌道本線《ながさきでんききどうほんせん》・桜町支線《さくらまちしせん》	かもめ	69.6㎞

出水駅《いずみえき》

武雄温泉駅《たけおおんせんえき》

九州新幹線《きゅうしゅうしんかんせん》 ※人数《にんずう》には在来線《ざいらいせん》を含《ふく》む

駅名《えきめい》	乗車人員《じょうしゃじんいん》	乗降客数《じょうこうきゃくすう》	構造《こうぞう》	開業年月《かいぎょうねんげつ》	所在地《しょざいち》	所属支社《しょぞくししゃ》
博多《はかた》	108383	216766	島式《しましき》3面《めん》6線《せん》	1975年《ねん》 3月《がつ》10日《にち》	福岡県《ふくおかけん》福岡市《ふくおかし》博多区《はかたく》	山陽新幹線統括本部《さんようしんかんせんとうかつほんぶ》、中国統括本《ちゅうごくとうかつほん》部《ぶ》(駅業務《えきぎょうむ》のみ担当《たんとう》)
新鳥栖《しんとす》	1630	3260	島式《しましき》2面《めん》4線《せん》	2011年《ねん》 3月《がつ》12日《にち》	佐賀県《さがけん》鳥栖市《とすし》	新幹線部《しんかんせんぶ》
久留米《くるめ》	6838	13676	相対式《そうたいしき》2面《めん》2線《せん》	2011年《ねん》 3月《がつ》13日《にち》	福岡県《ふくおかけん》久留米市《くるめし》	新幹線部《しんかんせんぶ》
筑後船小屋《ちくごふなごや》	1073	2146	2面《めん》3線《せん》	2011年《ねん》 3月《がつ》14日《にち》	福岡県《ふくおかけん》筑後市《ちくごし》	新幹線部《しんかんせんぶ》
新大牟田《しんおおむた》	488	976	相対式《そうたいしき》2面《めん》2線《せん》	2011年《ねん》 3月《がつ》15日《にち》	福岡県《ふくおかけん》大牟田市《おおむたし》	新幹線部《しんかんせんぶ》
新玉名《しんたまな》	433	866	相対式《そうたいしき》2面《めん》2線《せん》	2011年《ねん》 3月《がつ》16日《にち》	熊本県《くまもとけん》玉名市《たまなし》	新幹線部《しんかんせんぶ》、熊本支社《くまもとししゃ》(駅運転《えきうんてん》・営《えい》業業務《ぎょうぎょうむ》のみ担当《たんとう》)
熊本《くまもと》	14046	28092	島式《しましき》2面《めん》4線《せん》	2011年《ねん》 3月《がつ》17日《にち》	熊本県《くまもとけん》熊本市《くまもとし》西区《にしく》	新幹線部《しんかんせんぶ》、熊本支社《くまもとししゃ》(駅運転《えきうんてん》・営《えい》業業務《ぎょうぎょうむ》のみ担当《たんとう》)
新八代《しんやつしろ》	1751	3502	相対式《そうたいしき》2面《めん》2線《せん》	2004年《ねん》 3月《がつ》12日《にち》	熊本県《くまもとけん》八代市《やつしろし》	新幹線部《しんかんせんぶ》、熊本支社《くまもとししゃ》(駅運転《えきうんてん》・営《えい》業業務《ぎょうぎょうむ》のみ担当《たんとう》)
新水俣《しんみなまた》	438	876	2面《めん》3線《せん》	2004年《ねん》 3月《がつ》12日《にち》	熊本県《くまもとけん》水俣市《みなまたし》	新幹線部《しんかんせんぶ》、熊本支社《くまもとししゃ》(駅運転《えきうんてん》・営《えい》業業務《ぎょうぎょうむ》のみ担当《たんとう》)
出水《いずみ》	1044	2088	相対式《そうたいしき》2面《めん》2線《せん》	2004年《ねん》 3月《がつ》12日《にち》	鹿児島県《かごしまけん》出水市《いずみし》	新幹線部《しんかんせんぶ》、鹿児島支社《かごしまししゃ》(駅運転《えきうんてん》・営業業務《えいぎょうぎょうむ》のみ担当《たんとう》)
川内《せんだい》	2454	4908	相対式《そうたいしき》2面《めん》2線《せん》	2004年《ねん》 3月《がつ》12日《にち》	鹿児島県《かごしまけん》薩摩川内市《さつませんだいし》	新幹線部《しんかんせんぶ》、鹿児島支社《かごしまししゃ》(駅運転《えきうんてん》・営業業務《えいぎょうぎょうむ》のみ担当《たんとう》)
鹿児島中央《かごしまちゅうおう》	17321	34642	島式《しましき》2面《めん》4線《せん》	2004年〔ねん〕 3月〔がつ〕 12日〔にち〕	鹿児島県《かごしまけん》鹿児島市《かごしまし》	新幹線部《しんかんせんぶ》、鹿児島支社《かごしまししゃ》(駅運転《えきうんてん》・営業業務《えいぎょうぎょうむ》のみ担当《たんとう》)

西九州新幹線《にしきゅうしゅうしんかんせん》 ※人数《にんずう》には在来線《ざいらいせん》を含《ふく》む

駅名《えきめい》	乗車人員《じょうしゃじんいん》	乗降客数《じょうこうきゃくすう》	構造《こうぞう》	開業年月《かいぎょうねんげつ》	所在地《しょざいち》	所属支社《しょぞくししゃ》
武雄温泉《たけおおんせん》	1716	3432	相対式《そうたいしき》2面《めん》2線《せん》	2022年《ねん》 9月《がつ》23日《にち》	佐賀県《さがけん》武雄市《たけおし》	新幹線部《しんかんせんぶ》、長崎支社《ながさきししゃ》(駅運転《えきうんてん》・営《えい》業業務《ぎょうぎょうむ》のみ担当《たんとう》)
嬉野温泉《うれしのおんせん》	230	460	相対式《そうたいしき》2面《めん》2線《せん》	2022年《ねん》 9月《がつ》23日《にち》	佐賀県《さがけん》嬉野市《うれしのし》	新幹線部《しんかんせんぶ》、長崎支社《ながさきししゃ》(駅運転《えきうんてん》・営《えい》業業務《ぎょうぎょうむ》のみ担当《たんとう》)
新大村《しんおおむら》	548	1096	相対式《そうたいしき》2面《めん》2線《せん》	2022年《ねん》 9月《がつ》23日《にち》	長崎県《ながさきけん》大村市《おおむらし》	新幹線部《しんかんせんぶ》、長崎支社《ながさきししゃ》(駅運転《えきうんてん》・営《えい》業業務《ぎょうぎょうむ》のみ担当《たんとう》)
諫早《いさはや》	4542	9084	相対式《そうたいしき》2面《めん》2線《せん》	2022年《ねん》 9月《がつ》23日《にち》	長崎県《ながさきけん》諫早市《いさはやし》	新幹線部《しんかんせんぶ》、長崎支社《ながさきししゃ》(駅運転《えきうんてん》・営《えい》業業務《ぎょうぎょうむ》のみ担当《たんとう》)
長崎《ながさき》	7853	15706	島式《しましき》2面《めん》4線《せん》	2022年《ねん》 9月《がつ》23日《にち》	長崎県《ながさきけん》長崎市《ながさきし》	新幹線部《しんかんせんぶ》、長崎支社《ながさきししゃ》(駅運転《えきうんてん》・営《えい》業業務《ぎょうぎょうむ》のみ担当《たんとう》)

新鳥栖駅《しんとすえき》

新八代駅《しんやつしろえき》

列車種別《れっしゃしゅべつ》で見《み》る

いろいろな種類《しゅるい》の新幹線《しんかんせん》が見《み》られる駅《えき》

複数《ふくすう》の新幹線《しんかんせん》が乗《の》り入《い》れる駅《えき》をピックアップ！

やまびこ（東北《とうほく》・秋田《あきた》）

とき　（上越《じょうえつ》）　あさま　（北陸《ほくりく》）
たにがわ（上越《じょうえつ》）　かがやき（北陸《ほくりく》）
はくたか（北陸《ほくりく》）

つばさ（東北《とうほく》・山形《やまがた》）

たくさんの車両《しゃりょう》が乗《の》り入《い》れるよ！

つばさ（東北《とうほく》・山形《やまがた》）

とき　（上越《じょうえつ》）　あさま　（北陸《ほくりく》）
たにがわ（上越《じょうえつ》）　かがやき（北陸《ほくりく》）
はくたか（北陸《ほくりく》）

12 種別《しゅべつ》

東京駅《とうきょうえき》

東京駅《とうきょうえき》には東海道新幹《とうかいどうしんかん》線（直通《ちょくつう》で山陽新幹線《さんようしんかんせん》）、東北新幹線《とうほくしんかんせん》（直通《ちょくつう》で北海《ほっかい》道《どう》・上越《じょうえつ》・北陸《ほくりく》、途中分岐《とちゅうぶんき》で山形《やまがた》・秋田新幹線《あきたしんかんせん》を含《ふく》む）と、新幹線《しんかんせん》だけでも多《おお》くの路線《ろせん》が乗《の》り入《い》れる。そのため、列車種別《れっしゃしゅべつ》で見《み》ても多《おお》くの新幹線《しんかんせん》が見《み》られる駅《えき》で、その数《かず》は新幹線駅《しんかんせんえき》で最多《さいた》の12種別《しゅべつ》にものぼる。

のぞみ（東海道《とうかいどう》・山陽《さんよう》）
ひかり（東海道《とうかいどう》・山陽《さんよう》）

こだま（東海道《とうかいどう》・山陽《さんよう》）

はやぶさ（東北《とうほく》・北海道《ほっかいどう》）

こまち（東北《とうほく》・秋田《あきた》）

9 種別《しゅべつ》

大宮駅《おおみやえき》

大宮駅《おおみやえき》は埼玉県内最大《さいたまけんないさいだい》のターミナル駅《えき》。新幹線《しんかんせん》だけでも６線《せん》が乗《の》り入《い》れており、首都圏《しゅとけん》の移動《いどう》だけでなく、東北《とうほく》・北海道《ほっかいどう》、上信越《じょうしんえつ》、北陸《ほくりく》などさまざまな方面《ほうめん》へアクセスできる。

はやぶさ（東北《とうほく》・北海道《ほっかいどう》）

こまち（東北《とうほく》・秋田《あきた》）

やまびこ（東北《とうほく》・秋田《あきた》）

6 種別《しゅべつ》

博多駅《はかたえき》

のぞみ（東海道《とうかいどう》・山陽《さんよう》）
ひかり（東海道《とうかいどう》・山陽《さんよう》）

こだま（東海道《とうかいどう》・山陽《さんよう》）

さくら（山陽《さんよう》・九州《きゅうしゅう》）
みずほ（山陽《さんよう》・九州《きゅうしゅう》）

つばめ（山陽《さんよう》・九州《きゅうしゅう》）

博多駅《はかたえき》は九州《きゅうしゅう》の玄関口《げんかんぐち》であり、東京《とうきょう》・大阪方面《おおさかほうめん》からは山《さん》陽新幹線《ようしんかんせん》（直通《ちょくつう》で東海道新幹《とうかいどうしんかん》線《せん》）、九州方面《きゅうしゅうほうめん》からは九州新《きゅうしゅうしん》幹線《かんせん》が乗《の》り入《い》れる。山陽新幹《さんようしんかん》線《せん》の終点《しゅうてん》であると同時《どうじ》に九州《きゅうしゅう》新幹線《しんかんせん》の起点《きてん》でもあるのだ。在来線《ざいらいせん》の利用者《りようしゃ》も多《おお》く、駅《えき》はたくさんの人《ひと》でにぎわう。

5 種別《しゅべつ》

新大阪駅《しんおおさかえき》

のぞみ（東海道《とうかいどう》・山陽《さんよう》）
ひかり（東海道《とうかいどう》・山陽《さんよう》）

こだま（東海道《とうかいどう》・山陽《さんよう》）

東海道新幹線《とうかいどうしんかんせん》、山陽新幹線《さんようしんかんせん》（直通《ちょくつう》で九州新幹線《きゅうしゅうしんかんせん》）が乗《の》り入《い》れる駅《えき》。東海《とうかい》道新幹線《どうしんかんせん》の終点《しゅうてん》かつ山陽新幹線《さんようしんかんせん》の起《き》点《てん》であり、新大阪駅《しんおおさかえき》を始発《しはつ》・終着《しゅうちゃく》とする新幹線《しんかんせん》も多《おお》い。在来線《ざいらいせん》から新幹《しんかん》線《せん》への乗《の》りかえもしやすく便利《べんり》。なお、じつは大阪府内《おおさかふない》で新幹線《しんかんせん》が止《と》まるのはこの新大阪駅《しんおおさかえき》のみ。

さくら（山陽《さんよう》・九州《きゅうしゅう》）
みずほ（山陽《さんよう》・九州《きゅうしゅう》）

4種別《しゅべつ》

盛《もり》岡《おか》駅《えき》

こまち（東北《とうほく》・秋田《あきた》）

やまびこ（東北《とうほく》・秋田《あきた》）

東北新幹線《とうほくしんかんせん》（直通《ちょくつう》で北海道《ほっかいどう》・秋田新幹線《あきたしんかんせん》）が乗《の》り入《い》れる。新幹線《しんかんせん》の連結《れんけつ》・切《き》り離《はな》しを見学《けんがく》できるめずらしい駅《えき》だ。連結《れんけつ》・切《き》り離《はな》しを行《おこな》うのは「はやぶさ」と「こまち」で、連結《れんけつ》は11番線《ばんせん》（上《のぼ》りホーム）、切《き》り離《はな》しは14番線《ばんせん》（下《くだ》りホーム）で見《み》られる。

はやぶさ（東北《とうほく》・北海道《ほっかいどう》）
はやて（東北《とうほく》・北海道《ほっかいどう》）

「はやて」は
盛岡《もりおか》・新青森《しんあおもり》―新函館北斗間《しんはこだてほくとかん》
で走《はし》っている列車《れっしゃ》だよ

3種別《しゅべつ》

金《かな》沢《ざわ》駅《えき》

はくたか（北陸《ほくりく》）
かがやき（北陸《ほくりく》）
つるぎ　（北陸《ほくりく》）

2015年《ねん》3月《がつ》14日《にち》に長野《ながの》―金沢間《かなざわかん》が開業《かいぎょう》して、北陸新幹線《ほくりくしんかんせん》が乗《の》り入《い》れるようになった駅《えき》。2024年《ねん》3月《がつ》16日《にち》には同線《どうせん》の金沢《かなざわ》―敦賀間《つるがかん》も開業《かいぎょう》した。「はくたか」「かがやき「つるぎ」が停車《ていしゃ》するが、北陸新幹線《ほくりくしんかんせん》が使《つか》う車両《しゃりょう》はE《イー》7・W《ダブリュー》7系《けい》のみなので見《み》た目《め》は同《おな》じ。

特急列車《とっきゅうれっしゃ》から新幹線《しんかんせん》へ

金沢駅《かなざわえき》は、石川県金沢市《いしかわけんかなざわし》にあるJR西日本《ジェイアールにしにほん》の駅《えき》。北陸新幹線《ほくりくしんかんせん》を走《はし》る3つの種別《しゅべつ》を見《み》ることができる。かつては「サンダーバード」「しらさぎ」といった特急列車《とっきゅうれっしゃ》もたくさん乗《の》り入《い》れていたが、北陸新幹線《ほくりくしんかんせん》の開業《かいぎょう》・延伸《えんしん》に伴《ともな》って、富山方面《とやまほうめん》や福井方面《ふくいほうめん》への特急列車《とっきゅうれっしゃ》は発車《はっしゃ》しなくなった。新幹線《しんかんせん》は、そういった特急列車《とっきゅうれっしゃ》の後継《こうけい》という役割《やくわり》もになっているのだ。

ダイヤからはいろいろな情報《じょうほう》を読《よ》み取《と》ることができる。ここでは、時刻表《じこくひょう》、列車本数《れっしゃほんすう》、所要時間《しょようじかん》の変化《へんか》を見《み》て、新幹線《しんかんせん》の歴史《れきし》を振《ふ》り返《かえ》ってみよう。また、各路線《かくろせん》の売上《うりあげ》も比較《ひかく》している。

第《だい》4章《しょう》

ダイヤで見《み》る新《しん》幹《かん》線《せん》

時《じ》刻《こく》表《ひょう》の移《うつ》り変《か》わり

60年《ねん》前《まえ》はどんなダイヤで運行《うんこう》していた？

毎時《まいじ》２本《ほん》で運行《うんこう》

1964年《ねん》10月《がつ》の時刻表《じこくひょう》

	キロ数	列車番号	205A	1A	207A	101A	3A	103A	5A	105A	7A	107A	9A	11A
		列車名	こだま205号	ひかり1号	こだま207号	こだま101号	ひかり3号	こだま103号	ひかり5号	こだま105号	ひかり7号	こだま107号	ひかり9号	ひかり11号
		駅名	(特)	(超)	(特)	(特)	(超)	(特)	(超)	(特)	(超)	(特)	(超)	(超)
東海道新幹線	0.0	東京発	…	600	…	630	700	730	800	830	900	930	1000	1100
	28.8	新横浜〃	…	レ	…	649	レ	749	レ	849	レ	949	レ	レ
	83.9	小田原〃	…	レ	…	715	レ	815	レ	915	レ	1015	レ	レ
	104.6	熱海〃	…	レ	…	728	レ	828	レ	928	レ	1028	レ	レ
	180.2	静岡〃	…	レ	705	805	レ	905	レ	1005	レ	1105	レ	レ
	257.1	浜松〃	…	レ	747	847	レ	947	レ	1047	レ	1147	レ	レ
	293.6	豊橋〃	…	レ	809	909	レ	1009	レ	1109	レ	1209	レ	レ
	366.0	名古屋〃	745	829	845	945	929	1045	1029	1145	1129	1245	1229	1329
	396.3	岐阜羽島〃	802	レ	902	1002	レ	1102	レ	1202	レ	1302	レ	レ
	445.9	米原〃	829	レ	929	1029	レ	1129	レ	1229	レ	1329	レ	レ
	513.6	京都着	902	934	1002	1102	1034	1202	1134	1302	1234	1402	1334	1434
	552.6	新大阪着	930	1000	1030	1130	1100	1230	1200	1330	1300	1430	1400	1500

	キロ数	列車番号	202A	204A	2A	102A	4A	104A	6A	106A	8A	108A	10A	12A
東海道新幹線	944.2	新大阪発	…	…	600	630	700	730	800	830	900	930	1000	1100
	983.2	京都〃	…	…	622	654	722	754	822	854	922	954	1022	1122
	1050.9	米原〃	…	…	レ	728	レ	828	レ	928	レ	1028	レ	レ
	1100.5	岐阜羽島〃	…	…	レ	754	レ	854	レ	954	レ	1054	レ	レ
	1130.8	名古屋〃	…	630	728	813	828	913	928	1013	1028	1113	1128	1228
	1203.2	豊橋〃	…	704	レ	847	レ	947	レ	1047	レ	1147	レ	レ
	1239.7	浜松〃	…	727	レ	914	レ	1014	レ	1114	レ	1214	レ	レ
	1316.6	静岡〃	700	804	レ	951	レ	1051	レ	1151	レ	1251	レ	レ
	1392.2	熱海〃	736	840	レ	1027	レ	1127	レ	1227	レ	1327	レ	レ
	1412.9	小田原〃	751	855	レ	1042	レ	1142	レ	1242	レ	1342	レ	レ
	1468.0	新横浜着	815	919	レ	1106	レ	1206	レ	1306	レ	1406	レ	レ
	1496.8	東京着	839	943	1000	1130	1100	1230	1200	1330	1300	1430	1400	1500

開業当初《かいぎょうとうしょ》の時刻表《じこくひょう》

1964年《ねん》10月《がつ》の開業時《かいぎょうじ》は、東京発《とうきょうはつ》、新大阪発《しんおおさかはつ》それぞれ１時間《じかん》ごとに、ひかり、こだまが１本《ほん》ずつ運行《うんこう》されていた。当時《とうじ》は、名古屋《なごや》と京都《きょうと》にしか停車《ていしゃ》しない「ひかり」が４時間《じかん》かかった。新大阪発《しんおおさかはつ》も、東京発《とうきょうはつ》と同様《どうよう》に30分《ふん》おきに発車《はっしゃ》した。

1970年《ねん》８月《がつ》の時刻表《じこくひょう》

大阪万博《おおさかばんぱく》で増発《ぞうはつ》！

大阪万博《おおさかばんぱく》の来場者《らいじょうしゃ》を運《はこ》ぶために増発《ぞうはつ》した。一部《いちぶ》は臨時《りんじ》列車《れっしゃ》として運用《うんよう》され、万博期間中《ばんぱくきかんちゅう》の９月《がつ》13日《にち》まで運行《うんこう》されている。

キロ数	列車番号	271A	431A	421A	281A	1A	399A	283A	423A	101A	321A
	列車名	こだま271号	こだま431号	こだま421号	こだま281号	ひかり1号	こだま399号	こだま283号	こだま423号	こだま101号	ひかり321号
	入線時刻					550				600	605
	発車番線					⑱				⑰	⑱
0.0	東京発	…	…	…	…	600	…	…	…	610	620
28.8	新横浜〃	…	…	…	…	レ	…	…	…	629	レ
83.9	小田原〃	…	…	…	…	レ	…	…	…	654	レ
104.6	熱海〃	…	…	…	…	レ	…		…	706	レ
120.7	三島〃	…	…	…		レ		636	…	717	レ
180.2	静岡着	…	…	…	（全自）	レ		659	…	740	レ
	静岡発	…	…	…	634	レ	650	704	…	744	レ
257.1	浜松〃	…	…	…	701	レ	718	732	…	812	レ
293.6	豊橋〃				718	レ	738	749		829	レ
366.0	名古屋着	（全自）	（全自）	（全自）	744	800	804	815	（全自）	855	820
	名古屋発	646	711	731	746	802	806	817	837	857	822
396.3	岐阜羽島〃	659	724	744	759	レ	819	834	854	914	レ
445.9	米原〃	718	743	803	818	レ	838	853	913	933	レ
513.6	京都着	745	810	830	845	850	905	920	940	1000	910
552.6	新大阪〃	805	830	850	905	910	925	940	1000	1020	930
	到着番線	④	②	②	①	③	①	②	①	②	④
	運転期日（期日の示してない列車は毎日運転）		9月13日までの土・日曜	9月15日まで			9月13日まで		9月15日まで		9月12日までの土曜・8月10↓14日の毎日及び8月17・18日・9月14日

キロ数	列車番号	103A	5A	351A	381A	7A	107A	201A	9A	109A	11A
	列車名	こだま103号	ひかり5号	こだま351号	こだま381号	ひかり7号	こだま107号	こだま201号	ひかり9号	こだま109号	ひかり11号
	入線時刻	620	630	640	635	645	655	700	705	715	720
	発車番線	⑯	⑲	⑰	⑯	⑲	⑰	⑯	⑱	⑰	⑲
0.0	東京発	630	640	650	655	700	710	715	720	730	740
28.8	新横浜〃	649	レ	709	718	レ	729	738	レ	749	レ
83.9	小田原〃	714	レ	734	740	レ	754	800	レ	814	レ
104.6	熱海〃	726	レ	746	751	レ	806	811	レ	826	レ
120.7	三島〃	737	レ	757	806	レ	817	826	レ	837	レ
180.2	静岡着	800	レ	820	828	レ	840	848	レ	900	レ
	静岡発	804	レ	824	830	レ	844	850	レ	904	レ
257.1	浜松〃	832	レ	852	858	レ	912	918	レ	932	レ
293.6	豊橋〃	849	レ	909	918	レ	929	938	レ	949	レ
366.0	名古屋着	915	840	935	944	900	955	1004	920	1015	940
	名古屋発	917	842	937	946	902	957	（全自）	922	1017	942
396.3	岐阜羽島〃	934	レ	954	959	レ	1014		レ	1034	レ
445.9	米原〃	953	レ	1013	1018	レ	1033	…	レ	1053	レ
513.6	京都着	1020	930	1040	1045	950	1100	…	1010	1120	1030
552.6	新大阪〃	1040	950	1100	1105	1010	1120	…	1030	1140	1050
	到着番線	①	③	②	④	④	①		③	②	④
	運転期日（期日の示してない列車は毎日運転）			9月30日まで及び㊐	9月15日まで				休日運休・但し9月19日までは毎日運転		

1992年《ねん》4月《がつ》の時刻表《じこくひょう》

予約コード	02535	01181	02491	01135		01061	02367	02537	01191	01195		02493		11301		01063	01001		02369	01171	01197	01029	02495
列車名	こだま 535	ひかり 181	こだま 491 個室	ひかり 135		ひかり 61	こだま 367	こだま 537	ひかり 191	ひかり 195		こだま 493		のぞみ 301		ひかり 63	ひかり 1 個室	┐(1~3人用個室のみ連結)(4月10↓28日は在来車両)	こだま 369	ひかり 171	ひかり 197	ひかり 29	こだま 495
季節・臨時		◇							◇	◇											◇	◇	
発車番線														⑭			⑯					⑮	
東京 発	…	…	…	…	…	…	…	…	…	…	…	…	…	600	┐(全車指定席)	…	607		…	…	…	610	…
新横浜 〃	…	…	…	…	…	…	…	…	…	…	…	(普通車全車自由席)	…	616		…	レ		…	…	…	レ	(普通車全車自由席)
小田原 〃	…	…	…	…	…	…	…	…	…	…	…		…	レ		…	レ		…	…	…	レ	
熱海 〃	…	…	…	…	…	…	…	…	…	…	…		…	レ		…	レ		…	…	…	レ	
三島 〃	…	…	…	…	…	…	…	…	…	…	…		…	レ		…	レ		…	…	…	レ	
新富士 〃	…	…	…	…	…	…	…	…	…	…	…		…	レ		…	レ		…	…	…	レ	
静岡 着	…	…	…	…	…	…	…	…	…	…	…		…	レ		…	レ		…	…	…	レ	
静岡 発	…	…	(普通車全車自由席)	…	…	…	…	…	…	…	…	600	…	レ	…	…	レ		…	…	…	レ	645
掛川 〃	…	…		…	…	…	…	…	…	…	…	617	…	レ	…	…	レ		…	…	…	レ	705
浜松 〃	…	…		…	…	…	…	…	…	…	…	630	…	レ	…	…	レ		…	…	…	レ	718
豊橋 〃	…	…		(ウエストひかり)・12両編成	…	…	…	…	…	…	…	645	…	レ	…	…	レ		…	…	…	レ	735
三河安城 〃	…	…			…	…	…	…	…	…	…	700	…	レ	…	…	レ		…	…	…	レ	754
名古屋 着	…	…			…	…	…	…	…	…	…	714	…	レ	…	…	756	…	…	…	…	805	808
名古屋 発	…	…	622		…	653	…	…	…	…	…	715	…	レ	…	734	757	…	…	…	…	806	809
岐阜羽島 〃	(6両編成・⊗なし)	…	634		…	706	…	(6両編成・⊗なし)	…	…	…	727	…	レ	…	748	レ	…	…	(6両編成・⊗なし)	…	レ	825
米原 着		…	650		…	レ	…		…	…	…	744	…	レ	…	レ	レ	…	…		…	レ	841
米原 発		…	651		…	レ	…		…	…	…	745	…	レ	…	レ	レ	…	…		…	レ	845
京都 着		…	715		…	741	…		…	…	…	808	…	レ	…	825	840	…	…		…	851	908
京都 発		…	716		…	743	…		…	…	…	809	…	レ	…	826	841	…	…		…	853	910
新大阪 着		…	732		…	800	…		…	…	…	825	…	830	…	842	856	…	…		…	909	926
発着番線	⑳	㉑	㉑	⑳		㉑		㉒	⑳	㉒		㉑		㉒		㉑	㉑			⑳	㉑	㉑	㉔

「のぞみ」デビュー！

1992年《ねん》、300系《けい》が登場《とうじょう》し「のぞみ」の運行《うんこう》が始《はじ》まる。当初設定《とうしょせってい》された「のぞみ301号《ごう》」はそれまでの「ひかり1号《ごう》」の出発時《しゅっぱつじ》刻に東京駅《とうきょうえき》を発《た》つと、新横浜《しんよこはま》にのみ停車《ていしゃ》、わずか2時《じ》間《かん》30分《ふん》で新大阪《しんおおさか》にたどり着《つ》いた。「のぞみ」運行開始当時《うんこうかいしとうじ》は、下《くだ》りの新大《しんおお》阪始発《さかしはつ》に限《かぎ》って名古屋駅《なごやえき》に停車《ていしゃ》しなかった。JR東海《ジェイアールとうかい》は「東京《とうきょう》からでも、大阪《おおさか》の午前《ごぜん》の会議《かいぎ》に間《ま》に合《あ》う」といったキャッチフレーズで乗客《じょうきゃく》を集《あつ》めた。

1999年《ねん》3月《がつ》の時刻表《じこくひょう》

「のぞみ」増発《ぞうはつ》！

速達列車《そくたつれっしゃ》「のぞみ」が毎時《まいじ》2本《ほん》、停《てい》車駅《しゃえき》の異《こと》なる「ひかり」が3本《ほん》運行《うんこう》されている。1999年《ねん》から運行開始《うんこうかいし》した700系《けい》を増備《ぞうび》、その後順次《ごじゅんじ》、最高《さいこう》速度《そくど》が時速《じそく》220kmの0系《けい》と100系《けい》が廃止《はいし》された。

予約コード	11001	02577	01183	01301	01541	02495	01101	02401	01151	02441	11003
列車名	のぞみ 1	こだま 577	ひかり 183 (グランドひかり)・2階建て4両	ひかり 301 個室	ひかり 541	こだま 495 個室	ひかり 101 個室	こだま 401 個室	ひかり 151 個室	こだま 441 個室	のぞみ 3
季節・臨時				◆	◆						
発車番線	⑭			⑲			⑮	⑲	⑯	⑱	⑭
東京 発	600	┐		607	…	…	613	617	631	635	656
新横浜 〃	616	(全車指定席)(500系のぞみ)		624	…	…	630	633	648	651	レ
小田原 〃	レ			レ	…	…	レ	653	706	712	レ
熱海 〃	レ			レ	…	…	レ	703	レ	722	レ
三島 〃	レ			レ	…	…	レ	712	レ	737	レ
新富士 〃	レ			レ	…	…	レ	725	レ	748	レ
静岡 着	レ		…	レ	…	…	レ	738	レ	801	レ
静岡 発	レ		…	レ	(ファミリーひかり)で運転・こどもサロン連結・	640	レ	739	レ	804	レ
掛川 〃	レ		…	レ		656	レ	801	レ	823	レ
浜松 〃	レ		…	レ		712	レ	814	レ	837	レ
豊橋 〃	レ		…	レ		732	レ	834	レ	854	レ
三河安城 〃	レ		…	レ		750	レ	852	レ	911	レ
名古屋 着	738		…	759		803	807	904	826	924	832
名古屋 発	739	…	748	801		804	809	906	827	…	834
岐阜羽島 〃	レ	…	800	レ		819	レ	920	レ	…	レ
米原 着	レ	…	816	レ		835	レ	936	850	…	レ
米原 発	レ	…	817	レ		836	レ	939	857	…	レ
京都 着	815	…	839	845		859	852	1002	919	…	910
京都 発	816	…	841	847		901	854	1004	920	…	912
新大阪 着	830	…	857	904		917	910	1020	936	…	926
発着番線	㉑		㉑	㉑	㉒	㉓	㉑	㉕	㉑		㉑

2014年《ねん》3月《がつ》の時刻表《じこくひょう》

列車番号	1A	5407A	9291A	3A		695A	6151A		9293A	605A	501A	5A	735A	549A	697A	631A	201A	9295A	7A	737A	633A
車両形式	N700系	N700系	N700系	N700系		N700系	N700系		700系	N700系	N700系	N700系	700系	N700系	700系	N700系	N700系	700系	N700系	700系	700系
編成両数	16両	8両	16両	16両		16両	16両		16両	8両	16両	16両	8両	8両	16両	16両	16両	16両	16両	8両	16両
列車名	のぞみ 1	さくら 407	のぞみ 291	のぞみ 3		こだま 695 (普通車全車自由席)	のぞみ 151		のぞみ 293	みずほ 605	ひかり 501	のぞみ 5	こだま 735	さくら 549	こだま 697	こだま 631	のぞみ 201	のぞみ 295	のぞみ 7	こだま 737	こだま 633
運転日注意			◆				◆		◆									◆			
発車番線	⑭		⑲	⑮	┐		⑰		⑰		⑯	⑱	┐			⑲	⑭	⑮	⑱		⑰
東京 発	600	…	606	616	(4月26日・5月3日は⑱)		620	┐(3月17・20・22・9 22・1024↓1627・22・23・27・29・31・日・4月1↓3・11・	620	…	626	630	(4月26日・5月3日は⑮)	…	…	633	643	647	650	…	656
品川 〃	607	…	613	623			627		627	…	634	637		…	…	640	651	654	657	…	704
新横浜 〃	618	—	625	634	—	—	639		639	—	646	649		—	—	652	702	706	709	—	715
小田原 〃	レ	…	レ	レ		…	レ		レ	…	704	レ		…	…	708	レ	レ	レ	…	736
熱海 〃	レ	…	レ	レ		…	レ		レ	…	レ	レ		…	…	717	レ	レ	レ	…	746
三島 〃	レ	…	レ	レ		…	レ		レ	…	レ	レ		…	651	727	レ	レ	レ	…	758
新富士 〃	レ	…	レ	レ		…	レ		レ	…	レ	レ		…	703	741	レ	レ	レ	…	812
静岡 着	レ	…	レ	レ		…	レ		レ	…	レ	レ		…	714	754	レ	レ	レ	…	824
静岡 発	レ	…	レ	レ	…	638	レ		レ	…	レ	レ	…	…	717	757	レ	レ	レ	…	829
掛川 〃	レ	…	レ	レ	…	657	レ		レ	…	レ	レ	…	…	732	812	レ	レ	レ	…	848
浜松 〃	レ	…	レ	レ	…	710	レ		レ	…	レ	レ	…	…	749	828	レ	レ	レ	…	904
豊橋 〃	レ	…	レ	レ	…	725	レ		レ	…	759	レ	…	…	806	846	レ	レ	レ	…	922
三河安城 〃	レ	…	レ	レ	…	739	レ		レ	…	レ	レ	…	…	825	903	レ	レ	レ	…	936
名古屋 着	736	…	742	753	…	750	801		801	…	819	811	…	…	838	915	824	829	834	…	947
名古屋 発	737	…	744	754	…	756	802		802	…	821	812	…	…	844	…	825	831	835	…	949
岐阜羽島 〃	レ	…	レ	レ	…	811	レ		レ	…	834	レ	…	…	856	…	レ	レ	レ	…	1005
米原 着	レ	…	レ	レ	…	827	レ		レ	…	848	レ	…	…	909	…	レ	レ	レ	…	1018
米原 発	レ	…	レ	レ	…	831	レ		レ	…	854	レ	…	…	915	…	レ	レ	レ	…	1024
京都 着	811	…	819	829	…	850	838		838	…	914	848	…	…	934	…	901	908	911	…	1044
京都 発	812	…	820	830	…	852	840		840	…	916	849	…	…	936	…	902	909	913	…	1046
新大阪 着	825	…	833	843	…	906	853		853	…	930	903	…	…	950	…	916	923	926	…	1100

「のぞみ」中心《ちゅうしん》のダイヤに！

東海道新幹線《とうかいどうしんかんせん》の主要列車《しゅようれっしゃ》は「のぞみ」となり、「ひかり」「こだま」はそれを補《おぎな》うように運行《うんこう》されている。

2007年《ねん》、新型車両《しんがたしゃりょう》となるN《エヌ》700系《けい》が登場《とうじょう》した。最高速度《さいこうそくど》は700系《けい》と変《か》わらないが、カーブ区間《くかん》での最高速度《さいこうそくど》を上《あ》げることができるため、東京《とうきょう》―新大阪間《しんおおさかかん》の最速所要時間《さいそくしょようじかん》を2時間《じかん》25分《ふん》に縮《ちぢ》めることができた。

1日《にち》300本以上《ほんいじょう》!

列車本数《れっしゃほんすう》の移《うつ》り変《か》わり

1日《にち》に何本《なんぼん》走《はし》っているのだろう?

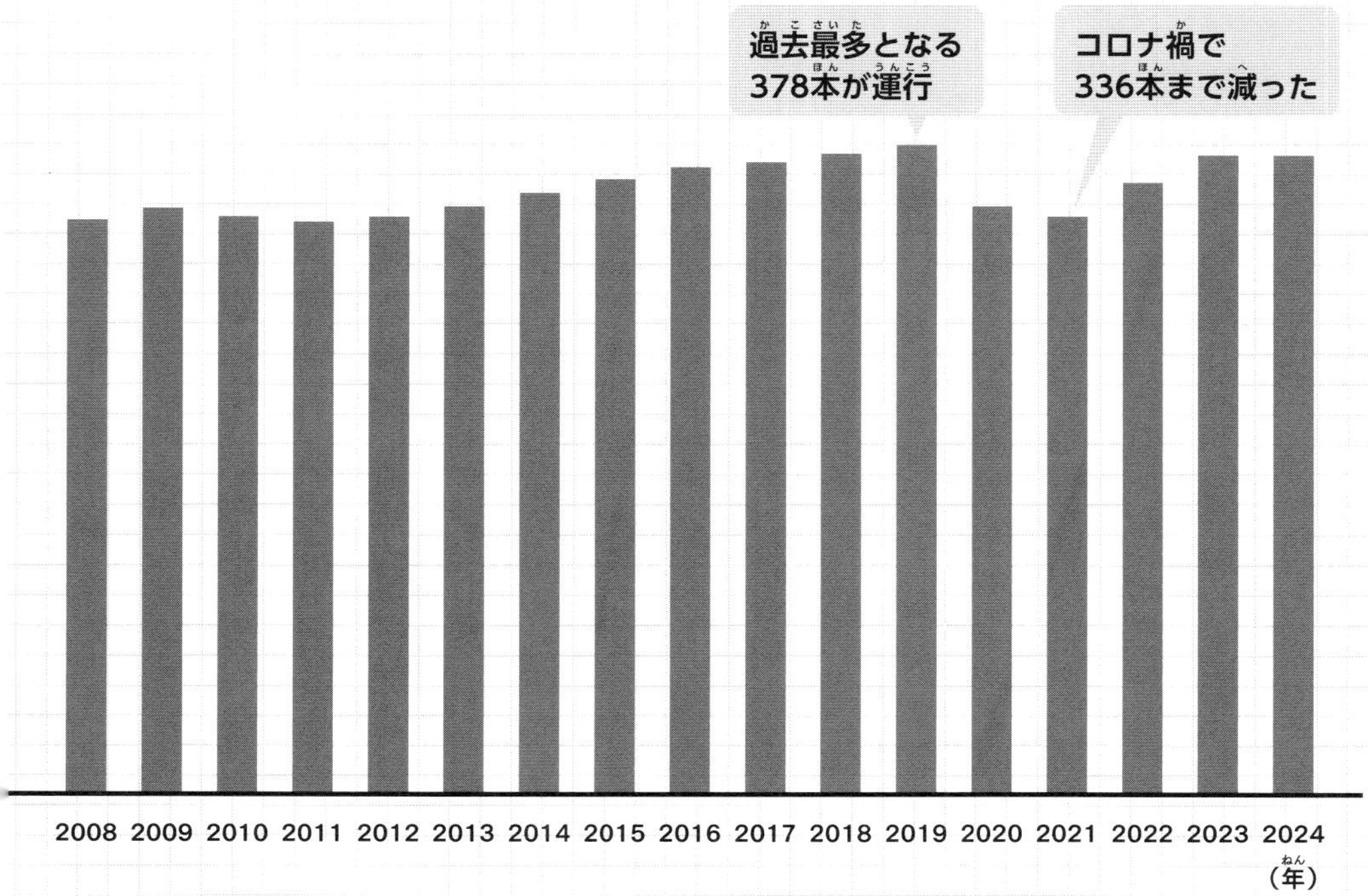

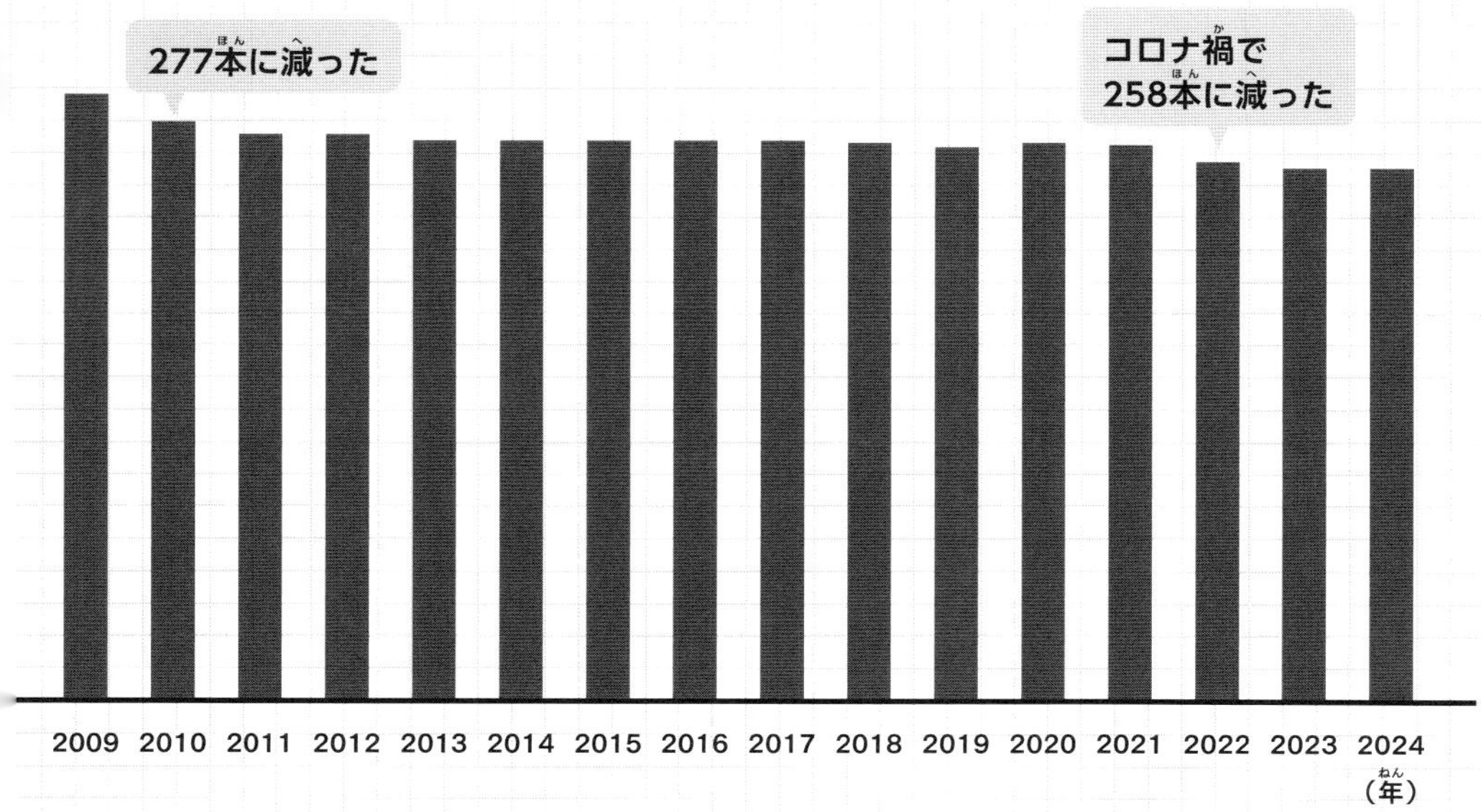

北陸新幹線《ほくりくしんかんせん》

66本《ほん》

※下《くだ》り・上野駅起点《うえのえききてん》

九州新幹線《きゅうしゅうしんかんせん》

56本《ほん》

※下《くだ》り・博多駅起点《はかたえききてん》

西九州新幹線《にしきゅうしゅうしんかんせん》

27本《ほん》

※上《のぼ》り・長崎駅起点《ながさきえききてん》

東海道新幹線《とうかいどうしんかんせん》の1日《にち》の列車本数《れっしゃほんすう》

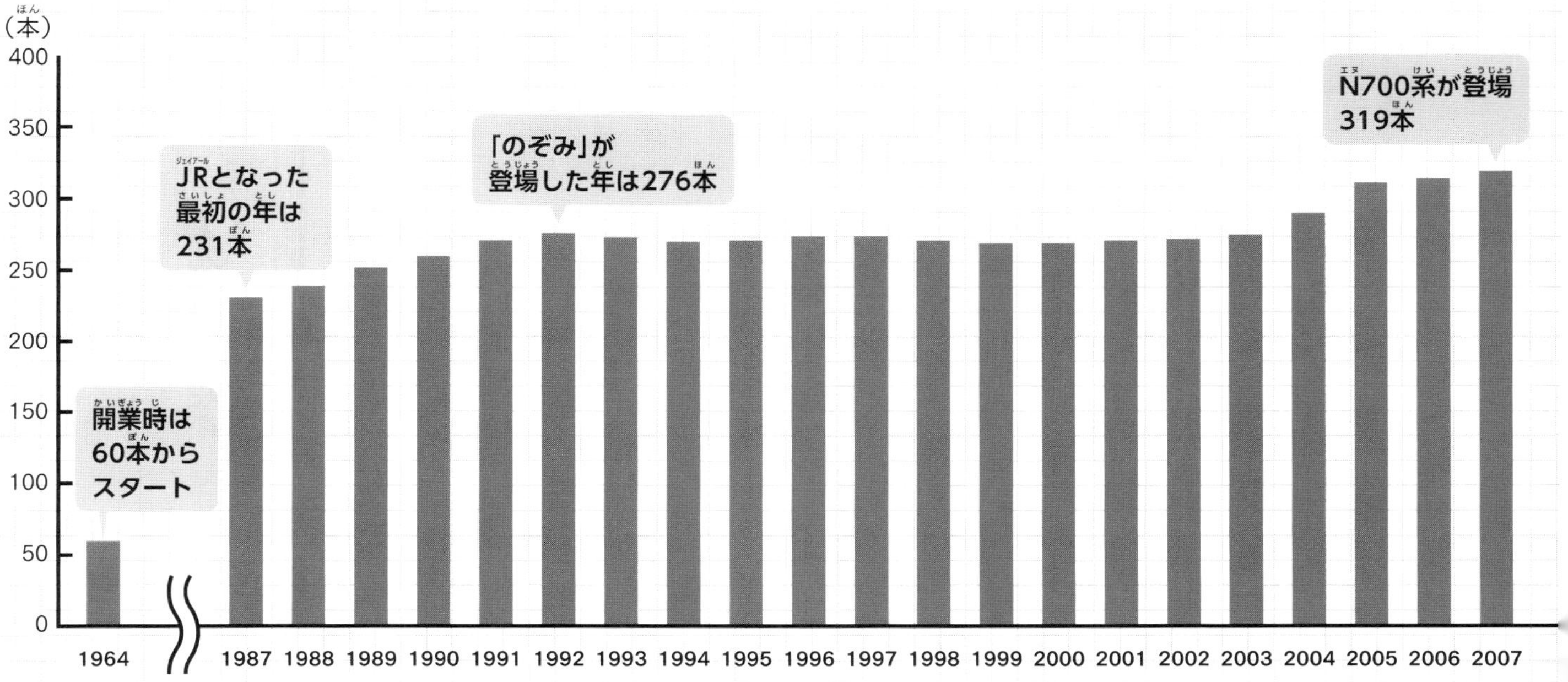

山陽新幹線《さんようしんかんせん》の1日《にち》の列車本数《れっしゃほんすう》

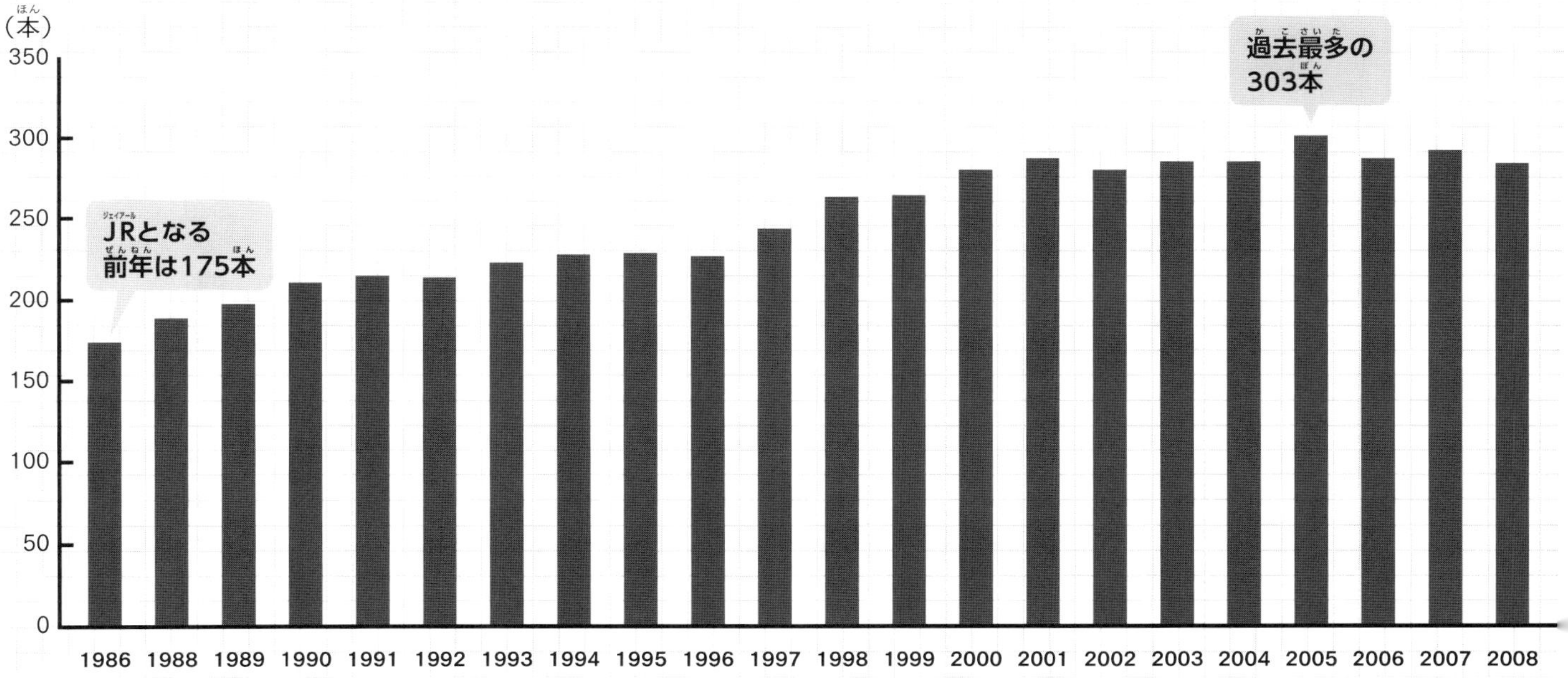

各新幹線《かくしんかんせん》の1日《にち》の発車本数《はっしゃほんすう》

東北新幹線《とうほくしんかんせん》

122本《ほん》

※下《くだ》り・東京駅《とうきょうえき》起点《きてん》

北海道新幹線《ほっかいどうしんかんせん》

15本《ほん》

※下《くだ》り・新青森駅《しんあおもりえき》起点《きてん》

上越新幹線《じょうえつしんかんせん》

56本《ほん》

※下《くだ》り・東京駅《とうきょうえき》起点《きてん》

山形新幹線《やまがたしんかんせん》

28本《ほん》

※下《くだ》り・福島駅《ふくしまえき》起点《きてん》

秋田新幹線《あきたしんかんせん》

28本《ほん》

※下《くだ》り・盛岡駅《もりおかえき》起点《きてん》

年々《ねんねん》速《はや》くなる！

スピードアップで時間《じかん》短縮《たんしゅく》！

所要時間《しょようじかん》の移《うつ》り変《か》わり

東海道新幹線《とうかいどうしんかんせん》
(東京《とうきょう》—新大阪《しんおおさか》552.6km)

年《ねん》	所要時間《しょようじかん》	できごと
1964	４時間《じかん》	０系《けい》（最高時速《さいこうじそく》210km／h）
1965	３時間《じかん》10分《ふん》	建設当初《けんせつとうしょ》の予定速度《よていそくど》で運行開始《うんこうかいし》
1984	３時間《じかん》８分《ふん》	—
1986	２時間《じかん》52分《ふん》	100系《けい》（最高時速《さいこうじそく》220km／h）
1987	２時間《じかん》49分《ふん》	国鉄民営化《こくてつみんえいか》
1991	２時間《じかん》30分《ふん》	300系《けい》（最高時速《さいこうじそく》270km／h）
2007	２時間《じかん》25分《ふん》	N《エヌ》700系《けい》（最高時速《さいこうじそく》270km／h）
2014	２時間《じかん》22分《ふん》	N《エヌ》700A《エー》（最高時速《さいこうじそく》285km／h）
2020	２時間《じかん》21分《ふん》	N《エヌ》700S《エス》（最高時速《さいこうじそく》285km／h）
2024	２時間《じかん》21分《ふん》	N《エヌ》700S《エス》（最高時速《さいこうじそく》285km／h）

山陽新幹線《さんようしんかんせん》
(東京《とうきょう》—博多《はかた》1174.9km　新大阪《しんおおさか》—博多《はかた》622.3km)

年《ねん》	所要時間《しょようじかん》	できごと
1975	３時間《じかん》44分《ふん》	山陽新幹線全線開通《さんようしんかんせんぜんせんかいつう》
1986	２時間《じかん》59分《ふん》	０系《けい》ひかり220km／h運転開始《うんてんかいし》
1989	２時間《じかん》49分《ふん》	100N系《エヌけい》ひかり（最高時速《さいこうじそく》230km／h）
1993	２時間《じかん》32分《ふん》	300系《けい》のぞみ（最高時速《さいこうじそく》270km／h）
1997	２時間《じかん》17分《ふん》	500系《けい》のぞみ（最高時速《さいこうじそく》300km／h）
2007	２時間《じかん》23分《ふん》	N《エヌ》700系《けい》のぞみ（最高時速《さいこうじそく》300km／h） 新神戸《しんこうべ》停車《ていしゃ》に
2024	２時間《じかん》21分《ふん》	上《のぼ》りのぞみ64号《ごう》

東北新幹線《とうほくしんかんせん》
(東京《とうきょう》—盛岡《もりおか》535.3㎞　東京《とうきょう》—新青森《しんあおもり》713.7㎞)

区間《くかん》	東京《とうきょう》—盛岡《もりおか》 535.3㎞	東京《とうきょう》—新青森《しんあおもり》 713.7㎞	—
年《ねん》	所要時間《しょようじかん》	所要時間《しょようじかん》	できごと
1991	2時間《じかん》36分《ふん》	—	東京《とうきょう》—盛岡間開通《もりおかかんかいつう》
1997	2時間《じかん》21分《ふん》	—	E2系《イーけい》やまびこ運用《うんよう》
2002		—	E2系《イーけい》1000番台《ばんだい》「はやて」登場《とうじょう》
2010	2時間《じかん》21分《ふん》	3時間《じかん》20分《ふん》	全線開業《ぜんせんかいつう》
2011	2時間《じかん》20分《ふん》	3時間《じかん》10分《ふん》	E5系《イーけい》(当時時速300㎞／h)
2013	2時間《じかん》10分《ふん》	2時間《じかん》59分《ふん》	全車両をE5系《イーけい》に。時速《じそく》320㎞／h運転開始《うんてんかいし》
2024	2時間《じかん》10分《ふん》	2時間《じかん》59分《ふん》	—

北海道新幹線《ほっかいどうしんかんせん》
(新青森《しんあおもり》—新函館北斗《しんはこだてほくと》148.8㎞)

年《ねん》	所要時間《しょようじかん》	できごと
2016	4時間《じかん》2分《ふん》	開業《かいぎょう》
2024	3時間《じかん》57分《ふん》	—

1時間《じかん》以上《いじょう》の時間短縮《じかんたんしゅく》

2025年《ねん》で61年目《ねんめ》を迎《むか》える東海道新幹線《とうかいどうしんかんせん》は、開業《かいぎょう》から今《いま》までに大《おお》きく所要時間《しょようじかん》を短縮《たんしゅく》してきた。

開業当初《かいぎょうとうしょ》は東京《とうきょう》—新大阪間《しんおおさかかん》を4時間《じかん》かけて走《はし》っていたが、今《いま》では最短《さいたん》で2時間《じかん》21分《ふん》で到着《とうちゃく》する。約《やく》1時間《じかん》40分《ふん》も短縮《たんしゅく》できたことになる。

1975年《ねん》に全線開通《ぜんせんかいつう》して、50年目《ねんめ》を迎《むか》えた山陽新幹線《さんようしんかんせん》は、開業《かいぎょう》した当初《とうしょ》は新大阪《しんおおさか》—博多間《はかたかん》を3時間《じかん》44分《ふん》で走《はし》っていたが、今《いま》では2時間《じかん》21分《ふん》で到着《とうちゃく》するようになった。約《やく》1時間《じかん》20分《ふん》の短縮《たんしゅく》となり、ビジネスパーソンや旅行客《りょこうきゃく》が移動《いどう》にかかる時間《じかん》は大幅《おおはば》に減《へ》った。

上越《じょうえつ》新幹線《しんかんせん》
（東京《とうきょう》—新潟《にいがた》333.9㎞）

年《ねん》	所要時間《しょようじかん》	できごと
1991	1時間《じかん》40分《ふん》	東京《とうきょう》—新潟《にいがた》間《かん》開通《かいつう》
1999	1時間《じかん》37分《ふん》	ダイヤ改正《かいせい》
2023	1時間《じかん》29分《ふん》	E《イー》2系《けい》定期《ていき》運用《うんよう》撤退《てったい》。営業《えいぎょう》時速《じそく》275㎞／h開始《かいし》
2024	1時間《じかん》29分《ふん》	—

山形《やまがた》新幹線《しんかんせん》
（東京《とうきょう》—新庄《しんじょう》421.4㎞）

区間《くかん》	東京《とうきょう》—山形《やまがた》	東京《とうきょう》—新庄《しんじょう》	—
年《ねん》	所要時間《しょようじかん》	所要時間《しょようじかん》	できごと
1992	2時間《じかん》27分《ふん》	—	福島《ふくしま》—山形《やまがた》間《かん》開業《かいぎょう》
1999	2時間《じかん》27分《ふん》	3時間《じかん》5分《ふん》	新庄《しんじょう》延伸《えんしん》
2024	2時間《じかん》22分《ふん》	3時間《じかん》7分《ふん》	E《イー》8系《けい》投入《とうにゅう》

秋田《あきた》新幹線《しんかんせん》
（東京《とうきょう》—秋田《あきた》662.6㎞）

年《ねん》	所要時間《しょようじかん》	できごと
1997	—	盛岡《もりおか》—秋田《あきた》開業《かいぎょう》
2013	3時間《じかん》45分《ふん》	E《イー》6系《けい》登場《とうじょう》。営業《えいぎょう》時速《じそく》300㎞／h開始《かいし》
2014	3時間《じかん》37分《ふん》	E《イー》6系《けい》に統一《とういつ》。営業《えいぎょう》時《じ》速《そく》320㎞／h開始《かいし》
2024	3時間《じかん》37分《ふん》	—

北陸《ほくりく》新幹線《しんかんせん》
（東京《とうきょう》—敦賀《つるが》575.6㎞）

区間《くかん》	東京《とうきょう》—長野《ながの》 222.4㎞	東京《とうきょう》—金沢《かなざわ》 450.5㎞	東京《とうきょう》—敦賀《つるが》 575.6㎞	—
年《ねん》	所要時間《しょようじかん》	所要時間《しょようじかん》	所要時間《しょようじかん》	できごと
1997	1時間《じかん》19分《ふん》	—	—	東京《とうきょう》長野《ながの》間《かん》開業《かいぎょう》
2015	1時間《じかん》19分《ふん》	2時間《じかん》28分《ふん》	—	金沢《かなざわ》延伸《えんしん》
2024	1時間《じかん》17分《ふん》（かがやき503号《ごう》）	2時間《じかん》25分《ふん》（かがやき503号《ごう》）	3時間《じかん》8分《ふん》	敦賀《つるが》延伸《えんしん》

九州新幹線《きゅうしゅうしんかんせん》
(博多《はかた》—鹿児島中央《かごしまちゅうおう》288.9㎞)

区間《くかん》	新八代《しんやつしろ》—鹿児島中央《かごしまちゅうおう》	博多《はかた》—鹿児島中央《かごしまちゅうおう》	—
年《ねん》	所要時間《しょようじかん》	所要時間《しょようじかん》	できごと
開業前《かいぎょうまえ》	約2時間《じかん》	3時間《じかん》40分《ふん》	—
2004	34分《ふん》	2時間《じかん》10分《ふん》	一部開業《いちぶかいぎょう》
2011	34分《ふん》	1時間《じかん》19分《ふん》	全線開業《ぜんせんかいぎょう》
2024	44分《ふん》	1時間《じかん》16分《ふん》	—

西九州新幹線《にしきゅうしゅうしんかんせん》
(武雄温泉《たけおおんせん》—長崎《ながさき》69.6㎞)

年《ねん》	所要時間《しょようじかん》	できごと
2022	23分《ふん》	一部開業《いちぶかいぎょう》

新幹線車両《しんかんせんしゃりょう》の性能《せいのう》が上《あ》がり、時間《じかん》が短縮《たんしゅく》されていくが、最高速度《さいこうそくど》で走《はし》るために重要《じゅうよう》なのは、線形《せんけい》だ。
現在《げんざい》、最《もっと》も速《はや》い新幹線《しんかんせん》は東北新幹線《とうほくしんかんせん》の「はやぶさ」で、320㎞／hだが、始発駅《しはつえき》から終点《しゅうてん》までその速さで走《はし》っているわけではない。320㎞／hで走《はし》れるのは宇都宮《うつのみや》—盛岡間《もりおかかん》のみだ。この区間《くかん》はまず線形《せんけい》がよい。線形《せんけい》とは路線《ろせん》の形状《けいじょう》で、真《ま》っ直《す》ぐに近《ちか》いルートほど線形《せんけい》がよいということになる。たとえば、新幹線《しんかんせん》が止《と》まるような主要《しゅよう》な都市《とし》がある程度一直線《ていどいっちょくせん》に並《なら》んでいると、線形《せんけい》がよくなる。するとスピードが出《だ》しやすくなる。

1㎞あたり26万人《まんにん》!

1日《にち》にどれくらいの人《ひと》が乗《の》っている?

乗客数《じょうきゃくすう》の移《うつ》り変《か》わり

平均通過人員《へいきんつうかじんいん》は何《なに》を示《しめ》す数字《すうじ》?

鉄道《てつどう》がどれくらいの人《ひと》を乗《の》せて走《はし》っているかを見《み》るための数字《すうじ》として、「平均通過人員《へいきんつうかじんいん》」がある。

この平均通過人員《へいきんつうかじんいん》は1日《にち》1㎞あたり何人《なんにん》乗《の》っているかを示《しめ》すものだ。

なぜ、このような乗客《じょうきゃく》の数《かぞ》え方《かた》をするかというと、東京駅《とうきょうえき》で乗車《じょうしゃ》した人《ひと》が、全員新大阪駅《ぜんいんしんおおさかえき》で降《お》りるわけではない。長《なが》い距離《きょり》を乗《の》っている人《ひと》、短《みじか》い距離《きょり》で降《お》りてしまう人《ひと》がいる。そのため、その路《ろ》

	北陸新幹線《ほくりくしんかんせん》（高崎《たかさき》―金沢《かなざわ》）	北陸新幹線《ほくりくしんかんせん》（高崎《たかさき》―上越妙高《じょうえつみょうこう》）	北陸新幹線《ほくりくしんかんせん》（上越妙高《じょうえつみょうこう》―金沢《かなざわ》）	九州新幹線《きゅうしゅうしんかんせん》（博多《はかた》―鹿児島中央《かごしまちゅうおう》）	西九州新幹線《にしきゅうしゅうしんかんせん》（武雄温泉《たけおおんせん》―長崎《ながさき》）
	—	—	—	—	—
	—	—	—	—	—
	21995	21995	—	—	—
	18969	18969	—	—	—
	19359	19359	—	—	—
	18565	18565	—	—	—
	21247	21247	—	—	—
	—	37050	—	—	—
	—	35899	—	17567	—
	—	36127	—	19012	—
	30197	37056	23001	19275	—
	27638	34125	20831	18445	—
	10517	12702	8224	8235	—
	13635	16931	10177	9507	—
	22786	28186	17120	13984	—
	28193	34694	21371	17004	6239

線全体《せんぜんたい》で平均《へいきん》して何人《なんにん》乗《の》っているかをわかりやすくするために、鉄道《てつどう》会社《がいしゃ》はこの平均通過人員《へいきんつうかじんいん》という数字《すうじ》を公表《こうひょう》している。

たとえば、２０２３年《ねん》度《ど》の東海道新幹線《とうかいどうしんかんせん》の平均《へいきん》通過人員《つうかじんいん》は26万人《まんにん》。東京《とうきょう》—新大阪《しんおおさか》の間《あいだ》でこれより多《おお》くなったり、少《すく》なくなったりすることもあるが、平均《へいきん》すると26万人《まんにん》が１日《いちにち》に乗《の》っていることになる。

ちなみに、コロナ禍《か》中《ちゅう》の２０２０年度《ねんど》、２０２１年度《ねんど》はどの路線《ろせん》もかなり乗客《じょうきゃく》が減《へ》っている。すべての路線《ろせん》で半《はん》分《ぶん》以《い》下《か》となった。とくに東海道新幹線《とうかいどうしんかんせん》は３分《ぶん》の１にまで減《へ》っている。２０２３年度《ねんど》になって、ようやく例年並《れいねんな》みに戻《もど》った。

年度《ねんど》	東海道新幹線《とうかいどうしんかんせん》（東京《とうきょう》—新大阪《しんおおさか》）	山陽新幹線《さんようしんかんせん》（新大阪《しんおおさか》—博多《はかた》）	東北新幹線《とうほくしんかんせん》（東京《とうきょう》—新青森《しんあおもり》）	北海道新幹線《ほっかいどうしんかんせん》（新青森《しんあおもり》—新函館北斗《しんはこだてほくと》）	上越新幹線《じょうえつしんかんせん》（大宮《おおみや》—新潟《にいがた》）	山形新幹線《やまがたしんかんせん》（福島《ふくしま》—新庄《しんじょう》）	秋田新幹線《あきたしんかんせん》（盛岡《もりおか》—秋田《あきた》）
1987年度《ねんど》	159148	—	45885	—	28876	—	—
1992年度《ねんど》	201786	—	60581	—	39777	—	—
1997年度《ねんど》	203769	—	62840	—	39705	6246	7519
2002年度《ねんど》	196332	—	61826	—	42063	8837	7406
2007年度《ねんど》	230542	—	61749	—	43305	8497	7771
2012年度《ねんど》	232525	—	56628	—	41255	8075	7203
2014年度《ねんど》	248390	—	57551	—	42857	8113	7283
2015年度《ねんど》	258801	—	59477	—	44219	8236	7395
2016年度《ねんど》	262272	—	61105	5971	44588	8184	7344
2017年度《ねんど》	271692	—	61474	4510	45347	8277	7424
2018年度《ねんど》	279129	84755	62284	4899	46249	8280	7400
2019年度《ねんど》	267726	81985	59301	4645	43424	7921	7058
2020年度《ねんど》	90233	30680	20560	1453	16018	3719	3115
2021年度《ねんど》	124939	38795	26480	1635	21596	4439	3601
2022年度《ねんど》	210214	64835	42149	3095	33341	5843	5220
2023年度《ねんど》	261776	79433	55156	4391	41191	7024	6684

※北陸新幹線《ほくりくしんかんせん》は、2014年度以前《ねんどいぜん》は長野《ながの》までの数値《すうち》
※山形新幹線《やまがたしんかんせん》、秋田新幹線《あきたしんかんせん》は、在来線《ざいらいせん》の乗客《じょうきゃく》を含《ふく》んだ数値《すうち》
※「—」の箇所《かしょ》は運行《うんこう》を開始《かいし》していない、もしくは乗客数《じょうきゃくすう》が不明《ふめい》な年《とし》

グラフで見《み》る

売上《うりあげ》が多《おお》い路線《ろせん》はどこだろう？

新幹線《しんかんせん》はいくら稼《かせ》いでいる？

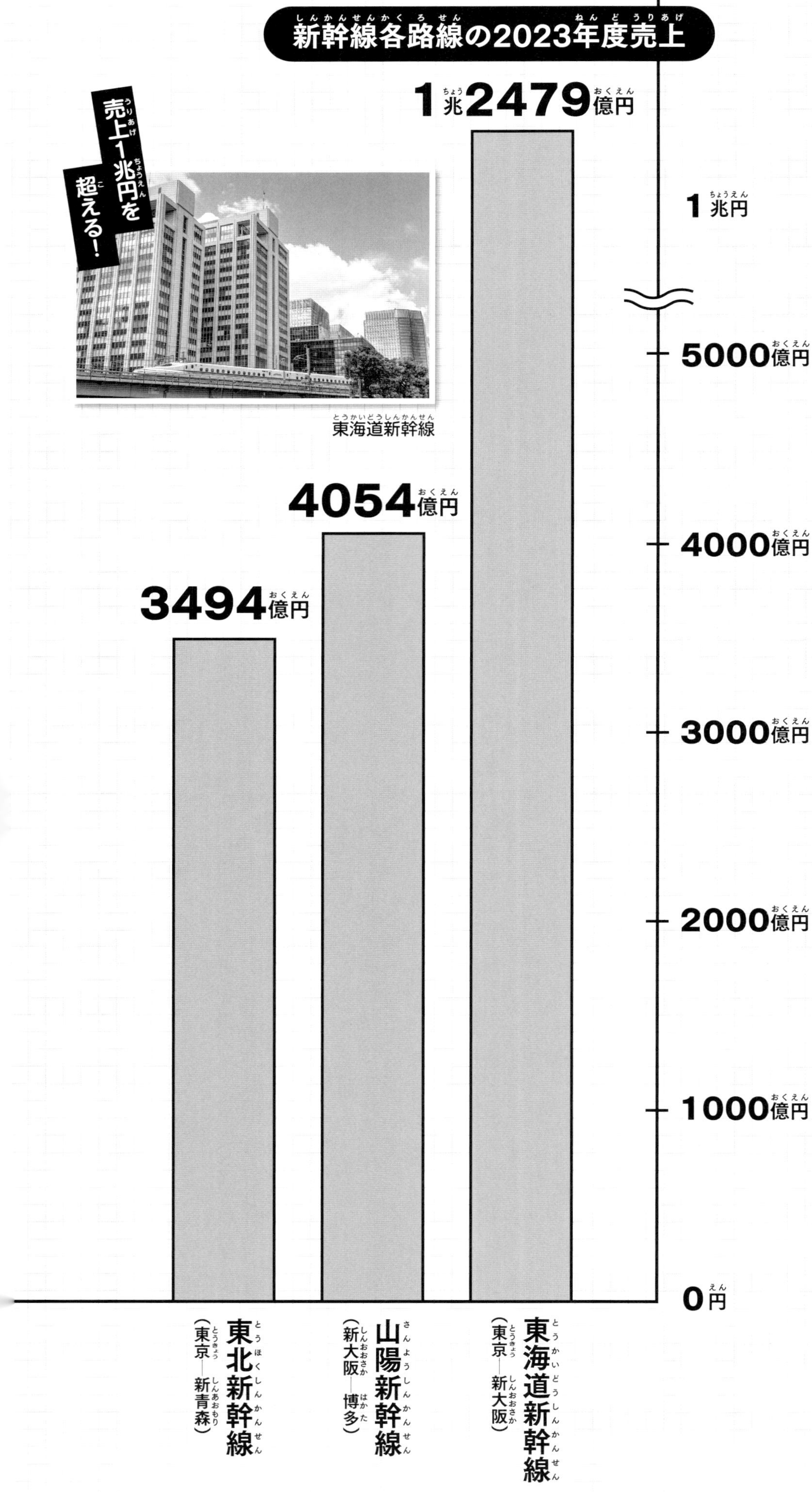

東海道新幹線《とうかいどうしんかんせん》

東海道新幹線《とうかいどうしんかんせん》がいちばん稼《かせ》ぐ

新幹線《しんかんせん》は乗客《じょうきゃく》が多《おお》いだけに、運賃収入《うんちんしゅうにゅう》もたくさん入《はい》る。鉄道会社《てつどうがいしゃ》にとって、とても稼《かせ》ぐ路線《ろせん》といえる。

この稼《かせ》いだ額《がく》を売上《うりあげ》といい、運賃《うんちん》と特急券《とっきゅうけん》、指定席《していせき》、グリーン料金《りょうきん》をすべて含《ふく》んだ額《がく》だ。

とりわけ東海道新幹線《とうかいどうしんかんせん》は、新幹線《しんかんせん》のなかでも圧倒的《あっとうてき》な売上《うりあげ》をあげる路線《ろせん》だ。１兆《ちょう》２０００億円《おくえん》以上《いじょう》の売上《うりあげ》があり、この路線《ろせん》を運用《うんよう》しているＪＲ東海《ジェイアールとうかい》全体《ぜんたい》の売上《うりあげ》の半分《はんぶん》以上《いじょう》を占《し》める。

ちなみに東京《とうきょう》―新大阪《しんおおさか》間《かん》を結《むす》ぶ東海道新幹線《とうかいどうしんかんせん》の距離《きょり》は５５２・６㎞なので、１㎞あたり年間《ねんかん》約《やく》21億円《おくえん》を稼《かせ》いでいることになる。

一方《いっぽう》、２０２２年《ねん》に開業《かいぎょう》したばかりの西九州新幹線《にしきゅうしゅうしんかんせん》は48億円《おくえん》。１㎞あたり６９００万円《まんえん》ほどの売上《うりあげ》だ。東海道新幹線《とうかいどうしんかんせん》と比《くら》べると30分《ぶん》の１ほどしか稼《かせ》げていないが、九州新幹線《きゅうしゅうしんかんせん》とつながれば売上《うりあげ》も増《ふ》えるだろう。

秋田新幹線《あきたしんかんせん》は在来線《ざいらいせん》も含《ふく》む

東海道新幹線《とうかいどうしんかんせん》に次《つ》いで日本《にほん》の代表的《だいひょうてき》な路線《ろせん》である山陽新幹線《さんようしんかんせん》は、その半分《はんぶん》以下《いか》の売上《うりあげ》だ。それでも４０００億円《おくえん》を超《こ》えるので、大企業《だいきぎょう》なみの売上《うりあげ》である。

一方《いっぽう》、路線距離《ろせんきょり》が短《みじか》いこともあって売上《うりあげ》がぐっと下《さ》がる山形新幹線《やまがたしんかんせん》や秋田新幹線《あきたしんかんせん》は在来線《ざいらいせん》の線路《せんろ》を使《つか》っているため、その区間《くかん》の在来線《ざいらいせん》も含《ふく》んだ売上《うりあげ》となる。

※山形新幹線《やまがたしんかんせん》は福島《ふくしま》―新庄間《しんじょうかん》の在来線《ざいらいせん》を含《ふく》む売上《うりあげ》。秋田新幹線《あきたしんかんせん》は盛岡《もりおか》―大曲間《おおまがりかん》の在来線《ざいらいせん》を含《ふく》む売上《うりあげ》。北陸新幹線《ほくりくしんかんせん》はＪＲ東日本《ジェイアールひがしにほん》とＪＲ西日本《ジェイアールにしにほん》の売上《うりあげ》の合計《ごうけい》

北陸新幹線《ほくりくしんかんせん》

西九州新幹線《にしきゅうしゅうしんかんせん》

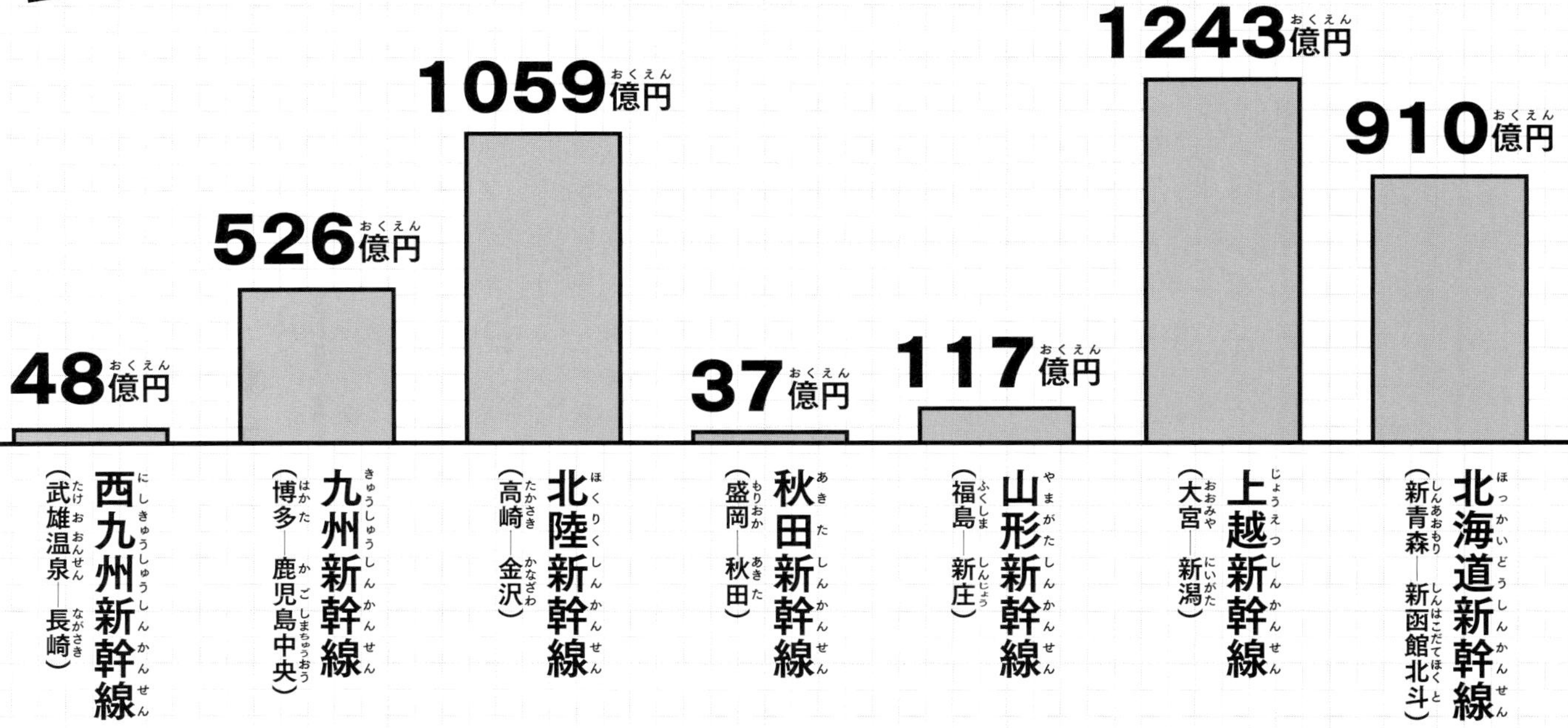

第《だい》5章《しょう》

新《しん》幹《かん》線《せん》の偉《い》人《じん》列《れつ》伝《でん》

新幹線《しんかんせん》の開発《かいはつ》や開業《かいぎょう》に大《おお》きく貢献《こうけん》した6名《めい》の偉人《いじん》を紹介《しょうかい》する。
この6名《めい》をはじめとするたくさんの人《ひと》の努力《どりょく》があったからこそ、
今日《こんにち》の新幹線《しんかんせん》があるのだ。

注目《ちゅうもく》の人物《じんぶつ》①

第《だい》4代国鉄総裁《だいこくてつそうさい》

十河信二《そごうしんじ》

東海道新幹線《とうかいどうしんかんせん》を開業《かいぎょう》させた〝新幹線《しんかんせん》の生《う》みの親《おや》〟

1884～1981年《ねん》。鉄道官僚《てつどうかんりょう》・政治家《せいじか》。南満《みなみまん》州鉄道《しゅうてつどう》の理事《りじ》、愛媛県西条市《えひめけんさいじょうし》の市長《しちょう》、日本国《にほんこく》有鉄道《ゆうてつどう》（国鉄《こくてつ》）の総裁《そうさい》などをつとめた。

東京駅《とうきょうえき》の第《だい》９ホーム新大阪《しんかんせん》方面《ほうめん》には、十河《そごう》のレリーフが設置《せっち》されている。

国《くに》を説《と》き伏《ふ》せて新幹線建設《しんかんせんけんせつ》を決行《けっこう》

1964年《ねん》10月《がつ》1日《にち》の東海道新幹線開業《とうかいどうしんかんせんかいぎょう》の日《ひ》、新幹線《しんかんせん》の生《う》みの親《おや》といわれる十河信二《そごうしんじ》は、東京《とうきょう》駅《えき》、新大阪駅《しんおおさかえき》での開業式《かいぎょうしき》典《てん》に姿《すがた》を見《み》せなかった。

十河信二《そごうしんじ》は、1955年《ねん》に第四代国鉄総裁《だいよんだいこくてつそうさい》に就《しゅう》任《にん》。当時《とうじ》すでに71歳《さい》という高齢《こうれい》だった十河《そごう》だが、「線路《せんろ》を枕《まくら》に討《う》ち死《じ》にする覚悟《かくご》」という、強《つよ》い決《けっ》意《い》をもって総裁《そうさい》の任《にん》に就《つ》いたという。そのなかで成《な》し遂《と》げた最《もっと》も大《おお》きな仕《し》事《ごと》が、東海道新幹線《とうかいどうしんかんせん》の建《けん》設《せつ》だった。

そもそもどうして東海《とうかい》道新幹線《どうしんかんせん》をつくる必要《ひつよう》があったのか。十河《そごう》が就任《しゅうにん》した当時《とうじ》は、戦後《せんご》の復興《ふっこう》から高度経済成長期《こうどけいざいせいちょうき》に突《とっ》入《にゅう》する時期《じき》で、国鉄《こくてつ》の需《じゅ》要《よう》はうなぎのぼり。そのなかで東京《とうきょう》—神戸《こうべ》間《かん》を結《むす》び、日本《にほん》の人口《じんこう》の40%が沿線《えんせん》に住《す》むという東海道《とうかいどう》本線《ほんせん》の混雑《こんざつ》はとくにひどく、列車《れっしゃ》もダイヤもパンク寸前《すんぜん》だった。東海道新《とうかいどうしん》幹線《かんせん》は、このうちの長距《ちょうきょ》離《り》旅客《りょかく》をすべて吸収《きゅうしゅう》し、東海道本線《とうかいどうほんせん》のパンクを防《ふせ》ぎながら、沿線都市圏《えんせんとしけん》の経済活動《けいざいかつどう》も活性化《かっせいか》させる目的《もくてき》でつくられたのだ。

しかし簡単《かんたん》に建設《けんせつ》が決《けっ》定《てい》したわけではなかった。当時欧米《とうじおうべい》では、鉄道《てつどう》はやがて縮小《しゅくしょう》する産業《さんぎょう》と見《み》られ、国内《こくない》でもその意《い》見《けん》が多数《たすう》を占《し》めていた。しかし十河《そごう》は、人口《じんこう》が集《しゅう》中《ちゅう》する沿線《えんせん》の特殊性《とくしゅせい》、そして建設費《けんせつひ》を2000億《おく》円《えん》に圧縮《あっしゅく》することを必《ひっ》死《し》にアピールし、ついに建《けん》設《せつ》が閣議決定《かくぎけってい》される。建《けん》設《せつ》は順調《じゅんちょう》に進《すす》んだが、最《さい》終的《しゅうてき》な建設費《けんせつひ》は当初予算《とうしょよさん》の2倍近《ばいちか》くになり、十河《そごう》は予算超過《よさんちょうか》の責任《せきにん》をとるかたちで開業前年《かいぎょうぜんねん》に辞任《じにん》する。そのため、十河《そごう》は開業式典《かいぎょうしきてん》に呼《よ》ばれなかったのである。予算超過《よさんちょうか》は最初《さいしょ》から認識《にんしき》していたといわれていて、この十河《そごう》の捨《す》て身《み》の行動《こうどう》があったからこそ、現在《げんざい》の新幹線《しんかんせん》の隆盛《りゅうせい》があるのである。

注目《ちゅうもく》の人物《じんぶつ》②

電車《でんしゃ》の技術《ぎじゅつ》を磨《みが》き上《あ》げて新幹線《しんかんせん》をつくり上《あ》げる

国鉄技師長《こくてつぎしちょう》

島《しま》秀《ひで》雄《お》

島秀夫《しまひでお》が開発《かいはつ》に力《ちから》を注《そそ》いだ０系《けい》。

1901～1998年《ねん》。鉄道技術者《てつどうぎじゅつしゃ》。蒸気機関車《じょうききかんしゃ》の設計《せっけい》や新幹線計画《しんかんせんけいかく》の実現《じつげん》に大《おお》きく貢献《こうけん》した。国鉄退職後《こくてつたいしょくご》はロケット開発《かいはつ》にも尽力《じんりょく》する。

手堅《てがた》い手法《しゅほう》で短期間《たんきかん》で車両《しゃりょう》を開発《かいはつ》

十河信二《そごうしんじ》と並《なら》び、新幹《しんかん》線《せん》の生《う》みの親《おや》と称《しょう》されるのが島秀雄《しまひでお》だ。新幹線建《しんかんせんけん》設《せつ》で政治的《せいじてき》な役目《やくめ》を果《は》たした十河《そごう》に対《たい》して、島《しま》は車両《しゃりょう》や設備《せつび》に関《かん》する技術《ぎじゅつ》的《てき》な基準《きじゅん》をつくった。

島《しま》は１９２５年《ねん》に鉄道《てつどう》省《しょう》に入省後《にゅうしょうご》、車両設計《しゃりょうせっけい》の技術畑《ぎじゅつばたけ》を進《すす》み、蒸気機関《じょうききかん》車《しゃ》の名機《めいき》D《ディー》51形《がた》など、全《ぜん》盛期《せいき》の蒸気機関車《じょうききかんしゃ》の多《おお》くを手《て》がけた。そんな島《しま》が１９３６年《ねん》にオランダを視察《しさつ》した際《さい》に、電車《でんしゃ》による高速運転《こうそくうんてん》を目《め》にする。衝撃《しょうげき》を受《う》けた島《しま》は、いつか日本《にほん》にも電車《でんしゃ》の時代《じだい》が来《く》ると考《かんが》えるようになり、電車《でんしゃ》の研究《けんきゅう》に力《ちから》を入《い》れていく。

戦後復興《せんごふっこう》と経済成長《けいざいせいちょう》に合《あ》わせて東海道本線《とうかいどうほんせん》の電《でん》化《か》が進展《しんてん》すると、島《しま》は国《こく》鉄《てつ》初《はつ》の長距離旅客電車《ちょうきょりりょかくでんしゃ》80系《けい》を設計《せっけい》。これの成功《せいこう》をもとに、走行音《そうこうおん》の小《ちい》さい１０１系通勤形電車《けいつうきんがたでんしゃ》を開《かい》発《はつ》し、やがて特急形電車《とっきゅうがたでんしゃ》の１５１系《けい》に発展《はってん》する。１５１系《けい》は、高速試験走《こうそくしけんそう》行《こう》で当時《とうじ》の狭軌鉄道世界《きょうきてつどうせかい》最速《さいそく》の１６３㎞／hを記《き》録《ろく》し、電車《でんしゃ》による超高速《ちょうこうそく》運転《うんてん》の可能性《かのうせい》を大《おお》きく高《たか》めた車両《しゃりょう》である。

１９５９年《ねん》に東海道新《とうかいどうしん》幹線《かんせん》の工事《こうじ》が着工《ちゃっこう》されると、島《しま》は国鉄技師長《こくてつぎしちょう》に就《しゅう》任《にん》し、車両開発《しゃりょうかいはつ》を急《きゅう》ピッチで進《すす》めた。開発《かいはつ》は、基《き》本的《ほんてき》に１５１系《けい》をベースとしながら、従来《じゅうらい》の技術《ぎじゅつ》に磨《みが》きをかけるかたちで進《すす》められ、地上設備《ちじょうせつび》も、在来線《ざいらいせん》で実績《じっせき》を積《つ》んだA《エー》TC《ティーシー》（自動列車制御装《じどうれっしゃせいぎょそう》置《ち》）やCTC《シーティーシー》（列車集中《れっしゃしゅうちゅう》制御装置《せいぎょそうち》）を発展《はってん》させた手堅《てがた》い手法《しゅほう》を採用《さいよう》した。

ただし２００㎞／h高速《こうそく》走行時《そうこうじ》の空気抵抗《くうきていこう》や車内《しゃない》気圧変化《きあつへんか》などは、航空機《こうくうき》技術者《ぎじゅつしゃ》を設計《せっけい》に関《かか》わらせ、試験車《しけんしゃ》でのデータをもとに煮詰《につ》めていった。しかし量産車《りょうさんしゃ》０系《けい》の登場《とうじょう》前《まえ》に、島《しま》は国鉄《こくてつ》を退社《たいしゃ》してしまう。これは主《あるじ》といえる十河《そごう》のあとを追《お》った行動《こうどう》だったという。

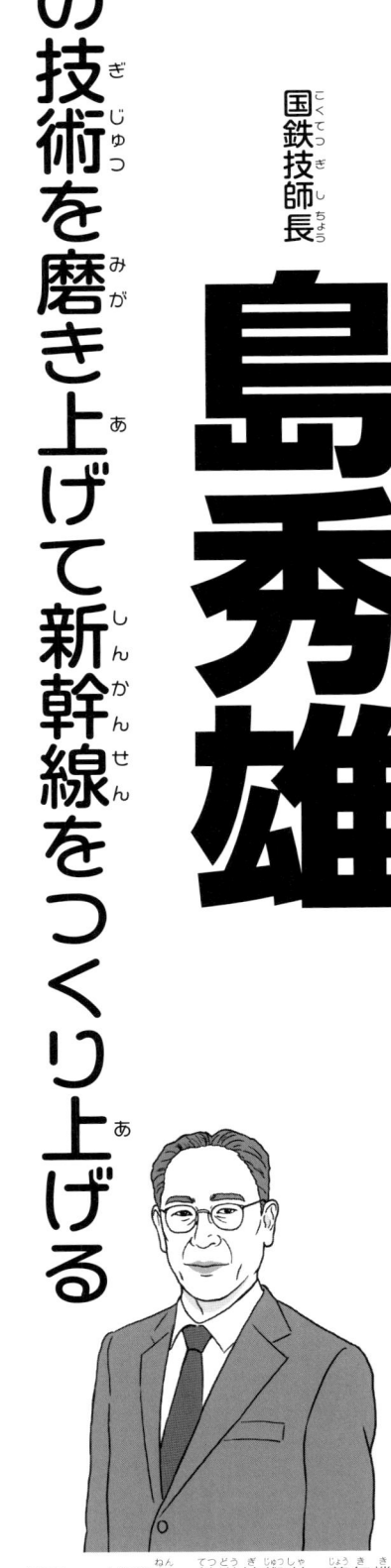

注目《ちゅうもく》の人物《じんぶつ》③

新幹線《しんかんせん》の基礎《きそ》となった弾丸列車計画《だんがんれっしゃけいかく》を推進《すいしん》

鉄道技術者《てつどうぎじゅつしゃ》

島《し》安《ま》次《やすじ》郎《ろう》

島安次郎《しまやすじろう》が線路幅《せんろはば》を1435㎜に定《さだ》めた。

親子三代《おやこさんだい》で高速鉄道《こうそくてつどう》に関与《かんよ》

島安次郎《しまやすじろう》は島秀雄《しまひでお》の父《ちち》親《おや》で、このあとに登場《とうじょう》する島隆《しまたかし》は、島秀雄《しまひでお》の息子《むすこ》だ。つまり島家《しまけ》は、親子《おやこ》三代《さんだい》に渡《わた》って新幹線開発《しんかんせんかいはつ》に関《かか》わっているのだ。しかし安次郎《やすじろう》は、新幹線《しんかんせん》には直接関与《ちょくせつかんよ》していない。

安次郎《やすじろう》は1894年《ねん》に車両技術職《しゃりょうぎじゅつしょく》で関西鉄道《かんさいてつどう》に入社《にゅうしゃ》。そして1908年《ねん》より、鉄道院運輸部工作《てつどういんうんゆぶこうさく》課長《かちょう》に就任《しゅうにん》し、本格的《ほんかくてき》な国産蒸気機関車《こくさんじょうききかんしゃ》の開発《かいはつ》に関《かか》わる。そのときに誕生《たんじょう》したのが9600形《がた》と、先日《せんじつ》までJR九州《ジェイアールきゅうしゅう》で活躍《かつやく》していた8620形《がた》だ。

しかし海外《かいがい》の鉄道《てつどう》の見識《けんしき》があった安次郎《やすじろう》は、日本《にほん》の鉄道《てつどう》の大部分《だいぶぶん》を占《し》める狭軌《きょうき》（線路幅《せんろはば》1067㎜）に不満《ふまん》があった。機関車《きかんしゃ》の性能《せいのう》も列車《れっしゃ》の輸送力《ゆそうりょく》も、国際標準軌《こくさいひょうじゅんき》（1435㎜）であればもっと高《たか》めることができるからだ。安次郎《やすじろう》はこれをアピールするが、当時《とうじ》は改軌《かいき》よりも線路《せんろ》を伸《の》ばすことが優先《ゆうせん》され、進言《しんげん》は実現《じつげん》しなかった。

しかし太平洋戦争開戦《たいへいようせんそうかいせん》直前《ちょくぜん》の1939年《ねん》、安次郎《やすじろう》はあるプロジェクトの委員《いいん》に任命《にんめい》される。戦争《せんそう》が近《ちか》づくにつれ、大陸《たいりく》の人員《じんいん》・物資《ぶっし》の輸送力《ゆそうりょく》が不足《ふそく》し、標準軌《ひょうじゅんき》による別線《べっせん》が計画《けいかく》されたのだ。これが弾丸列車計画《だんがんれっしゃけいかく》だ。東京《とうきょう》―下関間《しものせきかん》で最高速度《さいこうそくど》200㎞／hの列車《れっしゃ》を運行《うんこう》し、約《やく》9時間《じかん》で結《むす》ぶという壮大《そうだい》な計画《けいかく》だ。

安次郎《やすじろう》の夢《ゆめ》がかなった鉄道建設《てつどうけんせつ》はさっそく着工《ちゃっこう》され、用地買収《ようちばいしゅう》と並行《へいこう》して難工事《なんこうじ》が予想《よそう》される新丹那《しんたんな》トンネルをはじめとする長大《ちょうだい》トンネルの工事《こうじ》に着手《ちゃくしゅ》する。しかし戦局《せんきょく》が悪化《あっか》した1943年《ねん》、弾丸列車《だんがんれっしゃ》の工事《こうじ》は中止《ちゅうし》となり、計画《けいかく》も白紙《はくし》となってしまう。安次郎《やすじろう》は1946年《ねん》に志半《こころざしなか》ばで他界《たかい》するが、このとき着工《ちゃっこう》したトンネルや買収用地《ばいしゅうようち》は、しっかりと新幹線《しんかんせん》に流用《りゅうよう》されている。

1870～1946年《ねん》。鉄道技術者《てつどうぎじゅつしゃ》。国鉄《こくてつ》の前身《ぜんしん》である鉄道院《てつどういん》で蒸気機関車《じょうききかんしゃ》などの開発《かいはつ》に携《たずさ》わる。日本機械学会《にほんきかいがっかい》の会長《かいちょう》なども務《つと》めた。

注目《ちゅうもく》の人物《じんぶつ》④

0系《けい》の開発《かいはつ》に尽力《じんりょく》し、やがて200系《けい》の開発《かいはつ》へ

鉄道技術者《てつどうぎじゅつしゃ》

島隆《しまたかし》

1931～2020年《ねん》。鉄道技術者《てつどうぎじゅつしゃ》。1955年《ねん》に東《とう》京大学工学部機械工学科《きょうだいがくこうがくぶきかいこうがくか》を卒業《そつぎょう》し、国鉄《こくてつ》に入《にゅう》社《しゃ》。200系《けい》の車両設計《しゃりょうせっけい》では責任者《せきにんしゃ》を務《つと》める。

高速走行《こうそくそうこう》の要《かなめ》・台車設計《だいしゃせっけい》を担当《たんとう》

島隆《しまたかし》は島秀雄《しまひでお》の次男《じなん》だ。祖父《そふ》・安次郎《やすじろう》、父《ちち》・秀雄《ひでお》と同《おな》じ技術畑《ぎじゅつばたけ》を進《すす》み、おもに台車《だいしゃ》の技術者《ぎじゅつしゃ》として活躍《かつやく》する。

1959年《ねん》に東海道新《とうかいどうしん》幹線《かんせん》の建設《けんせつ》が決定《けってい》すると、父《ちち》・秀雄《ひでお》とともに0系新幹線《けいしんかんせん》の開発《かいはつ》に取《と》り組《く》む。隆《たかし》が任《まか》されたのは、高速走行《こうそくそうこう》の最重要部《さいじゅうようぶ》品《ひん》で、隆《たかし》が最《もっと》も得意《とくい》とする台車《だいしゃ》の開発《かいはつ》だった。それまでの台車《だいしゃ》の研究開《けんきゅうかい》発《はつ》は、都心《としん》の国鉄大井《こくてつおおい》工場《こうじょう》の敷地内《しきちない》にある車《しゃ》両試験台《りょうしけんだい》を用《もち》いて行《おこな》っていた。車両試験台《しゃりょうしけんだい》とは、レール側《がわ》を車輪《しゃりん》とすることで、車両《しゃりょう》を固定《こてい》したまま走行状態《そうこうじょうたい》を再現《さいげん》できる装置《そうち》だ。しかし大井《おおい》工場《こうじょう》の装置《そうち》は古《ふる》く、とても新幹線《しんかんせん》の開発《かいはつ》に使《つか》えるものではなかった。そこで十河信二国鉄総裁《そごうしんじこくてつそうさい》の鶴《つる》の一声《ひとこえ》で、東京都国分寺《とうきょうとこくぶんじ》市《し》の広大《こうだい》な土地《とち》に鉄道技《てつどうぎ》術研究所《じゅつけんきゅうじょ》を移転《いてん》。ここに最新《さいしん》の車両試験台《しゃりょうしけんだい》が用意《ようい》される。新幹線規格《しんかんせんきかく》の車《しゃ》体長《たいちょう》25m、標準軌台車《ひょうじゅんきだいしゃ》の車両《しゃりょう》を乗《の》せて、最高速度《さいこうそくど》350km/hでの試験《しけん》ができるものだった。

ここで隆《たかし》は、1960年《ねん》から新幹線用台車《しんかんせんようだいしゃ》の研《けん》究《きゅう》を開始《かいし》し、さまざまな試験台車《しけんだいしゃ》を開発《かいはつ》。最終的《さいしゅうてき》に6種類《しゅるい》に絞《しぼ》り込《こ》み、これを新幹線試験電車《しんかんせんしけんでんしゃ》の1000形《がた》に履《は》かせて鴨《かもの》宮実験線《みやじっけんせん》で試験《しけん》を重《かさ》ねる。こうして1964年《ねん》、量産車《りょうさんしゃ》0系用《けいよう》の台車《だいしゃ》が完成《かんせい》し、10月《がつ》1日《にち》の開《かい》業《ぎょう》の日《ひ》を迎《むか》えた。

そのあと隆《たかし》は、雪《ゆき》に強《つよ》い新幹線《しんかんせん》をつくるべく962形試験電車《がたしけんでんしゃ》の開発《かいはつ》にもあたる。この試験結《しけんけつ》果《か》は東北《とうほく》・上越新幹線用《じょうえつしんかんせんよう》の200系《けい》に反映《はんえい》された。

1984年《ねん》に隆《たかし》は国鉄《こくてつ》を退職《たいしょく》するが、豊富《ほうふ》な新《しん》幹線技術《かんせんぎじゅつ》と海外経験《かいがいけいけん》から、2002年《ねん》から台湾《たいわん》高速鉄道《こうそくてつどう》の技術顧問《ぎじゅつこもん》として現地《げんち》に赴《おもむ》き、技術指導《ぎじゅつしどう》にあたった。

島隆《しまたかし》が開発《かいはつ》した雪《ゆき》に強《つよ》い車《しゃ》両《りょう》が、200系《けい》として実《み》を結《むす》んだ。

新幹線総局初代局長《しんかんせんそうきょくしょだいきょくちょう》

大石重成《おおいしげなり》

わずか5年《ねん》で路線《ろせん》をつくり上《あ》げた建設請負人《けんせつうけおいにん》

1906～1984年《ねん》。鉄道技術者《てつどうぎじゅつしゃ》。1960～1963年《ねん》の東海道新幹線建設時《とうかいどうしんかんせんけんせつじ》には線路《ろせん》の選定《せんてい》や用地《ようち》の買収《ばいしゅう》、工事全般《こうじぜんぱん》の総指揮《そうしき》などを行《おこな》った。

日本坂《にほんざか》トンネル。在来線《ざいらいせん》が走《はし》っていたが、1962年以降《ねんいこう》に新幹線《しんかんせん》のトンネルとして整備《せいび》された。

島秀雄《しまひでお》に見込《みこ》まれて建設《けんせつ》を推進《すいしん》

「新幹線三羽烏《しんかんせんさんばがらす》」という言葉《ことば》がある。新幹線開業《しんかんせんかいぎょう》に貢献《こうけん》をした3人《にん》をあらわすもので、ひとりは十河信二《そごうしんじ》、ふたり目《め》は島秀雄《しまひでお》、そして3人目《にんめ》が大石重成《おおいししげなり》だ。大石《おおいし》が担当《たんとう》したのは用地買収《ようちばいしゅう》と建設《けんせつ》、つまり新幹線《しんかんせん》の路線部分《ろせんぶぶん》をつくることだ。

建設屋《けんせつや》の大石《おおいし》は、戦前《せんぜん》の弾丸列車計画《だんがんれっしゃけいかく》に島安次郎《しまやすじろう》・秀雄親子《ひでおおやこ》とともに関《かか》わり、用地買収《ようちばいしゅう》や新丹那《しんたんな》トンネルの掘削《くっさく》などを進《すす》めた。そして戦後《せんご》に新幹線《しんかんせん》が検討段階《けんとうだんかい》に入《はい》ったころ、大石《おおいし》は北海道総支配人《ほっかいどうそうしはいにん》という高《たか》い役職《やくしょく》についていた。１９５６年《ねん》に東海道新幹線《とうかいどうしんかんせん》の調査会《ちょうさかい》が発足《ほっそく》すると、委員長《いいんちょう》の島秀雄《しまひでお》は、弾丸列車計画《だんがんれっしゃけいかく》をともにした大石《おおいし》を呼《よ》び寄《よ》せ、新幹線《しんかんせん》の経路《けいろ》を調査《ちょうさ》する新幹線調査室長《しんかんせんちょうさしつちょう》に任命《にんめい》する。これは大石《おおいし》にとって降格人事《こうかくじんじ》であったが、夢《ゆめ》の弾丸列車《だんがんれっしゃ》が実現《じつげん》できること、そして島《しま》の期待《きたい》に応《こた》えるために快《こころよ》く引《ひ》き受《う》ける。大石《おおいし》は建設《けんせつ》候補《こうほ》ルートを徒歩《とほ》で調査《ちょうさ》するなど綿密《めんみつ》な下調《したしら》べをし、土地買収《とちばいしゅう》を進《すす》めた。

１９５９年《ねん》に正式《せいしき》に東海道新幹線《とうかいどうしんかんせん》が着工《ちゃっこう》されると、大石《おおいし》は新幹線総局《しんかんせんそうきょく》の局長《きょくちょう》として建設工事《けんせつこうじ》の中心的役割《ちゅうしんてきやくわり》を果《は》たす。最初《さいしょ》に着手《ちゃくしゅ》したのは、弾丸列車計画《だんがんれっしゃけいかく》で工事半《こうじなか》ばで放棄《ほうき》されていた新丹那《しんたんな》トンネルの掘削《くっさく》だ。その他《た》の長大《ちょうだい》トンネルは完成《かんせい》していたので、これの完成《かんせい》が最重要課題《さいじゅうようかだい》であった。新丹那《しんたんな》トンネルの工期《こうき》は4年《ねん》4カ月《げつ》で、開業年《かいぎょうねん》の１９６４年《ねん》に完成《かんせい》している。これは東海道新幹線《とうかいどうしんかんせん》全体《ぜんたい》の工期《こうき》とほぼ同《おな》じで、このトンネル工事《こうじ》こそが、全体《ぜんたい》の工期《こうき》の基準《きじゅん》になっていたといえる。

大石《おおいし》の綿密《めんみつ》な下調《したしら》べと適切《てきせつ》な計画《けいかく》により無事開業《ぶじかいぎょう》した東海道新幹線《とうかいどうしんかんせん》。しかし大石《おおいし》も、十河信二《そごうしんじ》のあとを追《お》い、開業前《かいぎょうまえ》に職《しょく》を辞《じ》している。

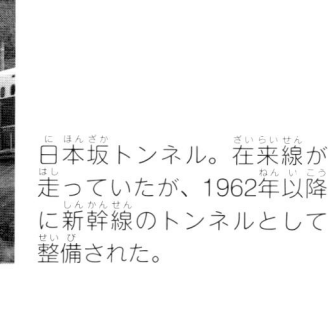

注目《ちゅうもく》の人物《じんぶつ》⑥

戦争《せんそう》の後悔《こうかい》を0系《けい》開発《かいはつ》に注《そそ》ぎ込《こ》んだ航空技術者《こうくうぎじゅつしゃ》

鉄道技術者《てつどうぎじゅつしゃ》

三《み》木《き》忠《ただ》直《なお》

1909～2005年《ねん》。海軍軍人《かいぐんぐんじん》・工学者《こうがくしゃ》。アジア・太平洋戦争中《たいへいようせんそうちゅう》には兵器《へいき》の機体設計《きたいせっけい》を担当《たんとう》した。戦後《せんご》、国鉄《こくてつ》の鉄道車両技術者《てつどうしゃりょうぎじゅつしゃ》に転身《てんしん》。

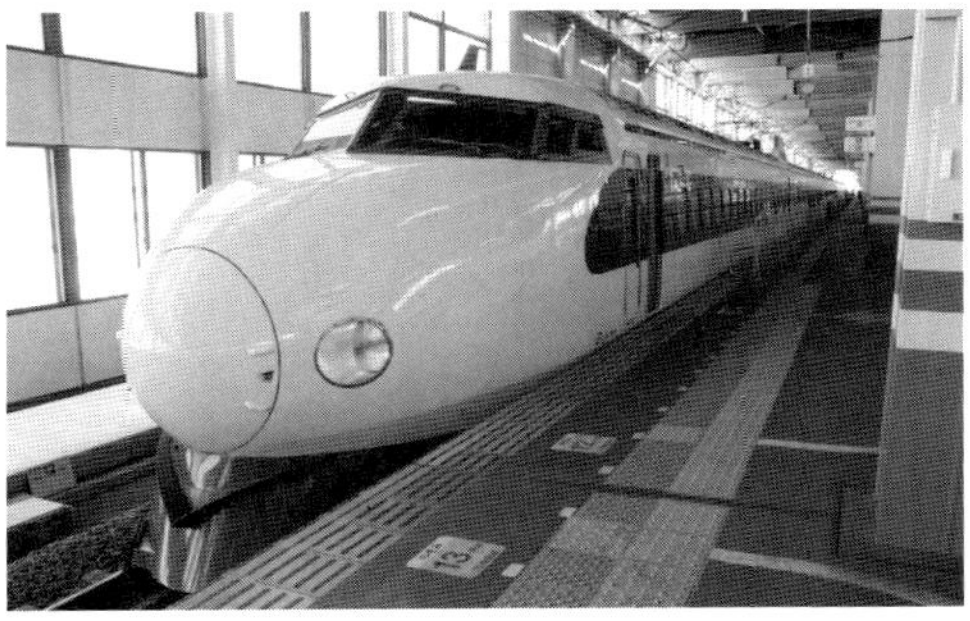

三木《みき》が設計《せっけい》した0系《けい》の先端《せんたん》のデザイン。

0系《けい》のフォルムは航空技術《こうくうぎじゅつ》の応用《おうよう》

新幹線《しんかんせん》の開発《かいはつ》に関《かか》わった人間《にんげん》の誰《だれ》もが不安《ふあん》を感《かん》じていたのは、200km/hという未知《みち》のスピード領域《りょういき》だ。車両開発《しゃりょうかいはつ》を統括《とうかつ》していた島秀雄《しまひでお》は、151系《けい》で培《つちか》った技術《ぎじゅつ》を標準軌《ひょうじゅんき》の車両《しゃりょう》に応用《おうよう》すれば、それほど難《むずか》しい問題《もんだい》ではないと自信《じしん》を持《も》っていた。しかし将来的《しょうらいてき》には200km/hを超《こ》える営《えい》業運転《ぎょううんてん》をめざしていたことから、航空機技術《こうくうきぎじゅつ》の取《と》り込《こ》みも必要《ひつよう》と考《かんが》え、その道《みち》のスペシャリストに声《こえ》をかける。それが三木《みき》忠直《ただなお》だ。

三木《みき》は1933年《ねん》に海《かい》軍省《ぐんしょう》飛行機部設計課《ひこうきぶせっけいか》に入《はい》り、日本海軍《にほんかいぐん》の航空機《こうくうき》を設計《せっけい》してきた人物《じんぶつ》だ。手《て》がけた代表作《だいひょうさく》は、陸上《りくじょう》爆撃機《ばくげきき》の「銀河《ぎんが》」。高速《こうそく》で航続距離《こうぞくきょり》も長《なが》い「銀《ぎん》河《が》」の性能《せいのう》は、米軍《べいぐん》も大《おお》いに警戒《けいかい》する高性能《こうせいのう》なものだった。しかし負《ふ》の代《だい》表作《ひょうさく》もある。それは「桜《おう》花《か》」だ。特攻専用《とっこうせんよう》のグライダーで、一度《いちど》切《き》り離《はな》されたら絶対《ぜったい》に生《い》きて帰《かえ》ってこられない、太平洋戦《たいへいようせん》争末期《そうまっき》に投入《とうにゅう》された悪名《あくめい》高《たか》き飛行機《ひこうき》だ。三木《みき》はこの飛行機《ひこうき》を手《て》がけたことを生涯悔《しょうがいく》やんでいたといい、戦後《せんご》再《ふたた》び働《はたら》くときには、絶対《ぜったい》に戦争《せんそう》に結《むす》びつかない業種《ぎょうしゅ》で仕事《しごと》をしようと考《かんが》えていたという。このような理由《りゆう》から三木《みき》は島《しま》からの誘《さそ》いを快諾《かいだく》し、0系《けい》の車体設計《しゃたいせっけい》に協《きょう》力《りょく》することになる。

三木《みき》は航空機《こうくうき》の設計理《せっけいり》論《ろん》を応用《おうよう》し、徹底《てってい》した軽《けい》量化《りょうか》と少《すく》ない空気抵抗《くうきていこう》をテーマに開発《かいはつ》を進《すす》めた。車体《しゃたい》の鋼板《こうはん》は、使用箇所《しようかしょ》に応《おう》じて限界《げんかい》まで薄《うす》くし、鋼材《こうざい》の種類《しゅるい》も使《つか》い分《わ》けられた。そして先頭部《せんとうぶ》の愛《あい》らしい流線型《りゅうせんけい》デザインは、当時《とうじ》の最新鋭旅客《さいしんえいりょかく》機《き》DC《ディーシー》・8をベースに設《せっ》計《けい》されたという。こうして完成《かんせい》した0系《けい》のデザインは、新幹線《しんかんせん》の象徴《しょうちょう》として、今《いま》も人々《ひとびと》の記憶《きおく》に刻《きざ》み込《こ》まれている。

0系《けい》からの歴史《れきし》をたどる新幹線大全《しんかんせんたいぜん》

2025年2月11日　第1刷発行

編　者　　別冊宝島編集部
発行人　　関川 誠
発行所　　株式会社 宝島社
〒102-8388　東京都千代田区一番町25番地
電話[営業]03-3234-4621　[編集]03-3239-0646
https://tkj.jp

印刷・製本　サンケイ総合印刷株式会社

ISBN978-4-299-06353-3